Yvon Gattaz
Philippe Simonnot

Mitterrand et les patrons

1981-1986

Fayard

Avertissement

Le cœur de l'ouvrage est composé de quatorze entretiens que François Mitterrand a accordés à Yvon Gattaz en 1982, 1983, 1984 et 1987. Ils ont été reconstitués le plus fidèlement possible à partir des notes écrites par le président du CNPF après chacune de ses rencontres avec le chef de l'État. Pour qu'ils puissent être lus avec le maximum de clarté, ces entretiens ont été resitués dans la chronique de l'époque.

1981 et 1985-1986, années charnières elles aussi pour l'histoire des relations de François Mitterrand avec les patrons, sont racontées par un dialogue entre Yvon Gattaz et Philippe Simonnot.

Les auteurs du livre expriment leur point de vue propre en préface et postface.

Préface

Sauver les meubles

Anticommuniste certainement, peu socialiste sans doute malgré le rassemblement qu'il sut magnifiquement réaliser en 1971 à Épinay, mitterrandiste timide au début, s'affirmant de plus en plus au détriment des catégories officielles, mitterrandien triomphant à partir de 1981 lorsque les divers soutiens de gauche étaient moins nécessaires, François Mitterrand a toujours échappé aux classements simplistes tant sa personnalité était difficile à cerner.

Si les observateurs sont tant bien que mal parvenus à éclairer la nature de ses rapports avec les politiques, mais aussi avec les pays étrangers, l'art, la littérature, les femmes, l'argent, la mort, en revanche, ses relations avec les entreprises, qui furent d'une exceptionnelle complexité, sont fort mal connues.

Ses démarches, ses actions ou ses abandons étaient-ils programmés ou résultaient-ils plus simplement de son incroyable faculté d'adaptation à l'événement ? Impossible de répondre par oui ou par non tant le personnage dément les interprétations univoques.

Nous avons tenté, avec Philippe Simonnot, d'analyser les événements économiques majeurs du premier septennat — le plus significatif pour les changements — et de comprendre comment le Programme commun de cette gauche victorieuse en mars 1981 d'une droite désorientée n'avait pas tenu ses promesses anti-entreprises inquiétantes et s'était peu à peu transformé en un programme de gouvernement socialo-communiste atténué, puis socialiste réaliste, avant de s'adapter à la cohabitation politique de 1986 à 1988.

« Travaillez moins, dépensez plus et empruntez la différence »

Ceux des chefs d'entreprise qui avaient lu attentivement ce programme électoral de gouvernement étaient catastrophés, et, dès avant les élections législatives de 1978, certains prirent des mesures de sauvegarde. Une telle inquiétude peut paraître dérisoire vingt ans après, mais peu importe ici : les chefs d'entreprise français craignaient le pire en 1981 quand le résultat des urnes s'est abattu sur eux. Il était trop tard pour partir, trop tard pour vendre. Il fallait résister.

L'année 1981 fut terrible. La droite s'était évanouie, et le CNPF qui, disait-on, lui était associé, était inexistant. Seuls triomphaient la gauche, ou plutôt les gauches, et les syndicats, qui prétendaient avoir participé aux résultats et entendaient être récompensés de leur engagement.

Le slogan de gauche que diffusait alors la droite en dit long sur son état : « Travaillez moins, dépensez plus et empruntez la différence. »

Nous avons essayé d'interpréter chronologiquement ces événements économiques pour trouver la clé des mystères de l'époque : l'atténuation relative des charges des entreprises, la levée partielle des contraintes, la réhabilitation totalement inattendue de l'entreprise elle-même, sinon de l'entrepreneur, phénomène qu'Henri Amouroux appelle « l'événement économique le plus surprenant de la deuxième moitié du XXe siècle ».

L'enquête ne fut pas facile, tant le rôle exact de chacun des acteurs de cette pièce est contesté.

Autre mystère que nous avons cherché à élucider : le cheminement du rapport Auroux, qui devait à l'origine livrer les entreprises aux syndicats, et qui se transforma finalement en quatre lois du même nom, dont le contenu était à ce point étranger au projet d'origine qu'il affaiblira finalement le rôle des syndicats au profit de la concertation directe entreprise-salariés.

En 1981, les socialistes, en donnant libre cours à leurs utopies, à leurs espoirs et à leurs rancœurs, cherchaient à mobiliser l'ensemble des Français contre l'entreprise et contre l'école privées. Ils déployèrent beaucoup d'efforts pour déstabiliser ces deux institutions.

C'est ainsi que les plus grandes entreprises furent nationalisées, c'est-à-dire données en propriété à l'ensemble des Français, qui, curieusement, ne semblèrent témoigner d'aucune reconnaissance aux généreux donateurs. Banques, compagnies d'assurances et grands groupes industriels passèrent en tout cas sous le contrôle de l'État.

Dans le même temps, le gouvernement tenta de soutenir la constitution de groupements de petites entreprises pour contrer l'influence du CNPF. C'est ainsi qu'il finança en novembre 1981 le Forum du SNPMI au palais des Congrès et y dépêcha quelques ministres, qui furent en définitive chahutés, comme ils auraient dû s'y attendre.

Le nouveau pouvoir escomptait que, mutilé par le haut et par le bas, le CNPF perdrait rapidement de son influence économique. Or, il parvint à conserver de bonnes relations avec les présidents des groupes nationalisés qui continuèrent à agir au sein des fédérations professionnelles. De même, il évita une guerre de religion avec les groupements catégoriels de petites entreprises (SNPMI et CGPME), ainsi qu'avec les mouvements patronaux de réflexion tels que ETHIC, CJD, Entreprises et Progrès, AFEP, Patronat chrétien.

Les erreurs économiques de 1981 et 1982, les mesures néfastes pour les entreprises, les charges croissantes, les rigidités sclérosantes, les dispositions contraignantes de tous ordres, se conjuguèrent avec la crise pour meurtrir les entreprises françaises et leur faire perdre leur compétitivité internationale. C'est pourquoi la bataille du CNPF contre les charges d'abord, contre les rigidités ensuite, a, contrairement à toute attente, finalement rallié l'opinion publique : l'entreprise française fut réhabilitée aux yeux de nos concitoyens, son rôle en tant que créatrice de richesses et d'emplois fut reconnu, tandis qu'étaient renvoyés aux oubliettes de l'histoire les poncifs du genre « champ clos de lutte des classes » ou « terrain d'exploitation de l'homme par l'homme ».

Aucun doute : l'entreprise privée a été chantée dans le public contre le vœu de ceux qui, en 1981, voulaient l'annexer, même si, à partir de 1983, ils lui témoignèrent un intérêt de circonstance. Cette réhabilitation avait été amorcée par l'exceptionnelle manifestation des États généraux des entreprises au service de la nation, le 14 décembre 1982, au parc de Villepinte.

Le Sphinx

Mes rendez-vous en tête à tête avec François Mitterrand forment la substance de ce livre. Ils m'ont permis de l'observer pendant cinq ans et de chercher à le comprendre.

Je me suis souvent posé la question : pourquoi me reçut-il si souvent en 1982 avec une courtoisie et une attention non feintes ? Bien sûr, il voulait comprendre les entreprises, sinon l'économie, influencer leurs décisions, ne pas être le jouet ou la victime de leur évolution. De plus, il tenait à le faire seul, sans s'encombrer du gouvernement, ce qui explique qu'il n'y eut pas de témoins à nos longues réunions. C'est lui qui comprendrait et qui agirait. On aperçoit dès cette date qu'il mène son jeu en solitaire. On le sent toujours un peu sur ses gardes. Il ne se livre jamais complètement. Il veut conserver jalousement son indépendance qu'il croit menacée par son entourage.

Son attitude envers moi était ambiguë. Et comment en aurait-il été autrement ? Il n'était pas facile à un Président se réclamant du Programme commun de dialoguer avec le représentant des entreprises. Sa réserve de principe : « Nous ne serons jamais du même bord, mais nous pouvons nous comprendre », témoigne en tout cas de ses efforts constants pour amorcer un dialogue difficile à partir de positions diamétralement opposées.

Bien sûr, il ne pouvait s'empêcher de me parler de temps à autre de la fameuse « lutte des classes » pour montrer qu'il connaissait le bréviaire du parti, mais je me suis souvent demandé s'il y croyait vraiment, lui qui avait vécu son enfance dans un milieu bourgeois, lui dont les amis proches, ceux du premier cercle, n'étaient pas précisément des gauchistes nécessiteux. Bourgeois dénigrant les bourgeois, faux socialiste rassemblant mieux que personne toutes les tendances du socialisme, il cultivait l'ambiguïté avec délectation.

On peut se demander comment un homme de cette expérience, de cette culture, de cette finesse, de cette curiosité pour les arts, pourquoi cet « esthète », comme il aimait qu'on l'appelât, avait pu ignorer aussi superbement l'économie et avait pu réduire les entreprises aux seuls rapports sociaux qui s'organisent en leur sein. Reconnaissons qu'il écouta avec attention mes « histoires d'entreprises » et qu'il se révéla un élève curieux et attentif pour ce monde nouveau pour lui.

Parfois, il me parlait de « ses » entreprises et des « nôtres », les siennes étant les entreprises publiques ou nationalisées, les nôtres les entreprises privées. Mais jamais, je dois le dire, il ne me menaça, comme le firent certains de ses ministres, de retirer du CNPF les entreprises récemment nationalisées si je m'obstinais dans une opposition trop dure.

Avec le recul, comment qualifier la personnalité de François Mitterrand ? Elle est à la fois celle d'un boxeur, d'un judoka et d'un animal politique.

Au cours de ces entretiens, qui débordèrent parfois sur des problèmes de société, Mitterrand conservait sa distance courtoise. Ce qui m'a semblé être sa qualité la plus exceptionnelle, c'est cette capacité à encaisser les coups, les plus rudes et les plus bas. Toujours sans sourciller, impassible, impavide. Insensible en apparence, mais gravement touché en fait.

Quel président de la République aurait accepté qu'un chef d'entreprise, fût-il président du CNPF, lui lançât : « Vos mesures sociales vont ruiner la France », sans faire reconduire son interlocuteur vers la sortie ? Or, il répondit ce jour-là avec le plus grand calme : « Je pense que vous exagérez. » Et ce fut tout. L'entretien se poursuivit, comme si ma colère était nulle et non avenue. Ce puncheur avait appris l'esquive en prenant des coups.

Mais, outre ses qualités de boxeur, Mitterrand était un redoutable judoka retournant les manœuvres de ses adversaires à son avantage. Nul mieux que lui ne savait renverser une situation compromise. Ceinture noire de la politique, son attitude feutrée et sa voix mesurée cachaient des réactions foudroyantes. En dépit des incroyables tirades sur l'histoire du socialisme et du syndicalisme français qu'il me fut donné d'entendre au cours de ces entretiens, il a aussi remarquablement joué au chat et à la souris avec ses « amis » de gauche.

Le 24 février 1984, à la sortie de mon douzième entretien en tête à tête à l'Élysée, je lus dans la presse que Mitterrand était avant tout un extraordinaire « animal politique », image qui m'inspira alors ce court portrait animalier, gardé dans mes archives et publié dans *Les Échos* lors du premier anniversaire de sa mort :

Mystérieux comme un sphinx
Adroit comme un singe
Souple comme un serpent
Léger comme une libellule
Rancunier comme une mule
Fidèle comme un épagneul
Hésitant comme une marmotte
Sensible comme un chat persan
Cultivé comme une abeille
Archaïque comme un ornithorynque
Complexe comme un caméléon.

Les dernières années de Mitterrand prouvent que le doigté, la psychologie, les manœuvres, les intrigues, l'esquive, le génie politique, la subtilité psychologique, l'art des retournements, des diversions et des divisions peuvent permettre de mettre en œuvre de bonnes solutions politiques, mais non de susciter l'enthousiasme et la créativité indispensables à une production nationale performante. Homme public et grand politique, certes, Mitterrand restera immensément solitaire et fier de l'être. Sceptique, il devait finir blasé et malheureux. Destin inéluctable, affirment ceux qui pensent l'avoir bien connu.

Mais ces qualités et ces défauts faisaient de Mitterrand un artiste de la trajectoire tordue.

Nous, les ingénieurs, avons appris stupidement, d'après la géométrie euclidienne, que la distance la plus courte d'un point à un autre est la ligne droite, et nous avons appliqué cette formule avec constance dans nos vies professionnelles. Mais la distance la plus courte est-elle en politique le chemin le plus rapide ? Ce n'est pas sûr, et Mitterrand l'a démontré souvent. Expert dans l'art de dérouter l'adversaire, il partait rarement dans la direction attendue. Lignes courbes, lignes brisées, sinusoïdes à amplitude et longueur d'ondes variables, il savait gérer avec talent les difficultés et... arriver au but comme la tortue de la fable. Bravo, l'artiste !

Ces trajectoires inattendues ont l'avantage de détourner l'attention des sujets litigieux ou compromettants. Il en fut ainsi pour la sinistre affaire des jardins de l'Observatoire, qui aurait dû normalement briser définitivement sa carrière. Guidés par Mitterrand, les Français se retrouvèrent ainsi dans les sous-bois par un petit chemin de traverse inattendu qui sentait bon l'aubépine et laissait deviner à courte distance de belles clairières ensoleillées. Mes rapports personnels avec lui ont été de cet ordre : courtois et sans éclat. Je ressortais de ces entretiens sous le charme, et même parfois un peu anesthésié. Combien se sont ainsi laissé prendre ? Mais le charme de ces trajectoires tordues a ses limites, et il n'est pas impossible que certains de ses proches s'en soient lassés, même s'ils ne l'ont jamais avoué.

Autre caractéristique de François Mitterrand : il aimait la durée, celle des amitiés, des liaisons, des ententes. Il était traumatisé par les nombreuses ruptures qui avaient parsemé sa tumultueuse vie politique. Pour autant, il restait sur ses gardes. Au cours de son premier septennat, s'il fut considérablement aidé par Jacques Attali et Laurent Fabius, il ne manqua pas de les critiquer vertement l'un et l'autre. De même avec ses adversaires. J'en étais un, bien sûr, comme me l'avait dit par deux fois Pierre Bérégovoy en m'introduisant dans le bureau du Président début 1982, mais il souhaitait trouver avec moi un *modus vivendi* acceptable de longue durée.

Lorsque je me retrouvai en face du Sphinx en janvier 1982, pour tenter de sauver du naufrage les entreprises françaises, il y avait déjà huit mois que la gauche victorieuse se préparait à mettre en œuvre des mesures meurtrières. Mai 1981, nous l'avons vu, avait été considéré par beaucoup de chefs d'entreprise comme un nouveau Front populaire. Leur désespoir était sincère. Le coup de tonnerre les avait terriblement ébranlés. Ils soupçonnaient le pouvoir d'aspirer à mettre les entreprises et les entrepreneurs sous son contrôle, de remplacer ceux-ci par les syndicats, de s'approprier les plus grosses firmes par le biais des nationalisations, de faire éclater le CNPF en poussant d'autres organisations[1], de remplacer tous les responsables par des amis politiques. C'est pourquoi 1981 avait été une année d'opposition totale.

La gauche décidait en tout. Mais les entrepreneurs connaissaient sa totale ignorance en matière économique et redoutaient le pire, qui faillit bien arriver d'ailleurs : le premier rapport Auroux proposant de livrer l'entreprise aux syndicats, l'augmentation verticale des charges, la relance par la consommation, la prodigalité gouvernementale, les nationalisations de la grande industrie et du crédit, les 39 heures hebdomadaires payées 40, la cinquième semaine de congés payés, la retraite à 60 ans et les

1. Par exemple, le fameux SNPMI qui avait soutenu la candidature de François Mitterrand.

innombrables nouvelles contraintes furent autant de mesures douloureuses pour l'économie. C'est dans cette ambiance désolée que j'ai rencontré Mitterrand pour la première fois, à la surprise de nombreux observateurs.

La bataille

Nous entrâmes alors en résistance. Qui ? Nous, les patrons. Et le CNPF fut le fer de lance de ce combat. L'organisation patronale avait déjà une longue histoire derrière elle qu'il me faut rappeler en quelques lignes pour me faire bien comprendre.

En 1919 fut créée, après la Première Guerre, la Confédération générale de la production française, la CGPF, qui devint en 1936 la Confédération générale du patronat français, le mot « patronat » ayant été choisi pour faire écho à « syndicat ». En 1946, elle devint le CNPF, Conseil national du patronat français, présidé jusqu'en 1966 par Georges Villiers, créateur d'entreprise et résistant, puis par Paul Huvelin (ancien PDG de Kléber-Colombes), qui créa l'Institut de prévisions économiques Rexeco et le Centre français de promotion industrielle en Afrique CEPIA, puis par François Ceyrac, grand spécialiste des questions sociales, ardent promoteur de la formation continue, et fondateur de l'Institut de l'entreprise avec François Dalle et Jean Chenevier.

En décembre 1981, je prenais donc la suite difficile de présidents prestigieux dans des circonstances nouvelles et inquiétantes. J'étais le plus jeune président du CNPF depuis Georges Villiers, et j'en serais fin 1986 le plus jeune retraité et le seul à retourner dans son entreprise, comme Cincinnatus à sa charrue.

Autre singularité : j'aurais à affronter successivement des gouvernements socialo-communistes (avec quatre ministres communistes qui négociaient leur participation), puis socialiste pur, puis libéral en 1986, ce qui me conduisit à tenir un langage identique en faveur de la défense et de la promotion de l'entreprise à des interlocuteurs de compétences fort différentes, mais unanimement défiants à l'égard de tout projet de sauvegarde ou de promotion de l'entreprise.

J'ai constaté, dès mon arrivée le 15 décembre 1981, qu'un nouveau président ne pouvait se révéler efficace que s'il disposait d'un stock d'idées nouvelles à appliquer sans délai, donc s'il avait déjà réfléchi longuement aux problèmes de la structure patronale. C'était mon cas, puisque j'avais créé fin 1975 le mouvement des moyennes entreprises ETHIC[1], mouvement que j'avais présidé six ans dans une ambiance chaleureuse de propositions constructives et éclairées.

Ces idées me furent très utiles, et j'ai pu rapidement mettre en œuvre un certain nombre d'entre elles, avec, il faut le dire, un succès mitigé : réforme du CNPF, États généraux des entreprises, commission « moyennes entreprises », représentation des services dans nos instances, participation active des salariés.

J'avais appris également combien il était difficile de rassembler les entrepreneurs, dont la caractéristique principale est précisément l'indépendance, ce qui constitue sans doute la différence essentielle entre les groupements patronaux et les syndicats de salariés, où les meilleurs trouvent dans l'engagement une voie rapide de promotion sociale.

On constatera dans la partie centrale de ce livre que j'entrai dès 1981 en contact avec le Premier ministre et les principaux ministres que j'ai rencontrés assidûment par la suite. Or, ingénieur et chef d'entreprise, je n'avais pas vraiment fréquenté les milieux politiques, et cette découverte fut pour moi pleine de surprises.

J'ai été étonné d'abord par l'élocution type des principaux ministres, sans doute imitée de celle de Mitterrand lui-même : voix douce et même doucereuse, très léger zozotement, parler « mouillé » aux inflexions montantes en fin de phrase, mélange de modestie et d'apparente sollicitude pour autrui, Mauroy et Chevènement semblant dans ces domaines les deux meilleurs élèves du Président. De même, je fus surpris par les élégantes

1. Entreprises de taille humaine industrielles et commerciales.

bottines de cuir du Premier ministre.

Mais ces futilités de forme ne changeaient rien au fond : ils étaient là pour faire rendre gorge aux riches, suivant l'expression consacrée. Par bonheur, mes origines familiales — des enseignants de province depuis plusieurs générations —, notre création d'entreprise avec mon frère dans un fond de cour grâce à un petit prêt d'amis lointains me tenaient à distance des «ennemis de classe» des socialistes, quand bien même j'étais le «patron des patrons».

En outre, ma neutralité politique bien connue, puisque je ne m'étais consacré qu'au développement de notre affaire familiale, me rendait peu suspect d'opposition armée. Enfin, j'attirais leur curiosité par ma réussite à partir de rien, ou de pas grand-chose, contre tous les poncifs attachés aux «héritiers». En tout état de cause, ils semblaient plus intéressés par les propos du petit patron de terrain que j'étais, parfaitement au fait des difficultés quotidiennes de l'entreprise, que par les positions du représentant des entreprises françaises de toutes tailles pour lesquelles ils éprouvaient une méfiance instinctive. Certains pensaient encore à cette date que tous les maux de la France provenaient des patrons, comme tous les anticyclones viennent des Açores... Les mêmes souhaitaient que des têtes tombent. D'autres affirmaient que la France venait enfin de passer de l'ombre à la lumière. Il s'agissait à l'évidence d'une révolution.

La cohabitation économique

Que pouvaient faire, dans un tel contexte, les entreprises traumatisées ? Le conseil exécutif du CNPF me proposa deux options : ou bien nous nous retirions sur l'Aventin en déclenchant dans les entreprises une grève de l'investissement et de l'emploi, ou bien nous prenions la tête de l'opposition politique et organisions des défilés bruyants devant Matignon et l'Élysée.

Ces deux scénarios me parurent l'un et l'autre inacceptables. La grève, que j'ai toujours dénoncée, est une arme terriblement meurtrière et souvent mal employée par les syndicats. Comment les entreprises, à leur tour, pourraient-elles faire grève ? Ne leur revient-il pas de créer des richesses tandis que la grève les détruit ? Quant à l'opposition politique, il ne pouvait en être question à mes yeux : le rôle de l'organisation professionnelle des entreprises est d'ordre strictement économique.

Je proposai une troisième voie, qui suscita l'ironie générale et fut difficile à mettre en place : je tenterai avec obstination, sans compromis ni compromission (expression que j'ai lancée en décembre 1981 et que j'ai reprise d'innombrables fois durant mon mandat), de convaincre nos interlocuteurs peu compétents en matière économique de la fragilité des entreprises et de leur rôle irremplaçable dans la création de richesses et d'emplois. En quelque sorte, sauver les meubles avant l'incendie.

Naïveté, ingénuité, irréalisme, rien ne me fut épargné.

Mais, par bonheur, je découvris à ce moment-là que les statuts du CNPF attribuaient au président un rôle prééminent au moment de la décision. J'en profitai et imposai donc ma volonté. C'est alors que quelques grandes fédérations, frustrées par le fait que leur candidat préféré n'avait pas été élu, et inquiètes de me voir caracoler seul, décidèrent de me placer sous étroite surveillance en multipliant les petites réunions discrètes[1].

Je tentai en somme d'instaurer avec le pouvoir une forme nouvelle de relation, la cohabitation économique.

La navigation ne fut pas facile. Mitterrand et son gouvernement barraient à la corne de brume, et les naufrages d'entreprises se multipliaient dangereusement. L'incompétence économique de nos dirigeants était patente et inquiétante pour notre pays.

Après ces mesures irréfléchies de 1981, il fallut redresser la barre de toute urgence en 1982. On le constatera en lisant les entretiens, nos démarches auprès du chef de l'État furent alors fréquentes et pressantes.

L'économie française ne pouvait attendre. Beaucoup d'entre-

---

1. Que j'ai appelées à l'époque le Cosuviga, Comité de surveillance vigilante de Gattaz.

prises coulaient. 1982 fut à cet égard l'année charnière du septennat, celle de la prise de conscience des réalités économiques, par le Président tout d'abord, puis par les membres de son gouvernement. Seul Jacques Delors, réaliste dès la première heure, avait déjà demandé une pause dans les réformes.

Après un an d'errements économiques, Mitterrand fut ainsi convaincu dès le premier trimestre 1982 qu'on était allé trop loin, que l'hémorragie d'un malade peut être mortelle, que la France ne survivrait pas sans des entreprises prospères, que l'emploi serait le premier bénéficiaire de cette croissance.

La preuve de sa conversion fut donnée par son intervention personnelle en faveur de l'organisation de la fameuse réunion gouvernement-CNPF qui eut lieu à Matignon le 16 avril 1982. Lors de cette rencontre, il fut décidé de mettre un coup d'arrêt à deux mesures dangereuses : l'accroissement des charges sociales des entreprises qui ruinaient leur compte d'exploitation et menaçaient leur survie (cette promesse fut tenue tout au long des deux septennats) ; la diminution progressive du temps de travail légal vers les 35 heures (puisqu'il apparaissait que cette réduction ne créerait pas d'emplois).

Il faut ajouter que ce jour-là, pour la première fois, le gouvernement prit aussi conscience de la nocivité de la taxe professionnelle et en transféra pour partie la charge sur le budget de l'État.

En peu de temps, somme toute, la cohabitation économique et les démarches de persuasion avaient porté leurs fruits. Mais ces premières mesures de sauvegarde devaient être consolidées. Les mentalités de tous les ministres n'avaient pas encore changé.

Le fil de l'écheveau

Cette année 1982 sera le tremplin de l'étonnant discours prononcé par François Mitterrand à Figeac, le 27 septembre, puis de la rigueur enfin décrétée en 1983, après le constat d'échec de la troisième dévaluation du franc.

Contre les soi-disant grands stratèges, j'avais fixé dès 1981 une tactique de terrain contre le gouvernement : dans l'écheveau inextricable des problèmes économiques, nous prendrions un fil d'apparence anodine, le fil des charges sociales et fiscales supportées par les entreprises, et nous tirerions dessus avec discrétion et ténacité. Depuis 1981 en effet, les charges s'alourdissaient sans cesse malgré les efforts que je déployais pour les alléger. La manœuvre du fil pouvait, certes, paraître simpliste. Elle se révéla efficace. Elle avait surtout l'avantage de la neutralité politique. C'est ainsi qu'à chacun de mes tête-à-tête avec le Président, j'apportais d'indiscutables informations chiffrées : déficit commercial, déficit budgétaire, érosion du franc, position de la France dans les échanges internationaux, nombre de faillites, investissements des entreprises, nombre de chômeurs. Il se familiarisa vite avec ces chiffres qu'il retenait d'une visite à l'autre et dont nous commentions tous deux l'évolution.

Je rappelais, par exemple, que les trois derniers réajustements monétaires avaient profondément modifié la parité entre le franc et le mark :

	Franc français	Deutsche Mark
4 octobre 1981	- 3 %	+ 5,5 %
12 juin 1982	- 5,75 %	+ 4,25 %
21 mars 1983	- 2,5 %	+ 5,5 %

J'insistais aussi sur le fait que les produits manufacturés français représentaient dans les échanges internationaux mondiaux : 10,4 % en 1980, 8,5 % en 1984 ; que la décroissance des investissements des entreprises avait été de : - 2,7 % en 1981, - 1,1 % en 1982, - 4 % en 1983, - 2,9 % en 1984 et que le nombre d'emplois salariés moyen hors agriculteurs avait constamment diminué, suivant une courbe curieusement rectiligne : 13 957 000 en 1982, 13 818 000 en 1983, 13 640 000 en 1984, 13 472 000 en 1985 et 13 395 000 au 1er juillet 1986, jusqu'au sursaut consécutif à la suppression de l'autorisation administrative de licenciement à cette date.

Le fil de l'écheveau se dévida aussi à propos de l'impôt sur les grandes fortunes, l'IGF à l'époque, qui devait épargner l'outil de travail, d'après la promesse électorale qu'avait faite François Mitterrand lui-même, promesse que je lui rappelais sans cesse en dépit de l'opposition de la plupart des ministres. On le verra, cette bataille durera deux ans et demi, et la loi ne fut promulguée que fin 1983, deux conditions surprises drastiques obligeant toutefois de nombreuses entreprises patrimoniales à renoncer à poursuivre seules leurs activités.

Tout cela finit dans l'apothéose des États généraux des entreprises françaises au service de la nation, le 14 décembre 1982, au tout nouveau parc des Expositions de Villepinte qu'ils inaugurèrent. Plus qu'un impressionnant rassemblement de 28 000 chefs d'entreprise, cette manifestation géante démontra au bon moment la force et la responsabilité des patrons qui reprenaient eux-mêmes confiance. Cet événement bouleversa la gauche dirigeante, persuadée jusqu'à ce jour que le pouvoir économique privé était anéanti. Elle prit alors conscience du rôle irremplaçable des entreprises dans la création des richesses et des emplois. Elle découvrit que ces patrons, aujourd'hui meurtris, mais à nouveau entreprenants, ne pourraient être remplacés par des syndicalistes, plus quémandeurs que promoteurs. Et c'est sans doute ce jour-là que se produisit chez les « hommes de gauche », comme ils se désignaient eux-mêmes, une révolution culturelle durable qu'avaient préparée depuis un an mes entretiens avec le Président et ses principaux ministres.

Nul doute que leur méconnaissance durable des réalités économiques était bien en partie de la responsabilité des chefs d'entreprise eux-mêmes qui avaient préféré rester enfermés dans leur entreprise citadelle, pont-levis relevé, plutôt que d'initier le bon peuple aux secrets de la micro-économie. La philippique que je lançai en 1976, lors de la création du mouvement ETHIC, était intitulée : « Entrepreneurs, vous êtes coupables », tract qui ne me valut pas que des félicitations, mais dont j'ai maintenu les termes contre vents et marées pendant tout mon mandat au CNPF. Les

États généraux en tout cas avaient fait la preuve que les entreprises doivent se faire connaître, dialoguer et former.

1982, la grande année économique sous le pouvoir socialiste, s'achevait donc par un feu d'artifice à Villepinte. Encore fallait-il veiller à ce que les fusées ne retombent pas dans la mer. Tel fut mon rôle dans les années suivantes.

Coalition contre l'inflation

Subrepticement, au cours de cette cohabitation économique non avouée, s'instaura une répartition des responsabilités. «Libérez les prix, nous tiendrons les salaires», avais-je l'habitude de suggérer à nos gouvernants. Dans le cercle infernal prix-salaires-prix, personne ne sait où l'on doit porter le ciseau, sur les prix ou sur les salaires.

Après la deuxième dévaluation de juin 1982, le gouvernement avait courageusement bloqué les prix et les salaires pour arrêter l'hémorragie. Mais il fallait enlever le garrot pour éviter la gangrène, et cette sortie se révéla fort difficile. En définitive, seul le gouvernement pouvait surveiller les prix, et seules les entreprises pouvaient contenir les salaires. Les rôles étaient répartis sans ambiguïté.

Le gouvernement était ravi que je prenne moi-même le risque de freiner la hausse des salaires, au prix de déclarations scandaleuses contre lesquelles il feignait de s'insurger, alors que Mitterrand me demandait clairement : «Aidez-nous à freiner les salaires.» Ainsi, l'émotion créée par mes incitations à freiner les hausses de salaires, au Forum de *L'Expansion* du 18 octobre 1983, fut sûrement fort salutaire pour l'économie française : elle permit en effet au gouvernement de confirmer la désindexation salaires-prix sous l'impulsion de Jacques Delors et de Philippe Lagayette, son directeur de cabinet.

L'austérité économique et ses incomparables vertus venaient d'être redécouvertes. Pierre Bérégovoy, celui qu'on appelait le

« Petit Béré » avant qu'il ne se transformât en Sully de la gauche, en deviendrait le grand prêtre.

La flexibilité oxygène

L'écheveau des charges en partie dévidé, la prise de conscience de la rigueur économique installée, nos rapports avec le gouvernement pouvaient passer du quantitatif au qualitatif. Il fallait le convaincre que l'entreprise était d'une très grande fragilité (alors qu'il la prenait pour une pyramide d'Égypte), qu'elle était soumise à une montagne d'aléas quotidiens depuis la volatilité des clients jusqu'à la fragilité des innovations techniques en passant par l'inévitable équilibre du compte d'exploitation, et que les flexibilités de tous ordres lui étaient aussi indispensables que l'oxygène au monde vivant.

La démonstration des rigidités fut plus difficile à faire que celle des charges dont les résultats étaient plus facilement mesurables.

Convaincre que l'entreprise française évoluait dans un corset de fer de contraintes administratives, fiscales et sociales, fut vraiment difficile. Un code du travail de 2000 pages agrémentées de 10000 pages de circulaires et de décrets d'application, des questionnaires interminables, des formalités injustifiées, des déclarations en cinq ou dix exemplaires mensuelles, une fiscalité contraignante et décourageante, tout cela était facilement compréhensible pour un énarque avisé. Mais on ne modifie pas en quelques coups de pioche la structure des forteresses de béton, « construites et sans cesse consolidées par d'autres, bien avant nous », comme on me le répétait dans les cabinets ministériels.

Malgré moi, je provoquai un nouveau scandale en impulsant, en 1984, une étude destinée à favoriser ce que nous appelâmes alors les ENCA (Emplois nouveaux à contraintes allégées), projet qui me valut l'hostilité mordante de tous les syndicats réunis. J'osais affirmer en effet dans le rapport que l'allégement des principales contraintes, charges sociales, seuils de représentation du personnel et surtout autorisation administrative de licenciement, sauverait ou créerait des milliers d'emplois et, pour la seule levée de l'autorisation, quelque 350 000 emplois en dix-huit mois.

« Pas un de plus, pas un de moins », ironisa Bergeron.

Malheureusement, le gouvernement socialiste refusa de me suivre, et il fallut attendre l'arrivée du gouvernement Chirac pour que la suppression de l'autorisation administrative de licenciement soit annoncée le 1er juillet 1986. Il se trouve que, dans les dix-huit mois, il fut sauvé ou créé 375 000 emplois, d'après les statistiques concordantes de l'Insee et de l'Unedic...

La preuve me semble alors avoir été apportée que les flexibilités créent bien des emplois, alors que les rigidités, même pavées de bonnes intentions, les freinent.

La politique s'en mêle

François Mitterrand s'était révélé un élève attentif aux problèmes économiques au cours de cette formation continue que j'avais tentée auprès de lui et de ses ministres. Mais, par moment, il sut aussi manifester son autorité.

En avril 1983, il affirmait avec courage que les délais de licenciement étaient trop longs. Le 30 août 1983, à propos de la maîtrise des salaires, il me dit : « Je pense que les syndicats se montreront raisonnables, de toute façon nous sommes prêts à l'épreuve de force. » Mais le 4 janvier 1984, alors que je brandissais la menace du boycott de la taxe professionnelle par nos chefs d'entreprise, il me répondit sans ambiguïté : « Eh bien, ils iront en prison. »

C'est à partir de cette année-là que les vents politiques recommencèrent à souffler avec l'approche des élections législatives de mars 1986. L'entourage du Président le poussait à l'évidence à se méfier de moi, et il me le laissa entendre. Son autorité était maintenant affirmée, son gouvernement tenu en main, les ministres communistes étaient partis, le Premier ministre Laurent Fabius bien installé ; bref, il avait de moins en moins besoin de mes leçons d'économie. Il savait aussi qu'une poignée de présidents de fédérations professionnelles du CNPF affichaient des ambitions politiques et me poussaient à la radicalisation. En effet, à l'intérieur du CNPF, les ambitions personnelles, pudiquement cachées sous le noble manteau de la « mutation nécessaire », se manifestaient avec de moins en moins de retenue.

En somme, les deux partenaires de la cohabitation économique étaient tirés à hue et à dia, et il ne fut pas surprenant que François Mitterrand n'ait plus jugé utile de me recevoir en 1985 et 1986.

De mon côté, j'étais contraint de donner des gages aux plus virulents qui, malgré mes déclarations de plus en plus musclées, considéraient que le CNPF ne s'engageait pas suffisamment. N'ayant de leçon de libéralisme à recevoir de personne, je gardai mon indépendance d'esprit et une neutralité politique totale.

On le verra, dans le corps du livre, les intrigues se multiplièrent, une tentative de putsch échoua, et mon mandat se termina, comme prévu, dans l'unité patronale heureusement retrouvée fin 1986.

Mais certains extrémistes continuèrent à penser stupidement que j'aurais dû utiliser mon mandat à déséquilibrer Mitterrand plutôt qu'à le convertir à l'économie bien gérée. Ils me reprochaient, disait-on, d'avoir contribué à mettre un terme à la grève des routiers de février 1984 qui aurait pu, en se prolongeant et en ruinant la France, ébranler le régime. L'ambition politique excuserait-elle toutes les turpitudes ?

On peut s'étonner, avec le recul, que l'« entreprise transpolitique » et le « parti de l'entreprise » que nous pensions avoir imposés dès 1981, loin des joutes politiciennes, aient été remis en question par une poignée d'agitateurs car ils n'étaient que cinq ou six, au CNPF, à privilégier la politique sur l'économie. Mais que reste-t-il aujourd'hui de ces coteries ? Rien. Les agitateurs ont été définitivement marginalisés par le vote au conseil exécutif de la motion du 18 mars 1986, établissant définitivement la démocratie de vote à la majorité des voix et affirmant que le rôle du CNPF est exclusivement économique.

Par bonheur, la cohabitation économique que nous avions initiée avait vite porté ses fruits, comme le prouvait le rang protocolaire du ministère de l'Économie dans le gouvernement, classé dix-septième en 1981, et mis au deuxième rang dans le gouvernement Mauroy III en 1983.

Les acquis du premier septennat

Dans le monde de l'économie et des entreprises, le premier septennat de Mitterrand avait donc finalement généré de profonds bouleversements totalement inattendus. Mais au CNPF aussi, des changements très profonds intervinrent, jetant le trouble dans une eau réputée tranquille où les gros poissons régnaient en maîtres depuis des décennies.

Représentant des entreprises de taille humaine et anti-corporatiste irréductible, je dus livrer bataille aux grandes fédérations dès mon arrivée et faire éclater l'Unedic par une convocation inopinée du conseil exécutif en octobre 1982 afin de le faire revenir sur sa décision (prise fort hâtivement) de prolonger le *statu quo*. Ce coup de force, reconnu comme indispensable par la suite, m'a valu dans l'instant l'hostilité des syndicats qui m'accusèrent de « lâcher les chômeurs ».

La commission des réformes, que j'avais créée dès mon élection, fit preuve d'une résistance granitique aux changements et je ne pus lui arracher que la création de la commission d'action territoriale et le renforcement de la représentation des unions patronales de province.

Mais ces incidents n'empêchèrent pas le CNPF de connaître sa plus haute notoriété, comme le montre le sondage de RES/*L'Usine nouvelle* d'août 1985 : 74,3 % des Français connaissent alors le nom du président du CNPF ; 66,9 % le jugent tout à fait convaincant (67,6 % pour les syndicalistes qui le trouvent, en outre, tout à fait tenace à 85,7 %).

À la question : « L'action du CNPF a-t-elle contribué à infléchir la politique et les conceptions économiques du gouvernement ? », la réponse des syndicalistes est : « Beaucoup » à 60 %, « Un peu » à 29 %.

Enfin, 78,9 % des Français trouvent justifiées les positions exprimées par le CNPF sur la diminution des charges sociales, 78,5 % sur la réhabilitation de l'entreprise, 73 % sur la réforme de la taxe professionnelle, 70,3 % pour l'assouplissement des contrats à durée déterminée, et 67,3 % en matière de création d'emplois.

Surtout, le monde des entreprises acquit alors une unité nouvelle. Les entreprises privées, petites, moyennes et grandes, les entreprises nationalisées elles aussi affirmèrent être motivées par les mêmes objectifs de liberté, de croissance, d'innovation, d'exportation, sous l'égide du CNPF. Dans ce domaine également, les projets du Programme commun de la gauche avaient abouti au résultat inverse à celui recherché. Notons à ce propos qu'il est probable que la menace ait favorisé le regroupement des hésitants, que les petites querelles internes dues à la différence de taille, ou simplement de fonction, comme les oppositions d'intérêts entre producteurs et distributeurs que nous avions tenté de résoudre par la création d'une petite cellule d'arbitrage officieuse mais efficace, furent dans ce contexte reléguées au second plan.

Quoi qu'il en soit, malgré l'opposition permanente du président de la CGPME, nous sommes parvenus à créer, le 4 septembre 1986, le CLIDE, le Club de liaison des décideurs économiques, regroupant en vue de réaliser des études ou des réformes communes, le CNPF, la CGPME, l'Union patronale artisanale (UPA), la Fédération nationale des syndicats agricoles (FNSEA) et l'Union nationale des professions libérales (UNAPL), coopération déjà obtenue sur le terrain par des CLIP (Clubs de liaison interprofessionnelle) entre tous ceux qu'on commençait à appeler les « entreprenants », regroupant tous les employeurs hors fonction publique.

Une divine surprise : la réhabilitation de l'entreprise

J'entends dire ici et là que le grand mérite économique de François Mitterrand est d'avoir réhabilité l'entreprise aux yeux de nos concitoyens.

C'est beau, mais c'est faux.

En réalité, François Mitterrand, nous l'avons vu, ignorait totalement l'entreprise en 1981, et c'est nous qui la lui avons fait connaître peu à peu. C'est vrai qu'il a agi à notre demande pour éviter sa disparition. Mais la notoriété soudaine de l'entreprise vient surtout des coups qu'elle a subis à cette époque, sévices qui auraient pu la faire disparaître complètement.

Cette entreprise superbe, infaillible, immortelle, riche et prospère qui suscitait plus l'antipathie que l'admiration, se transforma soudain en un organisme fragile, menacé de faillite, et risquant de ce fait de licencier son personnel. C'est ainsi qu'elle devint subitement sympathique aux Français. Nous étions nombreux à nous battre depuis des années pour cette réhabilitation, jusqu'alors sans succès [1].

Au fond, les lourdes erreurs économiques de la gauche ont été, pour la réhabilitation de l'entreprise, plus efficaces que des années de discours, de textes ou de colloques enflammés. « Vivent les socialistes ! » ont pu dire, par boutade, quelques chefs d'entreprise enfin reconnus. Cette réhabilitation, en tout cas, était complètement inattendue.

Cette honorabilité retrouvée de l'entreprise ne se confondit pas pourtant avec celle de l'entrepreneur, et il se trouva en 1986 encore quelques responsables socialistes qui souhaitaient sincè-

---

1. Depuis 1973, Michel Drancourt, Octave Gélinier, Jacques Plassard et moi-même avions créé une lettre socio-économique dans ce but : *Les Quatre Vérités*.

rement la prospérité de l'entreprise en même temps que... la disparition de l'entrepreneur sans très bien savoir évidemment par qui le remplacer. Car la légende de l'autogestion version CFDT et « nouvelle gauche » de l'époque s'était évanouie devant les faits et les salariés eux-mêmes exigeaient une direction forte et responsable. Comment un bateau ivre affronterait-il les tempêtes si fréquentes dans le monde des affaires ?

Cette honorabilité tombée du ciel après des décennies, et peut-être même des siècles de mauvaise réputation, survivra certainement aux changements de régime politique. Personne en tout cas ne semble à ce jour vouloir la remettre en cause.

Le tabou syndical écorné

En 1986, l'échec politique est consommé, le fiasco économique reconnu. Les nationalisations apparaissent inutiles et le rôle des syndicats, contre toute attente, est relativisé par la gauche elle-même.

C'est ainsi, par exemple, que le fameux rapport Auroux, qui avait semé la panique dans les entreprises par ses outrances, fut l'objet de négociations avec le ministre Jean Auroux lui-même, qui accepta peu à peu de le tronçonner en quatre lois : du 4 août 1982 sur les libertés des travailleurs dans l'entreprise, du 28 octobre 1982 sur les institutions représentatives du personnel, du 13 novembre 1982 sur la négociation collective, du 24 décembre 1982 sur les comités d'hygiène, de sécurité et les conditions de travail.

Certes, les lois Auroux ont autorisé (ce qui est coûteux aux entreprises) les comités d'entreprise à désigner des experts à leurs frais, ce qui donne lieu à certains abus et fait obligation aux patrons de financer les comités d'entreprise par une cotisation s'élevant à 0,2 % de la masse salariale. Mais elles ont aussi permis d'instaurer le dialogue, que nous étions quelques-uns à souhaiter, entre direction et salariés en court-circuitant par là même les syndicats. Ceux-ci ont perdu de leur importance depuis l'entrée en vigueur de ces quatre lois.

Il faut bien dire d'ailleurs que François Mitterrand n'avait pas une haute estime pour les centrales syndicales dont il se méfiait. En 1982, il me reçut sept fois tandis qu'il reçut Bergeron deux fois, Edmond Maire une fois, et pas une seule fois Krasucki qui n'obtiendra une audience que le 21 janvier 1983.

L'affaiblissement syndical de 1981 à 1986 est incontestable. Alain Touraine a parfaitement analysé les raisons de ce déclin syndical[1]. Il est lié à son corporatisme, à la crispation sur les avantages acquis et à la peur du changement : « Le syndicalisme, écrit-il, n'a pas seulement cessé d'être un mouvement social ; il n'a pas su — en France — devenir un acteur politique de premier plan. [...] S'il continue à construire une ligne Maginot sociale, il sera débordé à mesure que la pression de la concurrence internationale se fera plus vive, et son influence s'affaiblira à la fois dans les secteurs en chute et dans les secteurs modernes où s'impose une adaptation permanente au changement. » Cette sévère critique s'imposait dès cette époque.

On sait le pouvoir des mots. Curieusement, les mots « syndicats » et « syndicalistes » étaient, depuis la fin du XIXe siècle, devenus tabous. Aucun livre, aucun pamphlet, aucune chanson, aucune philippique, aucune bande dessinée, aucun film n'avait osé la moindre irrévérence. Aucun chansonnier n'aurait fait rire en les décriant. Ointes du saint chrême, ces deux divinités s'affaiblirent paradoxalement sous Mitterrand.

Je me suis battu, on le sait, pour que les négociations CNPF-syndicats échappent au système des grand-messes nationales, nocturnes et télévisées, mais soient organisées au plus près du terrain : dans l'entreprise elle-même si possible, sinon au sein de la fédération professionnelle. Tel était le sens même de mon slogan cent fois répété : « Les conventions seront de moins en moins collectives », phrase restée mystérieuse à ceux qui n'avaient pas

1. Alain Touraine dans *Le Nouvel Observateur* du 1er février 1985.

intérêt à la comprendre, les syndicats bien sûr, et même nos négociateurs patronaux qui s'étaient pris au jeu de ces grandes joutes dans lesquelles la pauvre entreprise laissait toujours quelques plumes. Or, après 1968, ces négociations s'étaient multipliées sur tous les sujets, au grand dam des entreprises payeuses. Il fallait arrêter cette dérive, et nous le fîmes.

À l'intérieur même de l'entreprise, nous avons prôné, en remplacement d'une action syndicale revendicative, la participation active de tous à la vie de l'entreprise, fondée sur une communauté d'objectifs et d'intérêts. Une commission participation active, mise en place au CNPF consécutivement aux initiatives prises par Serge Dassault en matière de « gestion participative », connut un incontestable succès qui perdure aujourd'hui : les meilleures entreprises françaises multiplient en effet les initiatives en matière de participation active de leurs employés à la marche même de l'entreprise par des groupes de progrès, des cercles de qualité, des intéressements financiers aux résultats. Autre retombée inattendue de la période Mitterrand.

Enfin, au sein même du CNPF, on avait cru pendant longtemps que la vocation sociale de l'organisation était essentielle. Lorsque la fonction fut assumée au sein de l'entreprise, on se souvint que la tâche principale du CNPF était économique, comme l'affirment tous les groupements d'employeurs mondiaux : BCI en Angleterre, BDI en Allemagne, Cofindustria en Italie, Keidanren au Japon, NAM et US Chamber of Commerce aux États-Unis. On répertoria alors au CNPF les trente thèmes économiques à traiter en priorité.

Dans le même temps, fin 1984, j'avais recommandé à l'un de nos vice-présidents, Pierre Bellon, qui a créé Sodexho avec le succès que l'on sait, de « promouvoir les progrès de la gestion des entreprises » comme prévu dans les statuts mêmes du CNPF, ce qui donna plus tard naissance à l'APM, l'Association pour le progrès de management, qui a essaimé dans toute la France.

Un mandat présidentiel bénéfique pour l'entreprise

Peut-on dire qu'avant Mitterrand les technocrates de droite avaient imposé le socialisme par suffisance et qu'après lui les technocrates de gauche ont accepté le libéralisme par incompétence ?

En vérité, les intentions agressives exprimées dans le Programme commun socialo-communiste se sont bientôt retournées en leur contraire. En vertu de notre « modération impitoyable », suivant l'expression de Raymond Aron. Mitterrand, soupçonné de vouloir terrasser les chefs d'entreprise, les a épargnés et, en compensation, si j'ose dire, a terrassé les communistes. L'entreprise a été historiquement réhabilitée. La priorité des problèmes économiques s'est imposée. La rigueur a été instaurée, en même temps que la désindexation prix-salaires. Pour la première fois, un plan d'austérité (le plan Delors) a prévu 65 milliards d'économie sans taxer les entreprises. L'unité patronale a été scellée.

Beaucoup de dirigeants socialistes avec qui j'ai négocié durement, mais loyalement, pendant cette époque se sont montrés intellectuellement honnêtes et respectueux de la parole donnée.

« Mon mari a tout fait à contre-cœur », a affirmé récemment Mme Danielle Mitterrand. Elle a sans doute raison.

Quand la première page de l'ère Mitterrand a été tournée, on s'est aperçu qu'elle avait été imprimée à l'envers.

Yvon GATTAZ

1981
Un poussin noir à la tête du CNPF[1]

1. Le texte de ce chapitre est inspiré d'une émission *À voix nue* d'Yvon Gattaz et Philippe Simonnot, diffusée sur France Culture du 19 au 23 janvier 1998.

Le 10 mai 1981, la victoire de François Mitterrand sur Valéry Giscard d'Estaing à l'élection présidentielle prend de surprise les milieux patronaux. La plupart y voient une terrible défaite (le CNPF avait appelé à voter contre le candidat de gauche) et une lourde menace : les nationalisations, les 39 heures, la retraite à 60 ans, la présence des communistes au gouvernement, etc. Beaucoup doutent de la légitimité du vainqueur et espèrent secrètement qu'il n'ira pas jusqu'au bout de son mandat.

1981 est aussi l'année où François Ceyrac arrive au terme de son mandat de président du CNPF. Qui sera son successeur dans ces circonstances extraordinaires ? Quel sera son mandat face au nouveau pouvoir ? Un membre de l'appareil ou un homme neuf ? Des réponses à ces questions va dépendre en grande partie le sort de l'économie française sous gouvernement socialiste.

Philippe Simonnot : Comment devient-on président du CNPF ? Aviez-vous envie d'occuper ce poste ?

Yvon Gattaz : Pas du tout, ça ne me serait jamais venu à l'esprit. J'étais avant tout un chef d'entreprise.

Ph. S. : Alors, expliquez-moi.

Y. G. : François Ceyrac, alors président du CNPF, m'a invité à venir le voir. Fin 1975, j'avais créé le mouvement ETHIC, et à cette même date il y avait un changement dans le conseil exécutif de l'organisation patronale. François Ceyrac m'a dit : « Votre mouvement est très intéressant, on parle beaucoup de vous. »

Ph. S. : Était-ce vrai ?

Y. G. : On avait commencé avec 25 entreprises, et quand Ceyrac m'a appelé, nous étions déjà quelques centaines. « Il ne faudrait pas que votre mouvement s'oppose au CNPF », me dit-il.

Ph. S. : Et que lui répondez-vous ?

Y. G. : Qu'il n'en était pas question, que notre objectif était d'apporter des idées nouvelles, de l'enthousiasme. « Eh ! bien, me rétorque-t-il, entrez donc au conseil exécutif du CNPF. » Et c'est ainsi que je suis entré.

Ph. S. : Vous étiez un peu comme le loup dans la bergerie, si l'on peut appeler le CNPF une bergerie…

Y. G. : C'est un peu ça. Il y avait au CNPF, disons-le entre nous, une certaine méfiance à mon égard. J'étais le poussin noir.

Ph. S. : Mais quelle était l'idée que François Ceyrac avait derrière la tête en vous faisant venir ?

Y. G. : Il me l'a dit plusieurs fois par la suite, car c'est devenu un ami : « J'aime mieux avoir les adversaires à l'intérieur qu'à l'extérieur. » Il craignait qu'un mouvement dissident crée un schisme patronal. Il est vrai que la tentation est forte lorsque vous êtes à l'extérieur du CNPF d'affirmer que cette grosse institution est trop lourde, qu'elle ne comprend rien. Nous ne sommes pas tombés dans ce panneau.

Ph. S. : Mais vous êtes tombé dans le piège que vous tendait Ceyrac.

Y. G. : Je suis tombé dans le piège avec bonne volonté, et je ne l'ai jamais regretté. Cela a été un tremplin pour lancer les idées d'ETHIC. Le mouvement a grandi considérablement. En 1981, nous étions 2000.

Ph. S. : Vous entrez dans cette instance qui paraît très mystérieuse : le conseil exécutif.

Y. G. : Il est vrai que pour un chef d'entreprise, c'était une surprise. Je suis entré dans un milieu que je ne connaissais pas. Très mystérieux vu de l'extérieur. Et beaucoup moins quand on est à l'intérieur, quand on connaît ses traditions, ses règles. Voilà un organisme qui gère des intérêts contradictoires : les transporteurs et les transportés, les assureurs et les assurés, les producteurs et les consommateurs. Le consensus est très difficile à atteindre.

Ph. S. : Il y avait beaucoup d'apparatchiks autour de la table.

Y. G. : Il y avait peu de patrons, en tout cas très peu de patrons créateurs d'entreprise, comme je l'avais moi-même été. J'étais vraiment le poussin noir. Mais j'ai été reçu quand même de manière courtoise. Et il est certain que personne ne pensait, moi le premier, que je pourrais devenir un jour président.

Ph. S. : Vraiment pas ?

Y. G. : Je vous l'assure. J'étais l'observateur lointain, admis à la table du Seigneur.

Ph. S. : Et pourtant, c'était l'idée de Ceyrac !

Y. G. : Non, pas du tout. Il voulait seulement avoir ETHIC à l'intérieur du CNPF plutôt que de le voir grandir à l'extérieur. C'est un très fin politique, François Ceyrac.

Ph. S. : Qu'est-ce que vous faites au conseil exécutif ? Vous intervenez, vous vous faites remarquer ?

Y. G. : J'interviens avec discrétion pour ne pas me faire remarquer. Un poussin noir cherche avant tout à ne pas se faire remarquer.

Ph. S. : Oui, mais il se fait remarquer tout de même ! Comment se fait-il que six ans après, en 1981, vous vous présentez à la présidence du CNPF ?

Y. G. : Ceyrac n'y est pour rien ! Dans la tradition du CNPF, c'est le prédécesseur du président en place qui propose le candidat à la succession. C'est donc à Paul Huvelin que revenait cette tâche. De fait, Huvelin me téléphone au tout début de 1981 : « Gattaz, j'aimerais mieux vous connaître. Pourquoi ne déjeunerions-nous pas tous les deux ? » Je vous jure que je ne me doutais de rien. À la fin du repas, il me dit : « J'ai été content de parler avec vous tout ce temps. On m'avait déjà dit du bien de vous. Il faut à la tête du CNPF une personnalité dynamique, entreprenante. Je vous demande de vous présenter. »

Ph. S. : Vous aviez quel âge ?

Y. G. : 55 ans. Je lui dis : « Ce n'est pas possible. » Il me rétorque : « Réfléchissez. Ma proposition est sérieuse et j'aimerais que vous répondiez oui. En général, les gens sautent de joie, et répondent oui tout de suite. » Je dis alors : « Non, je ne peux pas vous répondre tout de suite. Il faut que j'en parle à mon épouse, à mon frère et associé, ainsi qu'au mouvement ETHIC. »

Ph. S. : Vous ne pouviez pas dire non !

Y. G. : Ma femme m'a dit : « Surtout ne fais pas ça ! » En revanche, le bureau d'ETHIC a pensé que c'était là une occasion inespérée de faire passer nos théories. Un ami administrateur d'une importante fédération professionnelle, à qui je demandai conseil, s'exclama : « Ton hésitation est incroyable. Il y a des dizaines de personnes à Paris qui se feraient crever un œil pour avoir ce poste. »

Ph. S. : Ce qui complique les choses, tout de même, c'est qu'il y a un candidat quasiment officiel, c'est l' « autre Yvon ».

Y. G. : Yvon Chotard, l'homme du sérail, chargé depuis six ans des négociations avec les syndicats.

Ph. S. : Rappelons le contexte. François Mitterrand est au pouvoir depuis mai 1981. Le premier gouvernement Mauroy applique le Programme commun de la gauche. Au CNPF, c'est la panique. D'autant que l'organisation patronale a pris parti contre la gauche lors de la campagne présidentielle. Avez-vous participé à cette décision ?

Y. G. : C'était le 24 avril 1981, je m'en souviens très bien, quatre jours avant le premier tour de l'élection présidentielle. Le conseil exécutif se réunit pour savoir s'il fallait s'engager ou non dans la bataille politique. Quatre membres du conseil votèrent contre : Émile Boursier, Guy Brana, Michel Maury-Laribière et moi-même. René Bernasconi et Ambroise Roux crurent faire preuve de patriotisme en plaidant pour l'engagement en faveur de Giscard d'Estaing. J'ai encore le texte qui fut communiqué à la suite de cette délibération appelant « l'attention sur les dangers, pour les entreprises, du programme du candidat socialiste à l'élection présidentielle. [Le CNPF] soulignera que ce danger est le même que celui que présentait le Programme commun de la gauche en 1978 et qu'il s'agit, en fait, d'un choix de société entre un système collectiviste et un système libéral susceptible de progrès.» Quelle erreur ! La prise de position du CNPF fit perdre quelques dizaines de milliers de voix à Valéry Giscard d'Estaing, et surtout attira la vindicte de François Mitterrand, qui ignora le CNPF et ses dirigeants pendant toute l'année 1981. Le CNPF n'était plus un interlocuteur. Il était KO.

Ph. S. : Alors pourquoi vous élire, vous, plutôt que Chotard, l'homme des négociations ?

Y. G. : On s'est dit : Gattaz a toujours affiché une neutralité politique, c'est un créateur d'entreprise, il a fondé le mouvement ETHIC, il a des idées, il a l'air sympathique.

Ph. S. : Mais l'autre Yvon avait aussi des atouts…

Y. G. : Était-il marqué comme ayant appartenu à l'équipe précédente ? Il y a eu à ce moment-là, je crois, un appel d'air, une envie de changement. Je symbolisais un peu ce changement.

Ph. S. : On a dit à l'époque que vous étiez la dénégation vivante de l'image traditionnelle du patronat. Vous n'étiez pas un apparatchik.

Y. G. : C'est vrai. Je ne connaissais même pas le système. Je n'avais pas été président d'une union patronale interprofessionnelle ou président d'une fédération. La carrière normale au CNPF, c'est de passer par ces postes avant d'accéder au sommet. J'étais un chef d'entreprise qui avait créé un mouvement. C'était nouveau. Et c'est cette nouveauté plus la neutralité politique qui ont décidé mes confrères.

Ph. S. : Vous avez quand même gardé Yvon Chotard dans votre équipe.

Y. G. : J'en avais pris l'engagement. Quand nous nous sommes présentés tous deux, nous avons déclaré : celui qui gagnera gardera l'autre.

Ph. S. : Et vous l'avez regretté…

Y. G. : C'est une autre histoire, dont nous reparlerons.

Ph. S. : Tout de même, votre présidence commençait avec un passif assez lourd ?

Y. G. : Plus lourd encore que vous ne l'imaginez. Non seulement jusqu'à mon élection, François Mitterrand avait refusé de recevoir le président du CNPF, mais encore l'organisation patronale s'était fourvoyée dans une négociation désastreuse avec les syndicats.

Ph. S. : Comment cela ?

Y. G. : Il faut rappeler encore une fois les circonstances. Au lendemain de la victoire de Mitterrand, le CNPF est sonné, mais il tente de continuer ses négociations avec les centrales syndicales puisque, pour les membres de la commission sociale du CNPF et quelques autres, il s'agissait là de la mission essentielle de l'organisation — une vision réductionniste que j'ai toujours trouvée dangereuse. Beaucoup de dirigeants du CNPF d'alors ignoraient totalement les impératifs économiques de l'entreprise.

La bannière du CNPF flottait alors exclusivement sous le signe de la Politique Contractuelle, avec deux majuscules, pour bien montrer qu'elle ne pouvait s'élaborer qu'au sommet, c'est-à-dire entre des centrales syndicales connaissant peu ou pas la vie des salariés et des représentants du CNPF qui se disaient eux-mêmes « syndicalistes patronaux » en toute simplicité et qui en fait ignoraient tout de l'entreprise.

Cette activité sociale, ou plutôt syndicale, poursuivait sa petite vie malgré les vents contraires, et les syndicats, triomphants eux aussi depuis le 10 mai, entendaient bien faire valoir leurs droits à un CNPF réputé battu.

C'est dans ces conditions que furent conclus, à la suite de l'ordonnance du 12 juin imposant une négociation, les accords du 17 juillet 1981. André Bergeron, qui avait su gagner l'estime de François Ceyrac en se prétendant le plus solide rempart contre les syndicats révolutionnaires et le marxisme, joua un rôle déterminant : le principe d'un abaissement du temps de travail à 39 heures et d'une cinquième semaine de congés fut arraché, avec quelques conditions censées introduire un peu de souplesse et qui seraient mises au point ultérieurement — et qui ne furent jamais mises au point ! On verra plus loin que cet accord permettra à François Mitterrand d'affirmer devant moi : « Vous vous battez contre un principe qui est déjà acquis depuis juillet dernier et accordé par vos prédécesseurs ! »

Ph. S. : Le CNPF n'avait-il pas réagi devant les premières mesures du gouvernement Mauroy ?

Y. G. : Il y avait de quoi s'inquiéter en effet. Tout à la fois étaient annoncés : l'établissement d'un « impôt progressif sur la fortune » (premier nom de l'impôt qui s'appellera plus tard IGF puis ISF) avec des taux démentiels de démantèlement et de confiscation qui rappelaient à certains les périodes révolutionnaires ; la nationalisation des plus grandes entreprises françaises et des principales banques, le Conseil des ministres du 9 septembre décidant finalement de mettre sous le contrôle de l'État la presque totalité du crédit et 40 % de la production industrielle de la France ; le développement dans les entreprises d'une « démocratie économique » et d'une « citoyenneté » par la revalorisation du rôle des syndicats, suivant un rapport élaboré par les services du ministre du Travail, Jean Auroux, document appelé dès cette époque « rapport Auroux ». À elles seules, ces trois mesures, parmi beaucoup d'autres, avaient de quoi affoler les chefs d'entreprise, surtout si l'on tient compte de cette phrase sibylline et inquiétante prononcée par le Premier ministre : « L'amnistie ne sera pas accordée aux chefs d'entreprise incompétents. »

Ph. S. : Vous-même, n'avez-vous pas réagi ?

Y. G. : Au nom du mouvement ETHIC, j'ai sollicité auprès du Premier ministre une audience qui me fut accordée le 31 août. D'entrée de jeu, Pierre Mauroy montra tout l'intérêt qu'il portait à notre mouvement, qui lui semblait très différent du CNPF et avec lequel il pensait qu'il lui serait possible de travailler. Il ne pouvait prévoir que je présenterais quelques jours plus tard ma candidature à la présidence du CNPF et que je serais élu en décembre. Sans doute espérait-il doubler le CNPF et négocier avec d'autres groupements professionnels de remplacement — manœuvre qu'il tentera, on le verra, avec d'autres groupements.

Ph. S. : La vieille tactique de diviser pour régner...

Y. G. : Pierre Mauroy prit bonne note des inquiétudes d'ETHIC, tout particulièrement à propos de l'impôt sur la fortune, puisque François Mitterrand, dans sa campagne électorale, avait affirmé que « l'outil de travail serait épargné ». Il fallait donc trouver un procédé simple d'exemption. Le Premier ministre semblait trouver audacieux de la part du candidat-président d'avoir promis d'exempter les biens professionnels qui, pour lui, constituaient bien une accumulation de richesses. Il s'engagea toutefois à étudier le problème avec les membres de son gouvernement.

Ph. S. : Une longue et difficile négociation commençait...

Y. G. : Oui, mais ni l'un ni l'autre ne le savions ce jour-là.

Ph. S. : Décembre 1981, vous voici à la tête du CNPF. Quels sont vos premiers mots devant l'assemblée qui vous a élu ?

Y. G. : Des mots tout simples : le CNPF est le parti de l'entreprise, loin de tous les partis politiques. Les gouvernements passent, les entreprises restent. Sauvegarder l'unité patronale, notamment face aux manœuvres de division du gouvernement. L'entreprise, et elle seule, est créatrice de richesses. Elle est d'utilité publique. Elle mérite d'être réhabilitée. Elle est vulnérable. Il ne faut pas l'accabler de charges insupportables. Dans le domaine social, il faut ranimer le dialogue direct avec les salariés car ils n'acceptent plus le monopole des syndicats en matière de concertation. La « politique contractuelle », oui, mais à la base, le plus près possible de l'entreprise elle-même et non plus l'exclusivité de la politique contractuelle, dite royale, au sommet.

J'annonçai aussi mon intention de procéder à une profonde réforme de nos organisations dont le caractère corporatiste était dépassé.

Serait créée une commission de réformes [1] aux pouvoirs éten-

---

1. Yvon Gattaz, soumis à de fortes pressions de la part des traditionalistes, qui se méfiaient de sa réputation de « patron de progrès », accepta de confier cette commission à Jacques Danon, président de la Fédération nationale du bâtiment. La commission refusa de préconiser quelque réforme que ce soit et maintint le *statu quo* malgré les relances et les pressions d'Yvon Gattaz. Le sigle CNPF, en particulier, fut maintenu tel quel. Les deux récidives qu'il effectua dans ce domaine, en 1982 et 1984 connurent le même sort devant l'opposition des conservateurs.

dus. Elle pourrait, entre autres, changer le nom du CNPF en remplaçant en première urgence le mot « patronat » par « entreprises »· comme cela avait déjà été proposé aux assises du CNPF en 1977 sans aucun succès.

Enfin, je lançai l'idée de tenir en décembre prochain les « États généraux des entreprises françaises au service de la nation » pour faire connaître solennellement au pays leurs problèmes et leurs objectifs, « en dehors de toute polémique partisane ou idéologique ».

Ph. S. : Comment fut accueillie cette proposition ?

Y. G. : Il y eut des mouvements divers, comme on dit. Certains de mes adversaires trouvèrent cette appellation « révolutionnaire dans son début et boy-scout dans sa fin ». Enfin, dès le lendemain de mon élection, je demandai audience au président de la République. Quelques jours après, je recevais du chef de cabinet de la présidence cette lettre :

> Monsieur le Président,
>
> J'ai le plaisir de vous confirmer que le Président de la République vous accordera une audience le vendredi 8 janvier 1982 à 16 heures.
>
> Veuillez agréer, Monsieur le Président, l'expression de mes meilleurs sentiments.
>
> Jean Glavany

Alors commença vraiment le grand jeu !

1982
L'année des sept rencontres

Première rencontre, le 8 janvier 1982

Mitterrand : « Il faut que vous admettiez au CNPF que la lutte des classes existe. »

À l'invitation du chef de l'État, le président du CNPF se rend à l'Élysée le 8 janvier 1982, accompagné des neuf vice-présidents [1]. Cette forte délégation est reçue comme prévu à 16 heures par le Président entouré de Pierre Bérégovoy, secrétaire général de l'Élysée, et de Jacques Fournier, secrétaire général adjoint. L'un et l'autre se tiennent modestement à l'écart, et ne diront mot.

L'entretien va durer deux heures. L'ambassadeur de la République de Chine, qui avait rendez-vous à 17 heures, patientera avant d'être reçu, François Mitterrand disant lui-même à l'huissier : « Il peut bien attendre une heure, notre réunion est importante. »

1. Pierre Bellon, administrateur au Syndicat national des chaînes d'hôtels et de restaurants, PDG de Sodexho, Émile Boursier, vice-président délégué général de l'Union des industries métallurgiques et minières (UIMM), Guy Brana, président de la Commission économique du CNPF, président de la Fédération des industries électriques et électroniques, Yvon Chotard, président de la commission sociale du CNPF, Jacques Danon, président de la commission des réformes du CNPF, président de la Fédération nationale du bâtiment, Jacques Dermagne, administrateur du CNPF, président du Conseil national du commerce, président de l'Union nationale des revêtements de sols et de tapis, Roland Koch, président de la Fédération nationale des industries mécaniques et transformatrices de métaux, Michel Maury-Laribière, président de l'Union patronale de la région Poitou-Charentes, PDG de la Société de tuilerie et de briqueterie française (sise à Roumazières), Albert Séjournet, président de l'Union des industries textiles. Le directeur des Études législatives du CNPF, Michel de Mourgues, fait aussi partie de la délégation.

Après quelques échanges de formules de bienvenue, Yvon Gattaz présente au Président les membres de la délégation, un par un. François Mitterrand n'utilisera aucune note ni pour lancer ses grandes tirades, ni pour appuyer son argument de statistiques.

Yvon Gattaz : Je vous assure, monsieur le Président, que nous venons ici animés d'un esprit de dialogue et d'ouverture, mais aussi de fermeté en ce qui concerne les aspects les plus graves de la situation pour les entreprises françaises. Je souhaiterais qu'il n'y ait pas de malentendu entre nous.

François Mitterrand : Pour reprendre votre mot de malentendu, je tiens à préciser que notre logique est socialiste et qu'elle le restera. Il faut que vous, au patronat, vous compreniez la logique des autres. Notre programme a été exposé trois fois, rejeté, puis accepté par le peuple français le 10 mai et le 21 juin 1981 [1]. Nous sommes respectueux des règles de la démocratie et de la volonté populaire qui s'exprime par la loi. Vous aussi vous devez respecter la loi. Cette loi est devenue la loi générale de chaque citoyen français. Nos objectifs plaisent ou ils déplaisent. Il faut s'y faire. Il s'agit d'appliquer un programme dans la légalité. Jamais nous n'irons contre ce que la loi interdit. De notre côté, et je l'espère du vôtre, il n'y aura pas de manifestation subversive. D'autre part, il faut que vous admettiez que la lutte des classes existe...

Y. G. : Oh ! oh !

F. M. : Eh oui ! elle existe, mais j'ai le dessein d'y mettre fin. Cela sera long. Il faudra plus d'une génération.

Certains groupes sociaux se réjouissent de l'arrivée de la gauche au pouvoir. D'autres s'en inquiètent, et vous les représentez partiellement.

Il n'y a pas de double jeu. Nous avons une logique. Nous

1. Dates respectives des élections présidentielles et législatives.

sommes porteurs de propositions, en particulier, nous croyons à la valeur des nationalisations, que le Conseil constitutionnel adoptera peu ou prou [1] — je ne suis pas inquiet à ce sujet. Bref, c'est comme ça. Il ne s'agit pas de se convaincre. Nous appliquerons ces mesures et nous ne vous demandons pas de les approuver. Jamais, je ne serai choqué de vous entendre dire, même avec fermeté, que telle ou telle décision est mauvaise. Mais il s'agit de comprendre l'aspiration des autres catégories sociales.

Les nationalisations ont donc leur propre logique, il y a celles que nous avons déjà faites, et les trois qui restent, pour lesquelles il faut prendre des précautions à cause des participations étrangères dans leur capital. Ces onze nationalisations valent pour la durée de cinq ans du mandat législatif. Nous n'irons pas au-delà. Elles pourront être accentuées si la Nation le veut, ou au contraire remises en cause en 1986, sauf décret divin [2]. C'est dire qu'après 1986 et jusqu'en 1988 [3] les choses pourront encore changer. Moi-même, je ne resterai pas au-delà de sept ans. Je dispose de sept ans pour appliquer l'intégralité de mon programme. Sept ans, c'est déjà beaucoup. Il n'y a aucune raison que ce soit renouvelable. En 1988, ce sera fini pour moi [4].

Pourquoi avoir fait ces nationalisations ? Certains auraient souhaité ne pas aller aussi loin, d'autres, au sein même du parti socialiste, auraient voulu aller plus loin. C'est finalement une économie mixte qui va être créée, avec élargissement du secteur public, le secteur privé gardant l'essentiel. Le privé reste beaucoup plus vaste que le public. Faites le compte. La logique du système pose inévitablement des problèmes de frontières. On a

---

1. L'opposition avait fait appel devant cette instance de la loi des nationalisations. Le Conseil constitutionnel rendra son arrêt le 11 février suivant, rejetant le recours.

2. La formule est restée mystérieuse pour les participants à cette réunion. F. Mitterrand faisait-il allusion à sa propre maladie ? Rappelons qu'à l'époque des rumeurs de cancer avaient couru. Elles avaient été démenties, puis oubliées jusqu'à la fin du second septennat.

3. Date de la prochaine élection présidentielle.

4. Indication intéressante encore qu'ambiguë. François Mitterrand croit-il vraiment à cette date qu'il ne se représentera pas, ou veut-il le faire croire à son auditoire pour des raisons tactiques, notamment pour lui donner de l'espoir, le rassurer et l'inciter à ne pas faire la politique du pire ? On retrouvera cette question dans le dernier entretien Mitterrand-Gattaz de 1987.

pu contester le manque de rigueur dans la définition des entreprises nationalisables. C'est un fait. Mais il faut comprendre la signification de ce nouveau type d'économie mixte.

Si on avait voulu une collectivisation du type communiste, qu'il soit marxiste, léniniste ou maoïste, on aurait agi tout autrement. Mais cette voie nous paraît périmée. Les lois de la démocratie doivent jouer, permettant dans certains cas de revenir en arrière. Il ne doit pas y avoir de malentendu à ce sujet. Un tel malentendu serait absurde.

Sur les nationalisations elles-mêmes, Blum a fait peu de chose en 1936. Chautemps, qui a pris la suite, un peu plus. C'est surtout le général de Gaulle qui a nationalisé en 1945-1946, permettez-moi de vous le rappeler. Mais les uns et les autres, et moi-même, sommes fondamentalement persuadés de l'importance de l'initiative de l'entreprise privée. Pour autant, notre refus de la collectivisation ne tient pas seulement à des raisons économiques, mais aussi à des raisons d'éthique. Nous irons jusqu'au bout de notre programme, mais en soulignant que nous sommes prêts à vivre avec un secteur privé très important. Nous sommes condamnés à vivre avec vous ! Le contraire devrait relever d'une attitude révolutionnaire. C'est ce qui nous sépare du parti communiste. En théorie. Car, en fait, le parti communiste est très loin d'être dénué de sens pratique.

Il s'agit donc d'organiser notre couple le mieux possible. Nous, nous devons faire en sorte que la puissance publique établisse des règles intelligentes et les mieux adaptées possible. Nous sommes contre la macro-économie, le gigantisme, l'économie dirigée par un cerveau étatiste central.

Vous, vous devrez distinguer votre rôle de citoyens de celui de responsables économiques. En tant que responsables économiques, vous devez être convaincus que vous faites partie de notre système, lequel encore une fois peut être soumis à l'alternance politique. Car nous admettons que nos adversaires prennent notre place si le peuple le désire. Notre logique est donc de vivre avec vous. Pourquoi pensez-vous toujours qu'il y a un double jeu ?

En fait, nous retrouvons la tradition du socialisme telle qu'elle est née de la rupture lors du Congrès de Tours en 1920. Cette rupture, je vous le rappelle, s'est faite sur trois grands thèmes : la politique étrangère liée à l'Union soviétique ; l'abandon du pluralisme démocratique ; l'appropriation totale des moyens de production.

Notre école de pensée a admis pour la France que l'initiative privée était nécessaire et déterminante. J'appartiens à un milieu social connu comme bourgeois sur le plan familial. Il y a un Charentais parmi vous qui connaît bien ma famille [1], et je n'ai pas de rancune à l'encontre de la bourgeoisie française, qui m'a très bien traité.

Encore une fois, nous ne sommes pas des marxistes-léninistes pour lesquels la révolution et sa cohérence sont terribles et impitoyables. Nous ne voulons ni ne croyons en cela. Je le répète, nous sommes condamnés à vivre ensemble.

Deux choses me préoccupent. La première, c'est qu'il faut gagner la bataille sur le plan industriel. La France est parmi les meilleurs. Elle doit le rester et développer sa place dans le peloton de tête des économies industrielles. Cela en vaut la peine. Actuellement, elle a des difficultés en matière textile, sidérurgique. Bientôt l'automobile. Il ne s'agit pas de refuser la robotisation. S'il faut robotiser, robotisons ! Il faut utiliser au maximum les sciences actuelles pour se battre. C'est la seule méthode que nous ayons pour reconquérir nos places dans le textile, ou la métallurgie, et avoir quelques chances de passer du troisième au deuxième rang en électronique, n'est-ce pas monsieur Gattaz ?

Y. G. : C'est également mon avis, monsieur le Président.

F. M. : Il faut maintenir notre écart avec les États-Unis, le Japon, l'Allemagne, voire les rattraper. Tout le monde pâtirait d'une défaite. On ne gagnera pas sans vous. Les patrons français ne doivent pas être considérés comme des gêneurs, ni comme des

1. Il s'agit sans doute de Michel Maury-Laribière. Voir la fin de l'entretien, ainsi que le premier tête-à-tête Mitterrand-Gattaz.

exploiteurs. Il doit y avoir entre nous des discussions de partenaires, non d'ennemis. Le rôle des industriels est de créer, et j'ai moi-même un ami industriel qui mourrait si on l'empêchait de créer des produits... qu'il devrait, d'ailleurs, savoir mieux vendre[1].

Donnons-nous cinq ans pour doter la France de moyens pour soutenir la compétition internationale. Pourquoi ne dépasserions-nous pas le Japon ? Pourquoi avons-nous perdu le textile, la métallurgie ? Des secteurs comme le bois et le cuir doivent être ardemment étudiés et mis en valeur. N'êtes-vous pas étonnés, messieurs, que le bois soit le deuxième produit importé après le pétrole, alors que la forêt française a été reconstituée et que la Hollande, qui n'en a pas, importe moins de bois que nous ?

Nous ne gagnerons pas sans vous. Si je croyais que vous étiez des gêneurs ou des exploiteurs, eh bien, j'essaierai de me débarrasser de vous. Vous avez été des exploiteurs en 1830-1840[2], et même après (*silence gêné dans l'auditoire*). Mais je pense que chacun a changé et je suis partisan d'une politique contractuelle avec le patronat. Votre concours est indispensable pour cette espèce de grande sortie sportive. Vous devez avoir envie de vivre, même si cette vie est un peu plus grise pour vous. Il faut avoir l'amour de créer de nouveaux produits, de produire plus et mieux.

Il est certain que la société capitaliste s'autodétruit. Le capitalisme foncier a conduit au capitalisme industriel. Aujourd'hui, celui-ci conduit au capitalisme bancaire qui s'est vicié. Quand on a ouvert le dossier des banques nationalisées, on a été surpris de voir qu'elles s'étaient chargées d'un grand nombre d'entreprises industrielles. Or la création qui engage l'avenir ne vient pas de la banque, qui ne recherche que des résultats financiers, qui se contente d'acheter et de vendre au plus offrant.

Soyez assurés, messieurs, que je connais la réalité française

---

1. Qui est cet ami ? Il ne peut s'agir ici de Pelat. On pense plutôt à un petit industriel de province. Mais qui ?
2. Nous verrons plus loin que François Mitterrand aime à évoquer cette époque.

et que j'en tiens compte. Il y a des tâches économiques à entreprendre, des retards à rattraper. Par exemple, encore une fois, la France possède la plus grande forêt d'Europe et importe du bois, alors que la Hollande, sans forêt, est le plus grand exportateur de bois. Il faut être en pointe dans certains secteurs.

La deuxième chose qui me préoccupe, c'est que nous devons inventer ensemble une ville qui soit habitable, désirable, qui engendre autre chose que des jacqueries ou des dépressions nerveuses. Les banlieues des grande villes d'où la jeunesse paraît exclue sont des centres de désespoir favorables au suicide. Il faut inventer des conditions matérielles meilleures pour les banlieues. Mais on ne pourra développer une vie urbaine normale sans une prospérité économique suffisante pour transformer les données qui se sont mises en place depuis Haussmann, les deux guerres et les constructions aberrantes que nous connaissons. Lorsque je me rends à l'aéroport, je traverse certaines banlieues, Bondy, Aulnay, qui ressemblent à celles de Moscou ou de Bucarest quant à l'habillement de ses habitants, leur manière de vivre, leur logement. Il faut changer cela. Mais on ne le pourra qu'avec vous. Sans vous, nous ne pouvons réussir. Vous devez comprendre notre logique. Certes, quelques mesures vous déplaisent : les nationalisations, le rapport Auroux. Il y a les aides de l'État à l'industrie.

Y. G. : Et les charges, monsieur le Président, les charges qui pèsent sur les entreprises ; elles augmentent sans cesse ! Et plus vite que les aides.

F. M. : Oui, je connais la formule qui vous est chère : « Moins d'aides et moins de charges. » Mais précisément, les aides que nous vous accordons sont plus élevées que les augmentations de charges [1].

De toute façon, je suis partisan d'un allégement des charges des entreprises, je suis pour le profit des entreprises à condition

1. Les groupes de travail qui seront créés entre le gouvernement et le CNPF en 1983 autour de Laurent Fabius démontreront le contraire.

qu'il soit équitablement partagé. Si on vous casse les ailes et les bras, vous ne pourrez pas travailler. Il faut que vous examiniez franchement les mesures qui ne contredisent pas vos possibilités. J'ai retenu les hypothèses économiques, il faut exclure entre nous les angles idéologiques. Observons les domaines où le bât vous blesse le plus.

Prenons la Sécurité sociale. Votre charge s'est alourdie, je le reconnais. Mais le déficit actuel n'est pas totalement de notre fait. Sur les 36 milliards de déficit, 14 milliards sont dus à la suppression par Barre d'un point de cotisations sociales ; 6 milliards découlent du chômage en progression. Restent seulement 16 milliards (mesures sociales, allocations familiales, SMIC, etc.) qui sont de notre responsabilité. Je regrette que nous ayons été coincés par la nécessité d'aller vite. Si l'on veut alléger les charges des entreprises, il faudra bien fiscaliser certains aspects de la Sécurité sociale de façon à alléger les cotisations de 1,5 % par an, de plusieurs points en cinq ans.

La santé, c'est l'abîme le moins contrôlable. Il faut s'adresser aux contribuables, contrôler l'engagement de la dépense — ceux qui engagent les dépenses ne sont pas ceux qui les paient — et revoir une conception qui date de 1945. Le problème de la vieillesse pèse de plus en plus lourd. Il y aura de moins en moins de gens pour supporter la production. Chacun doit prendre ses responsabilités. J'ai eu l'autre jour à Soustons une discussion avec le directeur d'une société commerciale. Avec passion, il me demandait ce que l'on faisait pour les hommes de 40 ans. Rien ! La préretraite que l'on prend pour une retraite, n'est-ce pas M. Fournier (*hochement de tête de Jacques Fournier*)...

Y. G. : La fiscalité étouffe les entreprises, monsieur le Président.

F. M. : C'est vrai qu'il faut la faire supporter par l'ensemble de la nation. Il faut réagir. Valéry Giscard d'Estaing, qui se dit libéral, a fait passer les prélèvements obligatoires (impôts plus cotisations) de 36 à 42 % du PIB. Actuellement, ils sont à 43 %. Il n'est pas question de monter à 47 %. La social-démocratie suédoise a été étouffée par un excès de fiscalité. Il ne faut pas dépasser 43 %, mais redescendre à 42,5 %. Les Français sont très sensibles à la fiscalité. Souvenez-vous de Pinay. Il ne connaissait rien à l'économie. Sa réputation, très surfaite à mon avis, venait de ce qu'il avait allégé la fiscalité. On dit que moi-même je ne connais rien à l'économie. Poincaré n'y connaissait rien, lui non plus. Je me souviens que, jeune parlementaire, j'avais été surpris par le jugement sévère de Louis Marin[1] sur Poincaré. « C'était un crétin », disait-il. Il n'en reste pas moins que ces deux hommes ont su rétablir la confiance. Et je veux la rétablir.

Y. G. : Et la taxe professionnelle ?

F. M. : C'est une histoire de fous[2]. Dès cette année, des ordres ont été donnés pour limiter son augmentation à 30 %. On a vu des cas d'augmentation de 300 % dans certaines communes[3]. En revanche, n'est-ce pas monsieur Fournier *(nouveau hochement de tête de Jacques Fournier)*... il sera difficile de la remplacer. Certains d'entre nous pensent à la TVA. Vous serez peut-être surpris que je préconise un impôt sur la consommation, la TVA, qui est un impôt indirect. Mais un impôt indirect modulé de manière sophistiquée peut avoir les mêmes avantages qu'un impôt direct[4].

Pour en finir avec ce sujet, je voudrais vous rappeler le montant très important des aides distribuées aux entreprises. Et vous

1. Louis Marin, homme politique français des IIIe et IVe République.

2. La taxe professionnelle a été créée en 1975 par Jacques Chirac, quand il était Premier ministre de Valéry Giscard d'Estaing, pour remplacer les « quatre vieilles », dont la patente. L'année précédente avaient été instaurés l'autorisation administrative de licenciement et le versement d'indemnités de chômage généreuses.

3. La taxe professionnelle, versée par les entreprises aux collectivités locales, repose sur quatre éléments : la masse salariale (34 % de l'assiette de la taxe), la valeur locative des biens d'équipement (50 % de l'assiette), la valeur locative des terrains et immeubles (13 % de l'assiette), les recettes, mais uniquement pour les contribuables qui relèvent de l'impôt sur le revenu comme les professions libérales (3 % de l'assiette). Le taux de la taxe peut varier selon les collectivités locales.

4. En général, les socialistes préfèrent les impôts directs aux indirects, car les premiers, qui peuvent être progressifs, permettent une plus grande redistribution en faveur des classes défavorisées. Un impôt sur la consommation, modulée selon les biens — par exemple plus faible sur les produits de nécessité et plus élevé sur les produits de luxe — aurait, selon cette doctrine, qui est loin de faire l'unanimité, les mêmes effets qu'un impôt direct distributif. Il est intéressant de constater qu'à cette époque, la doctrine en question est parvenue jusqu'à François Mitterrand !

dire aussi que le déficit budgétaire français n'est que de 3 % du PNB, soit un taux inférieur à celui de la Grande-Bretagne et de l'Allemagne, même s'il est supérieur à celui des États-Unis. Mon gouvernement n'est revenu sur aucun des avantages accordés par les gouvernement précédents, que j'avais pourtant critiqués dans ma campagne électorale. Nous pensons qu'il ne faut pas toujours piller les mêmes.

Reste le grand débat sur les droits syndicaux dans l'entreprise. Il faut nous dire dans quelle direction vous souhaiteriez que nous allions, quelles limites, quels garde-fous. Rappelez-vous que le consentement social a beaucoup de prix. Si nous obtenons moins de conflits sociaux, ce ne sera pas négligeable. C'est en ce sens que le 10 mai a un aspect positif pour vous : le consentement social !

Bien ! Je crois que nous avons fait un tour d'horizon intéressant. Je suis prêt, bien entendu, à répondre à vos questions.

Y. G. : Au nom de mes confrères, je souhaiterais vous remercier, monsieur le Président, de cette longue et intéressante introduction qui nous prouve que le dialogue entre nous peut être direct et ouvert. J'aimerais toutefois revenir sur quelques points, si vous le permettez.

Tout d'abord, nous avons noté que le gouvernement respectera le jeu du marché et que les entreprises récemment nationalisées resteront au CNPF comme des entreprises du secteur concurrentiel. À ce sujet, vous avez remarqué que j'ai tenu à avoir auprès de moi, comme vice-président exécutif, chargé des problèmes économiques, M. Guy Brana, dirigeant d'une entreprise en voie de nationalisation[1], pour bien montrer que nous considérons ces entreprises comme normales dans leur comportement.

F. M. : Ces entreprises ne seront pas soumises aux administrations centrales et joueront le jeu. Mais vous pouviez avoir quelques inquiétudes, car les pressions sont fortes pour que leur

1. Il s'agit de Thomson.

gestion soit différente de celle des entreprises privées.

Y. G. : Je tiens d'autre part à vous annoncer dès maintenant que le CNPF organisera avant la fin de l'année des États généraux des entreprises au service de la nation. Un tel titre devrait vous plaire.

F. M. : Pourquoi pas, en effet.

Y. G. : Il faut que vous sachiez que les profits des entreprises ont baissé de manière dangereuse. En 1981, il y a eu une chute historique de la rentabilité. Le récent sondage de *L'Expansion* confirme le danger de la situation. Avez-vous connaissance de ce sondage, monsieur le Président ?

F. M. : Oui, il est distrayant !

Y. G. : De ce fait, les investissements deviennent financièrement impossibles.

F. M. : Mais cela fait sept ans que, dans le privé, vous n'investissez pas assez !

Y. G. : Si du secteur public vous retirez les investissements dans les télécommunications et les centrales nucléaires, vous verrez que l'investissement du secteur public est du même ordre que celui du secteur privé. Pour investir, les données psychologiques comptent peu. Ce qui compte, c'est le marché et l'état des finances. Les chefs d'entreprise français n'ont rien à envier aux chefs d'entreprise des autres pays.

F. M. : Ils sont peut-être moins bons commerçants !

Y. G. : Je ne le crois pas. Nos entreprises exportent de plus en plus et nos dirigeants voyagent de plus en plus.

Nous avons un autre sujet d'inquiétude. Les chefs d'entreprise craignent que les sous-traitants et les entreprises de service ne soient condamnés à disparaître du fait du rapatriement des effectifs au sein des entreprises nationalisées. Celles-ci seront sans doute jugées sur le critère de l'emploi et de plus elles toucheront l'aide à l'investissement réservée aux entreprises qui maintiennent ou augmentent leurs effectifs. Elles auront donc tout intérêt à intégrer des tâches qu'elles confient actuellement à des sous-traitants.

F. M. : Il faut faire attention à ne rien faire d'artificiel en matière d'emploi. J'en suis d'accord. D'autre part, la peur des entreprises, notamment petites et moyennes, d'être liées par les nouveaux emplois qu'elles créeraient est une entrave non négligeable à l'embauche, je le reconnais.

Yvon Chotard : Les limitations en matière d'emploi à temps partiel ont, elles aussi, beaucoup d'inconvénients.

En ce qui concerne les contrats de solidarité, permettez-moi de vous faire remarquer, monsieur le Président, que le CNPF a joué le jeu. C'est en octobre prochain que l'on verra si on peut faire plus ou non. Il s'agit avant tout d'être réaliste.

Pour le projet de loi Auroux, il conviendrait de lancer pendant quelques mois un grand débat national, car si toutes les mesures prévues étaient prises, ce serait dramatique pour les entreprises.

Pour la Sécurité sociale, nous avons le même point de vue que vous, monsieur le Président. Une partie doit être à la charge de la nation. Quant aux conseils de Sécurité sociale, le CNPF y veut une représentation correcte. Il ne faut pas que les patrons soient empêchés de jouer le rôle modérateur qui leur revient.

F. M. : Rien n'est décidé à ce sujet. Nous sommes plutôt dans l'embarras. Deux syndicats au moins sont demandeurs de réformes sur ce point.

Guy Brana : Je voudrais vous rappeler, monsieur le Président, qu'il y a actuellement une surcapacité de production dans les entreprises, de l'ordre de 20 %, et que, par conséquent, on ne peut s'attendre qu'il y ait des investissements de capacité. Les seuls investissements envisageables sont des investissements qualitatifs, dans la recherche. Je souhaite faire repartir ce genre d'investissements en m'inspirant de l'exemple japonais.

F. M. : Monsieur Chevènement fait ce qu'il peut dans ce domaine, mais nous ne pouvons pas rattraper immédiatement le Japon ! Pauvre Chevènement ! Il aurait dû être plébiscité pour ce qu'il fait pour la recherche en tant que ministre. Mais chacun vit sur sa réputation.

G. B. : Quant à la hausse des prix…

F. M. : Jacques Delors estime que l'inflation sera ramenée à 10 % fin 1982. C'est un pari très dangereux [1]. Nous avons néanmoins déjà fait mieux que Raymond Barre dans les quatre mois de 1981 où il était à Matignon.

G. B. : Monsieur le Président, lors de la cérémonie des vœux à l'Élysée, vous avez évoqué devant nous une réforme de la distribution.

F. M. : Ne vous inquiétez pas. Rien n'est encore décidé, et nous ne ferons pas une nouvelle loi Royer [2]. Mais reconnaissez que les grandes surfaces font trop appel aux importations.

Y. G. : Pour terminer, monsieur le Président, nous souhaiterions que le dialogue ne s'ouvre pas qu'avec le chef de l'État, mais aussi avec tous les ministres du gouvernement.

F. M. : Si je suis partisan de la politique contractuelle pour votre organisation, je le suis aussi pour mon gouvernement, à qui je demanderai de la pratiquer honnêtement.

Y. G. : Sachez bien, monsieur le Président, que si nous souscrivons à certains objectifs du gouvernement, notamment pour les investissements et l'emploi, nous estimons que les moyens mis en œuvre pour les atteindre ne sont pas les meilleurs. Nous insistons pour être non seulement consultés, mais écoutés, et nous serons des partenaires constructifs et fermes.

F. M. : Nous avons engagé le pari de réussir. Nous le gagnerons avec vous et avec d'autres. Il faut que nous obtenions des résultats sans excès de mauvaise humeur de votre part. J'ai été très heureux de vous recevoir, et je peux vous assurer que nous garderons le contact.

Raccompagnant la délégation à la porte, François Mitterrand s'adresse à Michel Maury-Laribière : « Comment ça va à Roumazières ? J'ai bien connu l'abbé Marcelin lcrsque j'étais à

1. Rappelons qu'à l'époque, la hausse des prix annuelle était supérieure à 10 %. Par « dangereux », François Mitterrand veut dire que le ministre de l'Économie et des Finances risque de perdre son pari.
2. La loi Royer réglemente sévèrement l'installation des grandes surfaces.

Angoulême. Je suis allé au cimetière de Roumazières où il est enterré, et j'ai vu le petit monument que vous avez installé. Comment va la Charente ? À bientôt. » Puis le chef de l'État s'est éloigné du groupe avec Yvon Gattaz pour lui dire en aparté : « Cette séance solennelle était nécessaire et j'ai reçu votre bureau comme vous me l'aviez demandé. Mais je souhaite qu'à l'avenir nous nous rencontrions en tête à tête. Ayez l'amabilité de prendre rendez-vous avec mon cabinet dès que vous le pourrez. »

Rendez-vous fut pris dans les jours suivants pour le 29 janvier 1982.

Le socialisme français en marche

Trois jours après la réception du CNPF à l'Élysée, Yvon Gattaz rend visite à Pierre Dreyfus, ministre de l'Industrie[1]. Le président du CNPF rappelle au ministre que, pour le patronat, les nationalisations sont tout à la fois inutiles (l'État dispose déjà des moyens de contrôler toute l'économie), coûteuses (elles vont coûter aux contribuables des dizaines de milliards de Francs), dangereuses (elles mettront sous le contrôle direct du gouvernement la totalité du crédit et près de 40 % de la production industrielle). Ce capitalisme d'État risque de se transformer en étatisme bureaucratique, dirigé par de nouvelles baronnies, qui ne rapporteront rien au Trésor public, et lui coûteront au contraire de l'argent[2]. Il est à craindre, comme Yvon Gattaz vient de l'expliquer au chef de l'État, que les entreprises nationalisées ne respectent pas les règles de la concurrence et que, pour gonfler leurs effectifs et obtenir

1. Pierre Dreyfus est entouré de Loïc Le Floch-Prigent, directeur de cabinet, et de Michel Dahan, conseiller technique. Yvon Gattaz est accompagné de Guy Brana, vice-président chargé des questions économiques, et de Robert Pelletier, directeur général des affaires économiques au CNPF.

2. En vingt ans, de 1960 à 1980, la société privée Peugeot a payé six fois plus d'impôts que la Régie Renault. Et cette dernière, nationalisée en 1945, a reçu cinquante fois plus de subventions de l'État que la firme Peugeot.

ainsi des aides gouvernementales, elles ne reprennent des activités aux entreprises qui travaillent pour elles actuellement en sous-traitance. C'est d'ailleurs ce qui se passe au même moment au Commissariat à l'énergie atomique : le CEA réintègre en effet des services de maintenance jusque-là confiés à huit sous-traitants employant 2000 personnes. Cette réintégration inquiète le ministre qui s'engage à écrire aux présidents des entreprises nationalisées ainsi qu'aux différents ministres concernés [1].

Pierre Dreyfus souhaite par ailleurs réformer l'Agence nationale pour la création d'entreprises [2] et Yvon Gattaz plaide pour le maximum de libertés et d'allégement de charges. Pour le reste, Pierre Dreyfus tient des propos qui se veulent rassurants, et demande à Yvon Gattaz de lui suggérer des candidatures pour les conseils d'administration des entreprises nationalisées [3].

Le 13 janvier, au Conseil des ministres, François Mitterrand prend parti contre Pierre Mauroy qui voudrait que le passage aux 39 heures s'accompagne d'une réduction de salaire. Et le 16 janvier l'ordonnance des 39 heures est promulguée. Le temps légal de la durée du travail est réduit d'une heure sans réduction de salaire.

En vue du premier tête-à-tête prévu le 29 janvier avec le chef de l'État, Patrice Leroy-Jay, secrétaire général du CNPF, envoie à son président une note nourrie d'informations recueillies auprès des différents ministères. Elle fait état, en particulier, de ce qu'officieusement le gouvernement offrirait au patronat : pas de collectivisation, les entreprises nationalisées conserveront un comportement «concurrentiel», pas d'extension directe ou *indirecte* [4] des

1. Cette lettre partira le 27 janvier 1982.

2. L'ANCE avait été créée par Raymond Barre, Premier ministre, après son «discours de Blois» du 7 janvier 1978. La veille, il avait reçu Yvon Gattaz qu'il connaissait bien pour avoir présidé les congrès du mouvement ETHIC (cf. *supra*). Cependant, Yvon Gattaz ne souhaitait aucunement la mise sur pied d'une agence nationale, mais plutôt des initiatives décentralisées. Le lendemain du discours, s'étant précipité à Matignon pour rappeler ses propres projets, il s'entend dire par Albert Costa de Beauregard, conseiller de Raymond Barre : «Trop tard ! Ce qui est dit par un Premier ministre dans un discours programme est gravé dans la pierre.»

3. Aucun des noms proposés par la suite par le CNPF ne sera finalement retenu.

4. Le CNPF craignait à l'époque une nationalisation rampante par absorption d'entreprises privées par les groupes nouvellement nationalisés.

nationalisations, pas d'augmentation (et même effort de réduction) des charges des entreprises, pas d'entrave à la liberté de licencier.

Avant de se rendre de nouveau à l'Élysée, Yvon Gattaz et ses collègues sont reçus à Matignon par le Premier ministre le 22 janvier. La délégation du CNPF est composée des mêmes membres que celle qui s'était rendue à l'Élysée deux semaines plus tôt[1]. Pierre Mauroy, quant à lui, est entouré de ses conseillers[2].

« Cette rencontre a pour but d'améliorer les rapports entre le CNPF et le gouvernement, déclare d'emblée le Premier ministre, et de surmonter leurs divergences idéologiques, l'objectif étant de vivre ensemble cette nouvelle étape de l'Histoire décidée par les Français. »

Le Premier ministre aborde ensuite un thème qui lui est cher, la lutte contre le chômage, et rend hommage aux entreprises en tant que pourvoyeuses d'emplois. Il évoque les problèmes d'emploi des femmes, des jeunes, des citoyens sans travail, et du même coup sans identité. Pour lui, le remède réside principalement dans la baisse de la durée du travail.

Enfin, Pierre Mauroy évoque les risques financiers que ferait courir la perspective de 3 millions de chômeurs. Le chômage nourrit le chômage par le processus pervers du travail au noir. Une telle situation deviendrait alors incontrôlable. On ne peut pas poster partout des inspecteurs du travail, explique-t-il. « Les problèmes d'emploi qui préoccupent le gouvernement sont aussi les nôtres », répond Yvon Gattaz. Prenant la balle au bond, il insiste sur la communauté d'objectifs entre gouvernement et CNPF.

Abordant les questions économiques, le président du CNPF fait un « constat » : la situation financière des entreprises a connu en 1981 un « creux historique ». Dans la majorité des cas, les entreprises n'ont pas la capacité d'investir : une sur deux qui le souhaiteraient n'en a pas les moyens. « Pour emprunter, il faut

1. Philippe Clément, président de la Fédération des Travaux publics, absent à la réunion de l'Élysée, était présent à Matignon.

2. Robert Lion, Bernard Brunhes, Henri Guillaume et Claude Mandil.

pouvoir rembourser. Je milite pour l'expression "financement-remboursement", avec un trait d'union», rappelle Yvon Gattaz[1]. Or, l'autofinancement des entreprises décroît.

Guy Brana signale que le pourcentage de valeur ajoutée des entreprises par rapport au chiffre d'affaires n'était plus que de 8 % en 1981, contre 14 % deux ans plus tôt, ce qui ne permet plus de renouveler l'outil de travail, le seuil de renouvellement étant de 13 %.

Pierre Mauroy : Selon vous, quelle est la tendance ?

Yvon Gattaz : Nous sommes modérément optimistes. La mini-relance par la consommation tend à s'essouffler. Le pouvoir d'achat des salaires a été rogné par l'accroissement d'un point de la cotisation d'assurance-maladie.

Jacques Danon : C'est la même chose dans mon secteur. L'immobilier s'essouffle.

Le Premier ministre reconnaît que la relance est modérée, même si elle est réelle. «C'est que l'environnement international est peu favorable, argumente-t-il. Je m'en suis entretenu avec Helmut Schmidt.» Mais le chancelier allemand, qui, lui aussi, parle de relance, ne fait rien malgré la montée du chômage dans son pays. «Il nous manque une petite poussette», conclut Pierre Mauroy sur ce point.

Yvon Gattaz : Il serait totalement faux de considérer que les chefs d'entreprise traînent des pieds. La mauvaise volonté qu'on leur impute parfois est en fait de la prudence de gestion. Toute entreprise en difficulté est ensuite critiquée au nom du surinvestissement et du sureffectif.

Le président du CNPF aborde ensuite la question de la déduction fiscale pour investissement que le gouvernement vient de décider. Selon les calculs du CNPF, cette déduction va entraîner la disparition des petits parce qu'elle encourage les grandes entreprises à réintégrer les activités confiées à des sous-traitants. «Il y a véritablement vol de chiffre d'affaires par les grandes

1. Yvon Gattaz tient ce discours à tous les ministres qu'il rencontre.

entreprises, notamment les nationalisées», accuse-t-il.

Jacques Danon emboîte le pas. Il donne l'exemple du bâtiment où l'on assiste à des transferts d'activités, et donc d'emplois au niveau des collectivités territoriales. «Le maire d'Angoulême est le plus grand employeur de cette ville», indique-t-il.

Guy Brana poursuit sur ce thème.

Pierre Mauroy : Il ne faut pas généraliser, il ne s'agit que de cas particuliers, et il faudra en discuter cas par cas. Qui sont peu nombreux. Dus à quelques jeunes maires socialistes qui s'apercevront vite des limites de l'atelier communal, deux fois moins rentable que l'entreprise privée. J'en ai fait l'expérience moi-même à Lille[1].

Philippe Clément cite le cas de la SNCF pour les travaux d'infrastructure. Là aussi, de petites entreprises souffrent de transfert d'activités.

Pierre Bellon évoque le cas des sociétés de services. Le transfert d'activités aux collectivités territoriales et aux grandes entreprises aboutirait, selon lui, à la perte de 200000 emplois, sans parler du surcoût de telles opérations. Il demande au chef du gouvernement de donner des consignes précises à ce sujet.

P. M. : J'en suis bien d'accord. Les collectivités territoriales ne doivent pas se substituer aux entreprises privées. En revanche, elles ont le droit et le devoir, et il faut les leur reconnaître, de s'intéresser aux grands choix économiques qui sont de leur ressort. En fait, les difficultés proviennent souvent des syndicats, je veux dire de tous les syndicats. Ainsi, pour le restaurant de la mairie de Lille, j'ai eu maille à partir avec FO. En ce qui concerne le Commissariat à l'énergie atomique que je connais très bien, j'abonde dans votre sens.

Yvon Gattaz réclame à ce sujet «une véritable concertation au niveau des ministres et de leurs cabinets, mais aussi au niveau des services où les textes réglementaires sont élaborés». Pierre

1. Rappelons que Pierre Mauroy, à cette époque, est maire de Lille.

Mauroy s'y déclare tout à fait favorable.

Le président du CNPF soulève alors la question de la taxe professionnelle, dont les inconvénients sont devenus insupportables pour les chefs d'entreprise et handicapent l'économie française. Il s'agit, explique-t-il, d'un véritable droit de douane à l'envers [1], puisque cet impôt taxe les exportations et pas les importations ! Pierre Mauroy lui répond que la volonté du gouvernement est d'associer étroitement le CNPF à la réforme de cette taxe.

Yvon Gattaz en vient à l'impôt sur les grandes fortunes (IGF). Il ne faudrait pas qu'il en résulte une taxation de l'outil de travail, explique-t-il à nouveau. Notamment dans le cas des sociétés holdings et des entreprises momentanément déficitaires [2]. Le Premier ministre ne répond pas sur ce point. Il se contente d'ironiser sur le faible rendement de l'IGF. « Un impôt, estime-t-il, doit répondre à deux critères à la fois : avoir un certain rendement et ne pas perturber le corps social. »

Y. G. : Permettez-moi de vous le dire, monsieur le Premier ministre. Nous vous demandons de ne pas trop aider les entreprises. Leur efficacité ne dépend pas de l'aide de l'État, mais de la liberté et de la flexibilité qu'on leur accorde. Je tiens à ce mot de flexibilité, même s'il rencontre l'opposition des syndicats. Quant aux aides gouvernementales, vous connaissez ma formule : "Moins d'aides et moins de charges".

P. M. : Elle me convient et je la répéterai moi-même [3].

Y. G. : Nous avons évalué à 80 milliards de francs. les charges nouvelles qui pèsent sur les entreprises. Ce sont des chiffres très inquiétants. En voici le détail (Yvon Gattaz remet au Premier ministre un tableau). D'autre part, je voudrais insister devant

1. L'expression « droit de douane à l'envers » est de Jean Montagnon, PDG de la société PICA.

2. La bataille qui commence va durer deux ans et demi. Dans le projet originel, n'avaient le droit d'être exonérées de l'IGF que les entreprises bénéficiaires qui investissaient. Les holdings n'étaient pas exonérés.

3. Pierre Mauroy la répétera en effet souvent, mais en oubliant la deuxième partie (« moins de charges »), ce qui donne : « moins d'aides, comme le demande Gattaz. »

vous sur la spécificité de la moyenne entreprise. Et vous demander de donner des consignes à l'Insee pour que, dans les statistiques, il soit fait une mention distincte de cette catégorie d'entreprises par rapport aux petites et aux grandes.

P. M. : Ah ! l'amour des Français pour le petit... la petite maison... le petit jardin... Ah ! les préjugés socialistes ! En fait, ces fameuses petites entreprises ne maîtrisent pas du tout leur développement ; elles sont beaucoup trop préoccupées de leurs tiroirs-caisses. En fait, les entreprises moyennes et grandes sont à l'origine d'un plus grand progrès économique et social.

Y. G. : Je ne partage pas votre point de vue, les petites entreprises font beaucoup dans le domaine social. Je profite de cette occasion pour vous dire que le CNPF représente toutes les entreprises. La présence à mes côtés de MM. Danon, Koch et Maury-Laribière illustre le fait que plus de 90 % des entreprises adhérentes au CNPF sont des petites entreprises. Et je suis heureux de vous annoncer que le CNPF a le projet de réunir à la mi-décembre des états généraux de toutes les entreprises au service de la nation.

Yvon Chotard : Nous ne sommes pas tous d'accord sur cet intitulé.

P. M. : J'aurais pu le deviner.

Guy Brana se fait alors l'interprète de l'attachement des chefs d'entreprise à être jugés par leurs pairs devant les tribunaux de commerce.

Pierre Mauroy rassure Guy Brana sur ce point en lui indiquant que cette question ne figure pas dans les priorités du gouvernement.

Guy Brana : Dès lors, il serait souhaitable que les tribunaux de commerce gardent une compétence élargie en matière de difficultés d'entreprises.

P. M. : Ah ! certainement pas !

Yvon Gattaz : Permettez-moi, monsieur le Premier ministre, de souligner les méfaits d'un dépôt de bilan trop rapide pour des entreprises bien gérées qui connaissent seulement des difficultés passagères.

Une discussion s'engage alors au cours de laquelle est évoqué le coût financier extravagant d'opération comme le sauvetage de Lip ou de Manufrance, tandis que Pierre Mauroy insiste sur l'aspect humain de ces problèmes. Mais le Premier ministre reconnaît les effets pervers sur l'emploi des difficultés des entreprises et la nécessité supérieure de maîtriser ces questions.

Les questions sociales sont abordées. Yvon Gattaz insiste tout particulièrement sur les inconvénients majeurs des obstacles mis à l'utilisation du temps partiel. Pierre Mauroy se déclare tout à fait convaincu par les propos du président du CNPF, mais rappelle qu'il doit lutter contre les préjugés des syndicats, le mythe de l'émancipation féminine et les théories des penseurs parisiens. Il reconnaît d'autre part que le passage de 39 à 38 heures pose un problème économique très difficile.

Yvon Chotard chiffre le surcoût des mesures sociales de 5 à 8 % de la masse salariale. Il demande une compensation financière sous la forme d'une provision pour congés payés limitée à la cinquième semaine [1]. Le Premier ministre se montre intéressé par cette formule.

La discussion roule alors sur le rapport Auroux. Yvon Chotard avance l'idée d'un grand débat national. Il énumère les critiques du CNPF

Pierre Mauroy : Je vous le dis carrément. Pour nous, socialistes, le rapport Auroux, c'est la Bible ! Il répond à une très forte motivation, comparable sur le plan doctrinal à la libération historique de la condition féminine. Nous pouvons faire quelques concessions sur la forme, mais aucune sur le fond. Les projets de loi déposés au début de la session de printemps seront votés d'ici la fin de l'année 1982.

Yvon Chotard insiste sur les méfaits de l'obligation de négocier dans les entreprises de plus de 50 personnes, qui aboutira à un

---

1. Pour compenser le coût des 39 heures, le CNPF demandait la possibilité d'une provision fiscale pour les congés payés, déductible des bénéfices. Cette provision existe dans beaucoup de pays. Dans un premier temps, le CNPF demandait que cette provision ne concernât que la cinquième semaine qui venait d'être accordée. Ainsi espérait-il faire admettre le principe de telles provisions.

transfert du contrat collectif au contrat d'entreprise, autrement dit à un quasi-monopole de la CGT[1]. «Ce n'est pas nous qui ferons échouer l'expérience socialiste, c'est la CGT», affirme-t-il.

P. M. : Vous êtes audacieux dans l'analyse !

Yvon Gattaz : Les avis sur ce point divergent au sein du conseil du CNPF[2].

P. M. : En effet, je crois savoir que le mouvement ETHIC dont j'ai reçu il y a quelques mois une délégation conduite par vous-même, monsieur Gattaz, était favorable à toute négociation directe entre direction et salariés[3].

Y. G. : Assurément, mais à ETHIC comme au CNPF, nous préférons les incitations à la coercition avec sanctions.

P. M. : Je vous précise au demeurant que les premiers textes relatifs au rapport Auroux doivent en principe être examinés en Conseil des ministres. Au théâtre du changement, il est difficile de fixer le répertoire.

Y. G. : Pourquoi ne pas saisir le Conseil économique et social ?

P. M. : Tout à fait d'accord[4].

Le problème de la Sécurité sociale vient alors dans la discussion. Pierre Mauroy reconnaît que la situation est très préoccupante. «Matignon ne se contentera plus de payer l'ardoise», affirme-t-il. Il indique deux directions pour sortir de l'ornière : la décentralisation et une réforme des dépenses. En ce qui concerne la gestion de la Sécurité sociale, il annonce que la réforme ne prendra pas l'allure d'un camouflet pour le CNPF, et qu'elle ne sera pas faite avant la fin de l'année, laissant ainsi le temps à la réflexion.

---

1. Étant donné l'importance de ce syndicat à l'époque.
2. Yvon Gattaz avait mis en garde l'assemblée permanente du CNPF contre les risques d'une opposition frontale au projet Auroux en lançant cette boutade : «À force de crier Auroux, on ne vous croira plus.»
3. Dès son arrivée à la présidence du CNPF, Yvon Gattaz s'était déclaré partisan de la négociation au plus bas niveau possible, malgré les réticences des «négociateurs patronaux professionnels» qui perdraient de ce fait leurs prérogatives.
4. Le Conseil économique et social, saisi des quatre projets de loi Auroux, donna son avis par un vote le 10 mars 1982.

Pour finir, le Premier ministre souhaite que cette rencontre soit suivie d'autres réunions périodiques avec tel ou tel ministre, à condition que dans l'intervalle l'ordre du jour ait été préparé par l'administration.

Le 28 janvier, à la veille de son premier tête-à-tête avec le président de la République, Yvon Gattaz écrit directement aux chefs d'entreprise — ce qui ne s'était jamais fait — malgré l'opposition des grandes fédérations patronales qui ne souhaitaient pas que le président du CNPF s'adressât au-dessus de leur tête à leurs entreprises. «De grâce, ne faites pas cette lettre», lui avait conseillé Émile Boursier, vice-président délégué général de l'UIMM, la plus puissante fédération patronale.

La lettre, tirée à 50000 exemplaires, est envoyée aux 500 grandes entreprises (plus de 2000 salariés), aux 35000 entreprises moyennes (50 à 2000 salariés) et aux plus grosses des petites entreprises. Le «Cher Ami» par lequel commençait la lettre vaudra à son auteur de nombreuses réponses, la plupart chaleureuses, quelques-unes ironiques.

La lettre explique les dangers auxquels sont confrontées les entreprises françaises et les combats que le président du CNPF compte mener contre le gouvernement et les syndicats. Elle place aussi beaucoup d'espoir dans la commission des réformes désignée pour refaire l'organisation patronale [1]. Elle se termine par cet appel : «Je vous demande de m'aider une fois de plus à regrouper toutes nos entreprises pour les rendre crédibles auprès de nos concitoyens et des pouvoirs publics afin que tous se rendent compte enfin qu'elles "font" réellement l'économie et qu'elles restent la véritable chance de notre pays.»

1. En fait, comme on le verra, la commission des réformes n'aboutit à rien.

Deuxième rencontre d'Yvon Gattaz avec François Mitterrand, le 29 janvier 1982

Mitterrand : « Si nous étions au XVIe siècle, vous pourriez être Jacques Cartier alors que je serais le roi de France. »

À son arrivée à l'Élysée, Yvon Gattaz est accueilli par Pierre Bérégovoy, alors secrétaire général de l'Élysée, qui l'accompagne jusqu'à la porte du bureau présidentiel. En montant l'escalier, Pierre Bérégovoy indique au visiteur sur le ton de la confidence : « Vous savez, monsieur Gattaz, je tiens à vous dire que je dis souvent au Président : il faut recevoir M. Gattaz, car il faut bien que vous voyiez vos ennemis. » Interloqué, le président du CNPF ne répond pas. Pierre Bérégovoy introduit Yvon Gattaz dans le salon d'attente du premier étage et reste quelques minutes avec lui jusqu'à l'arrivée de l'huissier. Celui-ci lui fait traverser le bureau de Jacques Attali. « Je viens voir le président Mitterrand », explique Yvon Gattaz, prononçant *Mittrand*. Le conseiller spécial du président de la République avertit le visiteur : « Ce sont les ennemis du Président qui prononcent son nom de cette façon. Les autres disent *Mittèrrand*. » L'huissier frappe à la porte du bureau présidentiel et introduit Yvon Gattaz en même temps que le chef de l'État se lève de son bureau pour venir s'installer sur le canapé bleu en offrant le fauteuil de droite à son hôte [1].

François Mitterrand : Je vous remercie d'être venu. Comme chacun sait, il n'y a eu aucun contact avec votre prédécesseur. Et c'était dommageable pour tout le monde. J'ai voulu cet entretien

1. Cette disposition était fort symbolique, comme le fit remarquer plus tard Yvon Gattaz au chef de l'État qui accueillit cette observation avec le sourire.

en tête à tête pour que nous puissions parler librement, et qu'il n'y ait aucun malentendu entre nous. Je voulais d'abord vous dire, c'est important pour la suite de nos relations, que je ne suis pas hostile par principe aux entreprises. Mon propre grand-père était vinaigrier, donc chef d'entreprise. Il a même été à un moment président de la chambre syndicale des vinaigriers. Vous voyez que le monde de l'entreprise ne m'est pas tout à fait étranger, même si je le connais peu moi-même.

Yvon Gattaz : Votre grand-père aurait pu adhérer au CNPF !

F. M. : Permettez-moi d'insister, monsieur le président du CNPF. Nous devrions pouvoir nous comprendre même si nous ne sommes pas du même bord politique.

Y. G. : Pour ma part, vous le savez, j'ai toujours souhaité que le CNPF soit politiquement neutre.

F. M. : Je vous en donne acte. Mais avant d'arriver aux sujets de l'heure, je voudrais que vous m'expliquiez comment on crée une entreprise à partir de zéro. Comment cela est-il faisable sans capital au départ ? Où trouve-t-on l'argent ? Qui paie les avances ? Comment rembourse-t-on ? Cela me paraît impossible que l'on puisse créer une entreprise industrielle à partir de rien.

Y. G. : Eh bien ! c'est tout à fait possible, et si vous m'y autorisez je vais vous le raconter en quelques mots

Depuis le lycée du Parc à Lyon où je fis en même temps mes classes de math sup et de math spé, j'avais envie de créer une entreprise, sans savoir dans quel domaine. Lorsque j'ai eu mon titre d'ingénieur de l'École centrale de Paris, j'en parlai souvent à mon frère Lucien, ingénieur de l'Institut polytechnique de Grenoble, et également de l'Institut du pétrole, et nous échafaudions d'innombrables projets, souvent farfelus.

C'est en 1952 que l'occasion se présenta de concevoir et de fabriquer de nouvelles fiches coaxiales de descente d'antennes pour la télévision naissante. Notre modèle fut agréé, et nous avons alors créé la société Radiall dans le fond d'une cour au 20 de la rue Oberkampf dans le XIe arrondissement de Paris.

F. M. : Avec quel argent ?

Y. G. : Nous n'en avions pas puisque nos parents étaient enseignants et nous jeunes ingénieurs sans fortune. Nous avons emprunté 1 000 francs chacun (100 000 francs de l'époque) à des amis d'amis, bien confiants dans nos talents ! Et nous avons travaillé le soir et les week-ends pendant longtemps sans rémunération.

F. M. : Et les machines ?

Y. G. : Nous avions trouvé des vieilles machines dans le local que nous avions repris. Par la suite nous avons obtenu quelques crédits et je portais moi-même les traites à la banque pour les faire escompter dès qu'elles avaient été acceptées par nos clients. Notre gestion financière a toujours été strictement rigoureuse. Si nous avons fait preuve, mon frère et moi, de quelque imagination, il nous a surtout fallu développer une très grande quantité de travail avec constance.

F. M. : Pensez-vous que d'autres jeunes pourraient créer de nouvelles entreprises aujourd'hui ?

Y. G. : Sûrement. D'ailleurs je me suis permis de vous apporter mon premier livre, *Les Hommes en gris*, dans lequel j'ai essayé de montrer que c'est une aventure passionnante qui réussit plus souvent qu'on ne le croit si l'on accepte des sacrifices sur la longue durée.

F. M. : Ah ! tout ceci est très intéressant !

Y.G. : Vous savez, pour créer, les chefs d'entreprise ne demandent pas d'aide artificielle, mais la levée des obstacles administratifs. Par exemple, pour Radiall en 1952, je m'en souviens, il était administrativement impossible de créer une entreprise. Car pour obtenir le fameux imprimé K *bis* auprès du tribunal de commerce, il fallait avoir un siège social, et pour avoir un siège social, il fallait obligatoirement posséder le document K *bis* ! Ce qui conduisait à une tricherie classique, suggérée par les fonctionnaires eux-mêmes.

F. M. : Absurde, en effet !

Y. G. : Avec votre permission, monsieur le Président, je voudrais en venir au premier sujet qui préoccupe les patrons : c'est le double projet de l'abaissement de la durée du temps de travail et de la cinquième semaine de congés payés.

F. M. : Vous ne me surprenez pas !

Y. G. : Ces deux mesures vont coûter très cher aux entreprises. D'après nos calculs, le montant de la facture est de 75 milliards de francs. C'est énorme. Aussi je viens vous supplier au moins de les décaler dans le temps en les atténuant.

F. M. : C'est trop tard. Le coup est parti.

Y. G. : Ce serait dommage que notre premier entretien se solde sur un échec aussi grave.

F. M. : Je vous le redis : c'est trop tard !

Y. G. : Notre deuxième sujet de préoccupation, c'est le projet d'impôt sur la fortune, comme vous vous en doutez. Mais nous avons retenu de vos propos dans la campagne présidentielle que l'outil de travail serait préservé.

F. M. : J'ai l'habitude de tenir mes promesses.

Y. G. : Puis-je en déduire que l'outil de travail ne supportera pas l'impôt sur la fortune ?

F. M. : Vous le pouvez.

Y. G. : Mais les démarches antérieures que j'ai faites en tant que président d'ETHIC auprès du gouvernement ne semblent pas couronnées de succès.

F. M. : Soyez patient.

Y. G. : J'en viens au rapport Auroux. Ce rapport perturbe beaucoup le CNPF car il contient des mesures totalement inacceptables, en particulier la possibilité d'arrêter le travail à n'importe quel instant, de faire des réunions sur le lieu de travail, et même d'introduire des hommes politiques dans les ateliers. Sans compter que les nouveaux « droits du travail » pourraient compromettre l'emploi, lequel, si j'ai bien compris, est l'un des objectifs prioritaires de votre politique.

F. M. : Notre intention n'est pas d'introduire la politique dans les usines, je vous l'assure, mais il y a eu des élections et il faut que vous compreniez que nous sommes là pour changer les choses. Nous voulons défendre les travailleurs, mais aussi les syndicats. Ai-je besoin de vous rappeler qu'historiquement les syndicats d'ouvriers ont été socialistes? Si, en 1791, la loi d'Allarde avait aboli les corporations et la loi Le Chapelier le compagnonnage — ce dernier avait été à l'origine une réaction des ouvriers à l'autorité du pouvoir —, vous savez ce qui s'est passé entre 1830 et 1840 avec les bagarres sanglantes entre les Compagnons du devoir et les Compagnons du devoir de liberté. 1848 fut l'année décisive, avec tout d'abord une réconciliation générale, puis la création d'associations nouvelles. Les syndicats professionnels qui furent légalisés plus tard en France par la loi de 1884 étaient tous, à cette époque, socialistes. On disait même «rouges». Contrairement aux «jaunes» du syndicat de Montceau, à la docilité suspecte. Vous le voyez, notre tradition syndicale est ancienne et forte, et je ne souhaite pas qu'elle s'atténue. Les syndicats représentent les travailleurs et participent aux forces vives de la nation.

Y. G. : Permettez-moi, monsieur le Président, de ne pas être totalement d'accord avec vous. Tout d'abord sur le mot «travailleurs» que votre parti et les communistes ont réservé aux salariés, et peut-être souvent aux ouvriers seulement. Cette expression me paraît malencontreuse, car elle peut laisser supposer que les autres catégories de salariés ne travaillent pas ou travaillent moins, par exemple les cadres et les dirigeants. Or, vous le savez, en temps réellement occupé, ceux-ci travaillent plus. Donc, si l'appellation «travailleurs» était réservée à ceux qui travaillent le plus d'heures dans la semaine, les travailleurs seraient les cadres.

F. M. : Je vous trouve bien susceptible pour une expression admise par tous. Vous savez que je m'intéresse un peu à l'Histoire. Et celle-ci éclaire bien la naissance du mouvement syndical. On peut remonter à la Restauration et aux nouvelles doctrines économiques et sociales de Saint-Simon et de Fourier. En 1830, le prince de Polignac avait négligé de faire connaître l'embauche de chômeurs à l'Imprimerie royale, pensant que c'était un fait anodin, alors qu'il était capital à cette époque.

Trouble époque qui, au cours des Trois Glorieuses de juillet, renversa Charles X et le régime des émigrés revenus de l'étranger, et créa la monarchie constitutionnelle de Louis-Philippe pour mieux respecter les ouvriers d'une industrie naissante. Si cette période fut celle de la folie du chemin de fer, elle fut aussi celle de l'avènement de la grande banque qui commença à soumettre l'industrie elle-même. À mon avis, une des erreurs de la monarchie de Juillet fut de n'avoir pratiquement pas fait de dépenses sociales, au moment où l'extraction du charbon, la sidérurgie et l'industrie textile explosaient. Pour les 5 millions d'ouvriers de cette époque, ni associations ni grèves n'étaient légalement autorisées. L'arrivée des machines a provoqué l'instabilité de leur emploi. La non-adaptation sociale à cette révolution industrielle fut la cause principale de la révolution de 1848. Louis Blanc et Proudhon ont joué le rôle que vous savez dans l'avènement du socialisme à cette époque.

Y. G. : Ai-je besoin de vous rappeler, monsieur le Président, qu'en 1848 le nombre des faillites d'entreprises explosa…

F. M. : Monsieur Gattaz, 1981 n'est pas 1848, même si cette date a pour moi un contenu très fort. Non, nous ne rouvrirons pas des Ateliers nationaux en prétendant donner du travail à tous les citoyens. Mais n'oubliez pas que l'organisation du travail a été créée en 1848, même si le socialisme n'a pas su prendre le pouvoir en juin après les orléanistes et si le monde ouvrier, vaincu dans la rue, se replia sur lui-même.

Y. G. : C'est très intéressant. Mais ces syndicalistes, qui ont été des pionniers courageux au XIXe siècle pour la protection de leurs camarades ouvriers incapables de se défendre eux-mêmes, se trouvent aujourd'hui dans une position confortable : respectés, financés, inamovibles, inattaquables, souvent placés là pour être protégés par leur mandat. Nous sommes loin du syndicalisme vertueux et désintéressé. De plus, les syndicats sont surtout importants dans le secteur public, ce qui tendrait à prouver que l'État est le plus contesté des employeurs !

F. M. : Non. C'est simplement la preuve que l'État laisse mieux s'épanouir la fonction syndicale que le patronat privé.

Y.G. : Je vais peut-être vous étonner, mais je n'aime pas le mot « patronat ».

F. M. : Tiens, tiens ! Pourquoi donc ?

Y.G. : Parce que c'est le mot de nos adversaires. Et je voudrais que nous cessions de l'employer. Dès mon élection à la présidence du CNPF, j'ai proposé que l'on change de sigle, et que l'on s'appelle désormais le CNEF, le Conseil national des entreprises françaises. Mais je doute fort que j'y parviendrai.

F. M. : Les mots, en effet, ont une grande importance.

Y.G. : Justement, voici encore une question de mots. Au moment des vœux du nouvel an, où le CNPF côtoyait les cinq syndicats dits « représentatifs » et surtout monopolistiques, vous avez dit vous adresser aux « forces vives du pays ». Je savais que les entreprises, seules créatrices de richesses et d'emplois, étaient les « forces vives de la nation », mais je croyais que les syndicats étaient surtout des freins, bien nécessaires dans les descentes, mais bien nocifs dans les montées que nous connaissons aujourd'hui.

F. M. : Mais je m'adressais, par le canal de ces corps intermédiaires, à l'ensemble des salariés de vos entreprises qui sont, vous le dites vous-même, nos forces vives. Je regrette d'ailleurs que la représentation syndicale en France soit la plus faible d'Europe, avec un taux de l'ordre de 20 %

Y.G. : Ce chiffre de 20 % est généralement admis par les observateurs, mais ceux du CNPF sont très différents. Vous savez, il est très difficile de connaître le nombre réel d'adhérents à un syndicat. Un syndicat affecte toujours ses chiffres d'un fort coefficient multiplicateur pour assurer sa notoriété. Nous pensons, au CNPF, que le taux réel de syndicalisation ne dépasse pas 12 %, avec une répartition très inégale : 30 % dans le secteur public, et 6 % maximum dans le secteur privé.

F. M. : Je trouve vos chiffres un peu faibles, mais je reconnais que la vérification est difficile à faire.

Y.G. : En tout cas, monsieur le Président, je vous remercie des passionnants rappels historiques que vous avez faits tout à l'heure. Je savais que vous vous intéressiez beaucoup à l'Histoire.

F. M. : Mais oui, je m'y intéresse. Voyez-vous, si nous étions au XVIe siècle, je pense que vous pourriez être Jacques Cartier, aventurier et entreprenant, alors que je serais moi-même le roi de France.

Y. G. : Pour en revenir au rapport Auroux...

F. M. : Je vous en prie.

Y.G. : Ce projet comporte un danger très grave pour les entreprises. Danger qui est déjà sous nos yeux. Nous assistons à de nombreuses grèves abusives avec occupation des lieux, et parfois séquestration de patrons ou de cadres. C'est évidemment intolérable. Il arrive que des patrons ne parviennent pas à libérer leurs entreprises alors même que le tribunal a ordonné l'expulsion des grévistes.

F. M. : Je prends note de votre protestation, et je me renseignerai sur la non-exécution des décisions de justice.

Y. G. : Permettez-moi maintenant, monsieur le Président, de vous entretenir de la situation économique de notre pays. Elle est franchement mauvaise. Le nombre de faillites augmente. Le chômage monte. Le franc, qui a été dévalué en octobre 1981, est de nouveau attaqué sur les marchés des changes. Quant au déficit budgétaire de l'État, il sera, d'après nos calculs, supérieur en 1982 à ce qu'il a été en 1981. Nous observons un effondrement véritablement historique des marges des entreprises. Les 11 milliards d'aides supplémentaires concédées par l'État à l'industrie sont plus que compensés par la taxation des frais généraux, à hauteur de 4,5 milliards, et par l'augmentation des cotisations sociales, à hauteur de 12 milliards. Ajoutez à cela les 75 milliards — déjà évoqués — que coûteront les 39 heures et la cinquième semaine de congés payés, soit 5 % de la masse salariale totale. Quant au déficit du commerce extérieur, il n'est pas besoin d'être un grand économiste pour prévoir son aggravation.

F. M. : Je vous écoute, monsieur Gattaz, mais vous savez, je me méfie beaucoup des chiffres.

Y. G. : Dans tout ce que je viens de vous exposer, croyez bien qu'il n'y a aucune arrière-pensée politique de notre part. Contrairement à ce qui s'écrit dans certains journaux, le CNPF ne tentera pas de faire opposition au résultat du suffrage universel, et ne s'adossera pas non plus à je ne sais quel « mur de l'argent ».

F. M. : Je crains, je vous l'avoue, que les présidents de certaines organisations, poussés par leur base, ne prennent des positions politiques, ce qui est le cas notoire de Jean Menu, le président de la Confédération générale des cadres.

Y. G. : Mon action, à la tête du CNPF, je vous le répète, est transpolitique. Les gouvernements passent, les entreprises restent, et mon parti, c'est celui de l'entreprise.

F. M. : Je ne demande qu'à en être convaincu.

Y. G. : Nous avons vocation à représenter toutes les entreprises.

F. M. : Même les petites ?

Y. G. : Je sais bien que le gouvernement voudrait encourager le SNPMI [1] pour concurrencer le CNPF.

F. M. : Non, non, je ne mange pas de ce pain-là. Et du reste ce SNPMI a une attitude équivoque qui ne me plaît guère. Je me méfie de ceux qui font de la surenchère corporatiste.

Y. G. Vous connaissez ma formule : moins d'aides et moins de charges !

F. M. : Oui, je la connais.

Y. G. : Il faudrait surtout ne plus mettre sous tente à oxygène des entreprises cacochymes et sans espoir de survie, car ainsi on pénalise les meilleures entreprises alors que ce sont elles qu'il faudrait soutenir.

F. M. : Comment ne pas vous accorder cette évidence !

---

1. Le Syndicat national de la petite et moyenne industrie avait été la seule organisation professionnelle à soutenir la candidature à l'Élysée de François Mitterrand. Et il attendait qu'on lui renvoie l'ascenseur. Il était dirigé par Gérard Deuil, lequel affichait le portrait de Philippe Pétain dans son bureau.

Y. G. : Il est aussi à craindre que les grands groupes, et en particulier les groupes nationalisables, ne réintègrent certaines activités actuellement sous-traitées à des petites entreprises ou à des moyennes entreprises, qui en supporteraient le contrecoup, ce qui serait mauvais pour l'emploi.

F. M. : C'est un point important, et j'y veillerai.

Y. G. : Il vaudrait mieux que ces nationalisables restent dans le sein du CNPF par l'intermédiaire des fédérations professionnelles auxquelles elles appartiennent. Vous avez sans doute noté, monsieur le Président, que j'ai nommé moi-même à dessein à la vice-présidence du CNPF Guy Brana, dirigeant d'un groupe nationalisable.

F. M. : Si je comprends bien, vous plaidez pour que ces entreprises continuent à payer leur cotisation au CNPF.

Y. G. : Ce n'est pas le problème. Aucune entreprise ne paie de cotisation au CNPF. Elles cotisent à leur fédération professionnelle. Simplement, il me semble capital qu'elles conservent l'esprit de compétition et de productivité des entreprises privées.

F. M. : Je pense que vous avez raison, et nous ferons ce qu'il faut pour qu'elles restent au CNPF.

Y. G. : C'est d'autant plus important que nous organisons pour la fin de l'année, comme vous le savez, les États généraux des entreprises au service de la nation. Je voudrais à ce propos vous lire le passage correspondant de notre assemblée générale du 15 décembre 1981 : « Ainsi nous tenterons tous ensemble d'être une force de propositions, car nous n'avons pas le droit, nous créateurs permanents de richesses, nous innovateurs, nous moteurs de l'économie, d'être une simple force d'opposition ou une organisation négativiste. Nos propositions seront fermes et fortes, certes, mais constructives et réalisables pour la meilleure santé de nos entreprises, donc pour leur développement, leur compétitivité, leurs exportations, leurs investissements et leurs emplois. »

F. M. : Tout cela me paraît très bien dit pour le CNPF. Est-ce tout pour aujourd'hui ?

Y. G. : C'est tout, monsieur le Président.

F. M. : Ainsi, voyez-vous, ce genre d'entretiens à deux permet d'échanger des propos plus directs et plus efficaces. Il faudrait donc que nous nous voyions très régulièrement de la même façon. On peut d'ailleurs me joindre au téléphone, et vous pouvez m'appeler pour des sujets importants et urgents.

Trois semaines seulement séparent les tête à tête présidentiels du 29 janvier et du 19 février. Trois semaines pendant lesquelles Yvon Gattaz multiplie les contacts avec Pierre Dreyfus, ministre de l'Industrie, Laurent Fabius, ministre du Budget, et Jean Auroux, ministre du Travail. Et pendant ce temps-là, le programme du gouvernement entre en application d'une manière qui semble inexorable. 39 heures sans réduction de salaire, cinquième semaine de congés payés, promulgation de la loi sur les nationalisations du 11 février sur cinq groupes industriels : CGE, Saint-Gobain, Pechiney-Ugine-Kuhlmann, Rhône-Poulenc, Thomson-Brandt, auxquels il faut ajouter Usinor-Sacilor, par transformation de leurs dettes envers l'État en participation de l'État à leur capital. Par des interventions de dernière heure, Matra obtient de n'être nationalisé qu'à 50 %.

Avec Laurent Fabius et Jean Auroux, les discussions portent respectivement sur l'impôt sur les grandes fortunes et sur les « lois Auroux » — deux projets qui inquiètent, on l'a dit, vivement les chefs d'entreprise. S'engagent alors des négociations de longue haleine, que nous retrouverons au fil du temps.

Devant ce qu'il croit être une montée des périls, le CNPF diffuse le 11 février un communiqué où l'on peut lire notamment : « Les décisions du gouvernement en ce qui concerne les 39 heures et la cinquième semaine de congés remettent en cause les accords déjà conclus, compromettent ceux en cours de négociation et constituent une perturbation grave de l'ensemble des négociations. » Les 39 heures payées 40 ne favorisent pas l'emploi, ajoute le communiqué : « Les entreprises vont avoir, en principe, une production moindre pour un coût plus élevé, c'est-à-dire que le coût de nos produits va devenir plus cher et qu'on n'embauchera pas[1].»

Troisième rencontre d'Yvon Gattaz avec François Mitterrand, le 19 février 1982

Mitterrand : «Bergeron m'a demandé d'intervenir auprès de vous pour que vous fassiez preuve de plus de souplesse.»

Devant la montée du mécontentement des chefs d'entreprise traumatisés par les 39 heures, la cinquième semaine, les occupations d'usines, le rapport Auroux et l'impôt sur la fortune, Yvon Gattaz sollicite rapidement de l'Élysée une troisième audience. François Mitterrand lui fixe rendez-vous le vendredi 19 février, après André Bergeron, secrétaire général de Force ouvrière. Les médias s'attendaient à un entretien orageux.

À son arrivée à l'Élysée, Yvon Gattaz est de nouveau accueilli par Pierre Bérégovoy, qui lui dit de nouveau : «Vous savez, monsieur Gattaz, je tiens à vous rappeler que je dis souvent au Président : il faut recevoir M. Gattaz, car il faut bien que vous voyiez vos ennemis.» Cette fois le président du CNPF lui rétorque : «Vous m'avez déjà fait cette plaisanterie la dernière fois.» Alors, le secrétaire général de l'Élysée de s'exclamer : «Mais ce n'est pas une plaisanterie !»

Yvon Gattaz : Monsieur le Président, je sais que vous venez

1. Comment ne pas penser aux discussions qui auront lieu quinze ans plus tard sur les 35 heures ? Les mêmes termes. Les mêmes illusions.

de recevoir André Bergeron qui s'est montré, à la sortie, très satisfait de cet entretien et des mesures sociales que prend votre gouvernement. Malheureusement, les réactions des entreprises sont très différentes. Elles manifestent une grande inquiétude sur l'ordonnance qui a été récemment prise pour mettre en place les 39 heures. Il y a une grande ambiguïté sur l'organisation du temps de travail, ce qui conduit à des affrontements et même à une montée de la violence. En effet, le Premier ministre, que nous avons rencontré récemment le 22 janvier, a pensé régler les malentendus en demandant, le 11 février, aux partenaires sociaux de s'entendre sur l'interprétation du texte gouvernemental sur la durée du travail. Depuis, la polémique n'a cessé de s'envenimer. Vous le savez, la CGT et Force ouvrière veulent le maintien intégral du salaire, en même temps que la réduction du temps de travail de 40 à 39 heures, et l'octroi d'une cinquième semaine de congés payés, très coûteuse pour les entreprises. La CFDT, elle, est beaucoup plus raisonnable sur ce point. Notre récente assemblée permanente mensuelle du CNPF a été houleuse. Nos entreprises sont formelles : elles ne peuvent pas payer.

François Mitterrand : Je fais confiance aux négociations avec les syndicats pour arriver à des mesures acceptables par tous.

Y. G. : Mais cette ambiguïté actuelle entraîne des conflits aigus et certains syndicats soufflent sur le feu : de graves conflits ont été déclenchés par la CGT chez Roto Diesel dans le Loir-et-Cher, chez Cadillon à Charolles, chez Hutchinson à Ingrandes, aux Papeteries de Gascogne à Mimizan, à La Chapelle-Darblay à Saint-Étienne-du-Rouvray et à Grand-Couronne, chez Manurhin à Mulhouse, chez Dresser France au Havre, chez Frappaz à Villeurbanne, chez Alsthom au Bourget et à Belfort, chez Sambre et Meuse à Saint-Brieuc, chez Poclain à Tracy-le-Mont.

F. M. : Oui, mais on me dit que les milices patronales sont actives et parfois violentes…

Y. G. : Je crois qu'elles défendent simplement l'outil de travail…

F. M. : ...et qu'elles enlèvent parfois la marchandise comme à Isigny...

Y. G. : C'est le seul exemple, monsieur le Président. Les dirigeants de cette entreprise ont libéré 700 000 malheureux camemberts séquestrés, ce qui est bien anodin à côté des séquestrations de plus en plus fréquentes de dirigeants et de cadres, exactions dont je vous ai déjà parlé et qui nous préoccupent de plus en plus [1].

Si vous le permettez, je voudrais revenir sur la question de la durée du travail. Une quarantaine d'accords dc branches ont déjà été signés et certains vont se trouver en contradiction avec l'ordonnance récente. Que faut-il faire ?

F. M. : Les entreprises et leurs organisations doivent être en règle avec les textes gouvernementaux. Elles ne peuvent faire dissidence, même avec les meilleures raisons du monde.

Y. G. : Nous étions par ailleurs persuadés que la cinquième semaine ne serait obligatoire qu'en 1983, et non pas dès 1982, ce qui constitue une charge accablante.

F. M. : Vous dites généralement charges himalayennes !

Y. G. : C'est vrai. Ces contraintes, établies par l'ordonnance du 16 janvier, 39 heures payées 40, cinquième semaine de congés payés avec maintien total du salaire, ces deux mesures coûtent deux fois 25 milliards, soit 50 milliards aux entreprises du secteur concurrentiel. Elles ne pourraient être supportées que si le gouvernement acceptait la provision fiscale pour congés payés, non pas tout de suite pour les cinq semaines, mais tout d'abord pour la cinquième et progressivement pour les autres, ce qui se fait dans d'autres pays, vous le savez. Il faudrait une décision rapide pour que les entreprises puissent bénéficier de cette disposition dans leur bilan 1981 en cours de finalisation. Je me suis permis de vous apporter copie de ma lettre à M. Mauroy sur ce sujet. En effet, les nouvelles mesures coûtent

1. À la suite d'instructions du président de la République, le gouvernement fit évacuer deux usines, le 24 février, Hutchinson à Montargis et Leleu à Marseille.

globalement 5 à 8 % de la masse salariale et s'ajoutent aux charges nouvelles que vous connaissez : impôt sur la fortune, taxation des frais généraux, augmentation des cotisations sociales. Facture totale d'après nos calculs provisoires : 80 milliards à la charge de nos entreprises qui vont être déséquilibrées par ce fardeau.

F. M. : Avez-vous saisi le Premier ministre de cette demande de provision fiscale ?

Y. G. : Oui, et nous attendons sa réponse.

F. M. : Mais vous semblez oublier, comme me l'a rappelé tout à l'heure André Bergeron, que l'accord du 17 juillet 1981 prévoyant les 39 heures et la cinquième semaine avait été préparé par le CNPF lui-même.

Y. G. : Oui, c'est exact, et beaucoup d'entreprises ont été furieuses de cet abandon de la part d'un CNPF déstabilisé. Mais cet accord, même mauvais, prévoyait des compensations, des flexibilités dont on ne parle plus aujourd'hui. De plus, il n'avait pas prévu le maintien des salaires.

Je vous rappelle, monsieur le Président, que la situation des entreprises françaises est grave et devient dangereuse. En 1981, leur trésorerie a connu un creux historique. Les bénéfices ont baissé de 40 %. Une entreprise sur deux ne peut plus investir et 20 000 d'entre elles ont disparu cette année-là. Vous avez lu, comme moi, les dernières statistiques publiées pour 1981 : les défaillances d'entreprises ont augmenté de 20,3 % par rapport à l'année précédente, record historique. Elles sont passées de 17 375 à 20 895.

F. M. : Je vous trouve bien pessimiste aujourd'hui. Vos troupes ou vos instances semblent vous avoir démobilisé.

Y. G. : C'est vrai que nos réunions témoignent d'une grande inquiétude chez les chefs d'entreprise. Inquiétude, croyez-moi, tout à fait justifiée.

F. M. : Mais, vous savez, j'ai des amis qui sont des patrons socialistes…

Y. G. : Ils vous ont sûrement dit, monsieur le Président, qu'il ne sont socialistes qu'à l'extérieur de l'entreprise, et qu'à l'intérieur ils gèrent leur affaire comme tous les bons patrons, avec économie et efficacité, et sans laxisme social ou syndical.

F. M. : Il n'empêche. J'ai vu que vous avez publié le 11 février des communiqués de presse sévères.

Y. G. : Oui, avant la réunion du conseil exécutif du 15 et de notre assemblée permanente mensuelle du 16, qui ont tous deux confirmé nos inquiétudes. Je souhaiterais maintenant, si vous le permettez, vous parler de la Sécurité sociale.

F. M. : À ce sujet, Bergeron m'a demandé tout à l'heure d'intervenir auprès de vous pour que vous fassiez preuve de plus de souplesse. Il semble vous trouver beaucoup plus dur que votre prédécesseur.

Y. G. : C'est vrai que je suis peu enclin à céder aux demandes toujours croissantes des syndicats. Je préfère, je crois vous l'avoir dit, la stratégie que j'appelle humaine par discussion directe avec les salariés à la stratégie syndicale par négociation unique au sommet, loin des salariés et des chefs d'entreprise eux-mêmes. C'est ainsi que les syndicats prônent la réduction du temps de travail, alors que les sondages d'opinion d'octobre 1980 et de décembre 1981 prouvent que l'aspiration à l'augmentation du pouvoir d'achat l'emporte sur la réduction du temps de travail chez les salariés eux-mêmes. Puisque vous citez Bergeron, je vous rappelle qu'il pratique avec une rare habileté le terrorisme du bon sens.

Pour en venir aux comptes de la Sécurité sociale, ils nous inquiètent pour 1982.

F. M. : Oui, il y aura des mesures à prendre.

Y. G. : Je voudrais maintenant vous parler encore une fois de la violence qui s'installe dans les entreprises, souvent inspirée par la CGT, qui espère ainsi forcer la main au gouvernement sur telle ou telle mesure. Les plus agités commettent des exactions et se rendent coupables de séquestrations de cadres et de dirigeants.

F. M. : Donnez-moi une liste de ces cas d'occupations illégales…

Y. G. : Je vais vous l'adresser prochainement. Ces occupations sont d'autant plus graves que les arrêtés d'expulsion ne sont généralement pas exécutés par les préfets.

F. M. : Nous verrons...

Y. G. : À propos du rapport Auroux, nous recevons des lettres de nos unions patronales de province qui manifestent une grande angoisse. Ils craignent que l'expression « démocratie dans l'entreprise » ne cache une prise de pouvoir par les syndicats alors que nous accepterions une sorte de micro-démocratie personnaliste, tenant compte des initiatives de la base. D'où la tentation de nos chefs d'entreprise de tout rejeter en bloc, tant les 140 propositions de votre programme leur semblent se superposer aux rigidités dont ils souffrent déjà. Le coût des mesures Auroux pour les entreprises s'élèvera à 2 % de la masse salariale, ce qui est énorme.

F. M. : Il est arrivé dans le passé que des patrons aient freiné le progrès social. Nous en avons déjà parlé tous les deux. Il ne faudrait pas que le frein continue à s'exercer.

Y. G. : On peut trouver effectivement des exemples de ce genre. Mais *a contrario*, ce sont les chefs d'entreprise qui ont initié les horaires variables dès 1970, et Radiall était parmi les précurseurs, contre l'opposition unanime des syndicats qui voulaient monopoliser à leur profit toutes les initiatives sociales. Or, ces horaires flexibles que nous avons réellement inventés constituent l'un des plus grands progrès sociaux de l'après-guerre.

Comprenez, monsieur le Président, que les chefs d'entreprise, même les plus ouverts, soient inquiets par la terminologie même du rapport Auroux : la nouvelle citoyenneté dans l'entreprise, qui semble devoir appartenir aux salariés dans l'avenir, les actions en réparation avec changement de pouvoir, l'offensive de syndicalisation dans les entreprises. On a le sentiment que ce rapport doit devenir la Bible du parfait syndicaliste militant.

Ce rapport vient de déboucher sur quatre projets de lois relatifs aux droits nouveaux des travailleurs : institutions représentatives du personnel, renforcement du rôle des comités d'hygiène et de sécurité, droit d'expression directe des salariés sur leurs conditions de travail, négociations collectives. Nous attendons les critiques du Conseil économique et social.

F. M. : Ne vous inquiétez pas trop. Vous serez consulté, je vous l'ai déjà dit, et Jean Auroux est un homme de dialogue. Je vous conseille de le rencontrer personnellement. Je serais étonné qu'il ne soit pas sensible à vos arguments.

Y. G. : Je vais suivre vos conseils. Puis-je revenir sur les nationalisations en cours ? Nous avons parlé avec le Premier ministre et son cabinet. Vous connaissez sûrement l'expérience japonaise dans ce domaine.

F. M. : Non, racontez-moi.

Y. G. : Le Japon des Meiji avait tout misé sur l'industrialisation par les nationalisations. Ce fut un échec coûteux qui créa l'inflation. Dès 1881, le ministre des Finances, Matsukata, devait imposer un plan d'austérité drastique et revendre les entreprises nationales à des propriétaires privés, ce qui a entraîné en huit ans le redressement économique du pays où les dénationalisations sont considérées depuis comme des réussites économiques. Je sais qu'il s'agit en France d'une promesse électorale intangible, mais je crains son insuccès économique. De plus, pourquoi l'État prendrait-il le contrôle de façon coûteuse à 100 % alors qu'il pouvait avoir le contrôle à 51 % ?

F. M. : Je vous ai déjà dit que nous veillerons à ce que ces entreprises nationalisées restent dans le système concurrentiel, se comportent comme les autres entreprises... et restent au CNPF. Vous pouvez être rassuré sur ce point.

Y. G. : Puisque je suis ici, monsieur le Président, pour attirer votre attention personnelle sur nos principaux points d'inquiétude, je voudrais vous parler à nouveau de l'impôt sur la fortune et des interrogations sur l'exemption que vous avez vous-même promise de l'outil de travail.

F. M. : Mais aucun ministre n'a remis en cause ma promesse, à ma connaissance. Voyez Laurent Fabius au Budget. Il a en charge ce problème avec Jacques Delors. Je lui en reparlerai moi-même.

Y. G. : Le projet actuel n'exonérerait que les entreprises qui investissent. Or l'investissement n'est pas constant et il peut même disparaître une année à cause d'un manque de trésorerie ou d'une surcapacité de production. Il faut supprimer cette clause. Ceux qui pensent que les chefs d'entreprise peuvent faire la grève des investissements se fourvoient lourdement. D'abord, ce n'est pas le rôle des patrons de faire une grève, je le leur ai toujours dit et je le leur répéterais si besoin était. Ensuite, une grève de l'investissement serait suicidaire pour l'entreprise elle-même qui a besoin d'améliorer sans cesse sa production et sa productivité.

F. M. : J'en prends note.

Y. G. : Avant de vous quitter, monsieur le Président, je souhaiterais, comme à chacune de mes visites, faire un point rapide sur la santé de notre économie. Le déficit commercial de 1981 a dépassé 50 milliards, et à mon avis il va croître considérablement en 1982 puisque nous sommes sur une tendance de 8 milliards par mois. Nos importations ont crû cinq fois plus vite que notre demande intérieure, ce qui prouve que la relance par la consommation profite surtout aux produits étrangers. Le déficit budgétaire croît rapidement et atteindra sans doute 130 milliards. Notre inflation est trois fois supérieure à celle de l'Allemagne et des États-Unis et cinq fois celle du Japon. Le franc s'affaiblit et la dévaluation de 1981 se révèle insuffisante. Il n'est pas impossible que Jacques Delors soit dans l'obligation, malgré ses réserves qui sont identiques aux miennes, d'en faire une seconde avant l'été. Les défaillances d'entreprises continuent de monter en 1982 comme en 1981, entraînant la montée du chômage (perte de 40 000 emplois en 1981 de ce fait).

F. M. : Votre constat est très inquiétant. Trop sans doute.

Y. G. : Non, je pense qu'il est réaliste.

F. M. : Nous verrons bien.

Heures de plus en plus chaudes à Matignon

Le 21 février, le franc belge est dévalué de 8,5 % et la couronne danoise de 3 %. C'est une mauvaise nouvelle pour le franc français qui se retrouve en première ligne, alors qu'il avait déjà été dévalué de 8,5 % le 4 octobre 1981 [1].

Le 2 mars, après avoir revu Pierre Dreyfus, Yvon Gattaz rencontre Pierre Mauroy à Matignon [2]. D'emblée, le président du CNPF rappelle la gravité de la situation pour les entreprises. Cependant, il remarque qu'on ne parle plus, comme on le faisait en mai 1981, de « punir les chefs d'entreprise incompétents ». Il n'en reste pas moins que les occupations d'usine augmentent en nombre et sont parfois accompagnées de « violences inadmissibles ». Toutes sortes de « bonnes raisons » sont données pour retarder les arrêtés d'expulsion. « Les agitateurs ont la part belle actuellement ! » s'exclame le président du CNPF. « Nous ferons respecter l'ordre républicain », lui répond le Premier ministre.

Yvon Gattaz fait alors remarquer que la cinquième semaine de congés payés et les 39 heures payées 40 vont coûter 50 milliards par an aux entreprises. Et demande quelles mesures entend prendre le gouvernement pour compenser cet accroissement énorme et brutal de charges. Pierre Mauroy promet une réponse pour le 10 mars « au plus tard ».

Parmi les charges figurent les cotisations d'allocations familiales payées par les seules entreprises, particularité unique au monde, rappelle Yvon Gattaz. Pierre Mauroy s'exclame : « Pas par les seules entreprises ! » « Par les seules entreprises », répète Yvon Gattaz. Pierre Mauroy se tourne vers ses conseillers qui acquiescent. « Il faudra revoir cela, dit-il alors. C'est une ano-

1. Le mark et le florin avaient été réévalués de 5,5 %, le franc belge et la lire étant dévalués de 3 %.

2. Assistent à l'entretien Robert Lion, directeur de cabinet, Daniel Lebègue, conseiller pour les questions financières, Henri Guillaume, conseiller pour la reconquête du marché intérieur.

malie choquante. Je m'engage à trouver une solution raisonnable. Nous prenons ce problème en main [1].»

Le 11 mars, Émile Boursier, vice-président délégué général de l'UIMM, écrit à Gérard Deuil, président du SNPMI qui lui reprochait les «abandons» des organisations patronales lors des accords du 17 juillet 1981 déjà évoqués. L'UIMM avait joué un rôle essentiel dans ces accords, et les attaques de Gérard Deuil ne pouvaient rester sans réplique. Sans ces accords, répond donc Émile Boursier, la situation eût été pire encore, car la durée légale du travail aurait été ramenée à 38 heures.

La spéculation est derechef partie à l'assaut du franc. Dans la semaine du 7 au 14 mars, la Banque de France dépense 900 millions de dollars pour soutenir sa monnaie, et, dans la semaine du 14 au 21 mars, 1,3 milliard de dollars.

Le 21 mars, le deuxième tour des élections cantonales confirme la défaite de la gauche au premier tour.

Le 22 mars, Yvon Gattaz retourne à Matignon. Il y rencontre le Premier ministre, en tête à tête cette fois. Lors de la précédente rencontre, Pierre Mauroy avait pris un certain nombre d'engagements que Yvon Gattaz entend lui rappeler.

Pierre Mauroy : Je ne peux, à mon grand regret, vous donner des chiffres aujourd'hui, au lendemain du deuxième tour des élections cantonales, avec les mauvais résultats que vous savez.

Yvon Gattaz : Monsieur le Premier ministre, vous ne tenez pas votre parole !

Pierre Mauroy se lève de son fauteuil, le visage empourpré. À son tour, Yvon Gattaz se lève du canapé. Atmosphère d'orage. Ulcéré, le Premier ministre semble prêt à faire un esclandre. Va-t-il expulser le président du CNPF ?

P. M. : Monsieur, j'ai l'habitude de tenir ma parole.

Les deux hommes se regardent debout face à face, quelques

1. Nous verrons plus loin que cet engagement pris sincèrement par le Premier ministre n'aboutira pas.

instants. Puis, devant le ridicule de la situation :

P. M. : Et si nous nous calmions en buvant le petit café de la réconciliation comme on le fait dans le Nord ?

Le Premier ministre appelle l'huissier et lui demande d'apporter deux cafés. La conversation reprend sur un ton plus serein. Finalement, Mauroy propose une journée complète de travail le 16 avril à partir de 10 heures du matin, en présence de plusieurs ministres sur le thème des « charges des entreprises et moyens financiers pour les aider ». Yvon Gattaz essaye d'aborder d'autres sujets de préoccupation : l'Unedic, la répartition des sièges dans les conseils d'administration de la Sécurité sociale, la retraite à 60 ans, les compensations de charges. À chaque fois, le Premier ministre le renvoie au 16 avril. « Si je comprends bien, s'exclame le président du CNPF, tout est remis *sine die*. » « Non pas *sine die*, répond Pierre Mauroy, mais au 16 avril. » À propos de l'Unedic, toutefois, Pierre Mauroy laisse échapper : « Je me demande si la bonne méthode n'est pas la méthode allemande qui oblige le chômeur à accepter le troisième ou le quatrième emploi qui lui est proposé sous peine de voir ses allocations supprimées. » Quant à la retraite à 60 ans, il répète : « C'est pour nous une promesse électorale intangible. » En ce qui concerne les occupations d'usine, Pierre Mauroy conseille à son interlocuteur de téléphoner pour les cas les plus graves à son directeur de cabinet, Robert Lion. « Il sait ce qu'il faut faire. » Pour finir :

P. M. : Avant que nous nous séparions, j'ai une question particulière à vous poser : pour le poste de président du Comité économique et social à Bruxelles, il y a le choix entre un candidat allemand et un candidat français — qui est votre prédécesseur, François Ceyrac. Avant de soutenir officiellement sa candidature, je voudrais être certain qu'il ne fera pas de politique.

Y. G. : Je peux vous le garantir personnellement. J'en parlerai à François Ceyrac, qui a très bien compris que l'heure n'était pas à la politique d'opposition…

P. M. : Alors, je le soutiendrai.

À la sortie de cet entretien, Yvon Gattaz déclare aux journalistes : « Je suis déçu, surpris et inquiet. » Ce qui donne le ton à la presse du lendemain. *Le Figaro* titre : « CNPF-Gouvernement : rien ne va plus », et *France-Soir* : « Gattaz : Mauroy ne tient pas ses promesses ».

Le 23 mars, pour contrer la spéculation, la Banque de France relève son taux d'intervention à 18 % [1].

Le 25 mars, Yvon Gattaz rend visite à Jacques Delors, ministre de l'Économie et des Finances. Tous les problèmes de l'heure sont passés en revue. Le ministre se dit lui aussi impressionné par le régime imposé aux chômeurs en Allemagne fédérale. Dans l'attente de la réunion du 16 avril, aucune décision importante ne peut être prise. Mais Jacques Delors affirme croire encore en la relance de la croissance économique, espérant en elle pour faciliter la solution des problèmes.

Sur Europe 1, au *Club de la Presse*, le 28 mars, Yvon Gattaz redit sa déception et son scepticisme : « Nous allons assister à un effondrement des entreprises françaises. J'ai de plus en plus l'impression que mes visites chez nos dirigeants se terminent comme des sortes de visites touristiques dans les ministères aux plafonds dorés. » Et de lancer un triple avertissement « solennel » aux pouvoirs publics : il faut prendre sans délai les mesures qui s'imposent pour alléger les charges écrasantes qui pèsent sur les entreprises françaises, ne pas augmenter les charges des entreprises pendant une période de douze à dix-huit mois, pratiquer enfin cette concertation « dont ils parlent beaucoup, mais qui ne se réalise jamais ». Et de s'exclamer : « Nous ne crions pas au loup pour crier au loup ! Le loup est là ! On le voit et on n'a pas besoin de lunettes. » Sur la question des 39 heures, le président du CNPF se risque à un pronostic : « Je suis persuadé qu'on ne continuera

1. Il avait été décidé en haut lieu, sur ordre de François Mitterrand, de ne pas dévaluer le franc une seconde fois avant le sommet des chefs d'État à Versailles qui devait se tenir les 5-6 juin 1982. Cet attentisme obligea la Banque de France à utiliser la quasi-totalité de ses réserves pour tenir la parité officielle du franc. La deuxième dévaluation du septennat aura lieu le 12 juin.

pas dans ce domaine. Si vous voulez connaître ma position, on arrêtera à 39 heures. On n'ira pas à 35 heures.»

Helmut Schmidt se mêle à la partie. Dans un discours prononcé à Hambourg le 6 avril, le chancelier fédéral d'Allemagne déclare : «La politique de relance pratiquée par le gouvernement actuel en France comportera des effets négatifs sur les prix, sur la monnaie et sur la balance des paiements.» Ce disant, le chancelier allemand ne peut que relancer la spéculation contre le franc.

Le 8 avril, avant son nouveau tête-à-tête avec le président de la République, Yvon Gattaz retourne voir Jacques Delors. Le ministre de l'Économie et des Finances demande au président du CNPF de ne pas trop prendre la presse à témoin de ses démêlés avec le gouvernement, car ses propos affectent la Bourse et le gênent en ce moment dans la défense du franc face au deutsche Mark. Les deux hommes passent une fois de plus en revue les différents problèmes de l'heure. Le ministre et ses collaborateurs travaillent activement dans la perspective du 16 avril. Le ministre entrevoit deux «abcès de fixation» : la taxe professionnelle et le moratoire des charges sociales. Il se déclare totalement disponible pour préparer le 16 avril et donne le numéro de téléphone de son domicile personnel au président du CNPF pour qu'il puisse l'appeler à loisir. En ce qui concerne la concertation de son ministère avec le CNPF, Jacques Delors renvoie la balle avec une pointe d'ironie dans le camp du président de la République «puisque vous le voyez encore une fois cet après-midi». Un peu plus tard, devant un journaliste de l'Agefi (Agence économique et financière), Jacques Delors regrettera que «Mitterrand écoute plus Gattaz que Delors».

Quatrième rencontre d'Yvon Gattaz avec François Mitterrand, le 8 avril 1982

Mitterrand : «Je demanderai à Mauroy une pause totale dans les augmentations de charges des entreprises pendant vingt-deux mois.»

Pour préparer la réunion du 16 avril, Yvon Gattaz avait insisté pour que François Mitterrand le reçoive le même jour que Jacques Delors afin d'obtenir de lui des promesses d'atténuation des mesures déjà prises par le gouvernement. Il comptait que l'influence du président de la République serait déterminante. Cet entretien, quatrième rencontre en trois mois exactement avec le chef de l'État, dont trois en tête à tête, intrigua les observateurs.

Yvon Gattaz : Monsieur le Président, je reviens vous voir car ce que je vous ai dit le 19 février, lors de notre dernière rencontre, ne fait que se confirmer : la situation des entreprises françaises est de plus en plus grave. Malgré mes nombreuses démarches auprès du Premier ministre et des différents membres du gouvernement, qui semblent tous comprendre nos difficultés, rien n'est fait à ce jour. Nous allons de promesse en promesse.

François Mitterrand : J'ai lu que vous vous dites «déçu, surpris et inquiet». Mais je me demande si vous ne cédez pas aux pressions politiques de votre entourage.

Y. G. : Vous savez qu'il n'en est rien. Je reste immuablement transpolitique.

F. M. : Dites bien à vos amis que le gouvernement c'est le pouvoir, et qu'en cas de rébellion je saurai employer la force.

Y. G. : Il n'est évidemment pas question de coup d'État, mais de demandes pressantes pour sauver les entreprises.

F. M. : Jacques Attali vous l'a dit il y a quelques jours, il serait grave que le CNPF bascule dans l'opposition politique, comme l'a fait la Confédération générale des cadres. Quoi que vous en pensiez, je crois toujours à l'existence de la lutte des classes, plus dans le domaine culturel que dans le domaine industriel, bien sûr. Si le gouvernement précédent a favorisé les patrons et défavorisé les ouvriers, il se peut que le gouvernement actuel fasse l'inverse. À moi de veiller qu'il n'y ait pas d'excès.

Y. G. : Monsieur le Président, si vous supportez quelques critiques de vos amis parce que vous recevez souvent le président du CNPF, sachez que je suis l'objet de remontrances sévères, comme le prouvent les nombreuses lettres, parfois injurieuses, que m'envoient des chefs d'entreprise.

En voici quelques extraits rapides (*il lui montre des lettres*). L'un m'accuse de laxisme, de compromis et de faute grave et nous pousse à descendre dans la rue ; l'autre nous invite à la grève du paiement de la TVA ; un gérant de société préconise lui aussi la grève de l'impôt ; celui-ci est encore plus sévère pour moi : en temps voulu, le peuple français saura vous juger, écrit-il ; celui-là me supplie d'arrêter de discuter et de donner des instructions fermes et exemplaires ; quant au courageux anonyme qui m'écrit de La Rochelle, il me traite de lâche pour ne pas oser me battre au grand jour. Des gens plus raisonnables pensent que je ne prends pas la défense des entrepreneurs de manière suffisamment nette, énergique et active. Un artisan qui signe R.M. affirme que depuis le 10 mai on se moque de nous.

F. M. (*rendant les lettres*) **:** Je vous crois, je vous crois.

Y. G. : Vous voyez combien l'attente est forte, et l'inquiétude grandit. Nous ne pouvons pas décevoir tous ces entrepreneurs qui créent les emplois. Il est grand temps que des mesures significatives soient prises le 16 avril. Pardonnez mon insistance.

F. M. : Je suis quand même surpris de la différence entre vos chiffres et ceux de Jacques Delors. Vous citez des augmentations de charges de 93 milliards, si j'ai bien compris, alors que M. Delors, que je viens de faire interroger en début d'après-midi par Pierre Bérégovoy et Jacques Attali, reconnaît seulement

45 milliards.

Y. G. : Vous voyez ! Ce matin même, M. Delors nous disait 40 milliards. Il a trouvé 5 milliards de charges supplémentaires pendant le déjeuner ! Reconnaissez, monsieur le Président, que même une augmentation de 45 milliards n'est pas supportable par les entreprises. Il faut faire quelque chose.

F. M. : Je vais recommander à Pierre Mauroy de geler complètement la taxe professionnelle de 1982 sur la base de celle de 1981, ce qui représenterait, je crois, un allégement de 8 à 9 milliards. Je lui demanderai aussi une pause totale dans les augmentations de charges des entreprises pendant vingt-deux mois, et je l'annoncerai moi-même dans une conférence de presse fin avril, en modifiant sans doute la durée pour ne pas sembler céder aux pressions du patronat…

Y. G. : Vous le savez, je préfère de beaucoup le mot « entreprises » au mot « patronat » que je n'emploie jamais car je ne sais pas ce qu'il représente vraiment. C'est une expression syndicale récupérée malencontreusement par nos propres négociateurs sociaux. En tout cas, je vous remercie de votre indispensable intervention auprès du gouvernement pour la taxe professionnelle et les charges.

Un autre problème préoccupant, c'est celui de l'Unedic dont nous avons parlé ce matin avec Jacques Delors. Comme il s'agit d'un faux paritarisme, paritarisme de gestion et non paritarisme de cotisation, nous pensons nous retirer de l'Unedic et de la garantie des ressources, j'aime mieux vous en prévenir dès maintenant.

F. M. : Je vous rappelle que le déficit de l'Unedic pour le deuxième semestre 1982 sera sans doute de 12 milliards. Il faudra prendre vos responsabilités. On ne quitte pas le navire comme ça !

Y. G. : Il ne s'agit pas de quitter le navire ! Les entreprises sont prêtes à prendre leurs responsabilités mais dans les limites de leurs moyens financiers. Puis-je revenir encore une fois sur les occupations d'usine et les séquestrations de dirigeants ?

F. M. : Elles sont inévitables et modestes pour l'instant. Ce serait bien pire si M. Giscard d'Estaing était encore là. J'ai d'ailleurs, à la suite de vos demandes, fait établir par les préfets la liste de toutes les usines occupées : 25 à ce jour pour toute la France. Les deux plus anciennes ont commencé en septembre et décembre 1981, où nous allons agir. Mais les violences sont parfois patronales. Un ouvrier est mort à Clichy…

Y. G. : Dans quelles conditions ? Ce pauvre ouvrier algérien lançait des bouteilles d'acide, qu'il avait trouvées dans l'usine des batteries Fulmen, du haut d'un toit. Il a raté son saut d'un toit à l'autre et il s'est tué. Cependant, je voudrais ajouter à votre liste les Forges de Gueugnon, les Forges de Courcelles en Haute-Marne, et les laminoirs à froid de Thionville.

F.M. (*il sort son calepin et note ces trois noms soigneusement*) **:** Je crois qu'il faut tenter de faire régler ces conflits plutôt par la concertation que par la force. En cas d'urgence, voyez le secrétaire général de l'Élysée ou mon conseiller spécial.

Y. G. : Puis-je aborder devant vous le projet de démocratisation des entreprises nationalisées de M. Le Garrec ? Il nous inquiète aussi. On parle de conseils d'ateliers, de délégués extérieurs, d'heures d'information syndicale, de sections politiques…

F. M. : Oh, oh ! Je vais parler à Jean Le Garrec de ce dernier point (*pour la deuxième fois, il sort son calepin et note l'information*).

Y. G. : Puis-je vous suggérer qu'on n'applique ce texte qu'aux sociétés mères pendant douze ou dix-huit mois avant de l'appliquer aux filiales pour permettre de céder éventuellement celles-ci au secteur privé entre-temps ? On pourrait appeler cela des dénationalisations rampantes [1].

F. M. : C'est à voir. Nous n'avons pas encore ce texte qui est un simple document de travail.

Y. G. : Je me permets de vous rappeler notre demande de coopération avec tous les ministères avant que le gouvernement

1. À l'époque, on parlait couramment de « nationalisations rampantes ».

prenne des décisions concernant les entreprises.

F. M. : J'en parlerai à Jean Auroux, à Jean Le Garrec et à Nicole Questiaux, puisque vos rapports semblent déjà bons avec Jacques Delors. Je dois vous redire que nous trouvons vos investissements très insuffisants et nous sommes prêts à vous aider dans ce sens.

Y. G. : Nous acceptons bien volontiers, mais au risque de me répéter je vous dirai que les chefs d'entreprise ne traînent pas les pieds. Investir est indiscutablement de leur intérêt. S'ils ne le font pas, c'est qu'ils ne le peuvent pas. Ils sont en revanche préoccupés par le déficit budgétaire.

F. M. : Qu'ils ne s'inquiètent pas trop pour ce sujet que nous maîtrisons. Je vous répète que notre déficit restera inférieur à 3 % du PIB. Celui des États-Unis, qui est supérieur, ne les empêche pas de prospérer. Il est possible que pour 1982 nous dépassions 100 milliards.

Y. G. : Dernier point, monsieur le Président, les sièges patronaux aux conseils d'administration de la Sécurité sociale. Je serai ferme : nous n'accepterons pas de descendre au-dessous de 40 %.

F. M. : Peut-être pourriez-vous vous contenter d'un tiers des sièges ? Le gouvernement doit bien initier des choses nouvelles dans ce domaine. On attend de lui de nouveaux transferts sociaux.

Y. G. : Oui, mais les médecines doivent être dosées. On sait que l'arsenic, fortifiant à faible dose, est un poison à forte dose. N'en est-il pas de même pour les innovations sociales du gouvernement ?

En tout cas, je vous remercie de m'avoir reçu, monsieur le Président, et je me permets, encore une fois, de compter sur votre appui pour la réunion du 16 avril.

F. M. : Cette réunion sera utile, j'en suis sûr.

Dès sa sortie de l'Élysée, le président du CNPF fait la déclaration suivante : « J'ai indiqué au président de la République trois mesures urgentes et nécessaires pour relancer l'activité, les investissements et l'emploi : 1) Un allégement substantiel et immédiat des charges des entreprises et, en particulier, le gel total en 1982 de la taxe professionnelle au niveau de 1981 — en francs courants. 2) Un arrêt total de toutes charges supplémentaires pendant dix-huit mois pour que les entreprises aient le temps de se ressaisir. 3) L'établissement d'une concertation vraiment active entre les services des ministères et ceux de l'organisation patronale. Je lui ai également dit que ce serait une grave faute économique si nous n'obtenions, au cours de la réunion du 16 avril, que des promesses renouvelées et dilatoires ou un train de mini-mesures homéopathiques de diversion.»

Philippe Bouvard publie le 19 avril dans *Paris-Match* un portrait d'Yvon Gattaz où il remarque : «Le président du CNPF est une anguille souriante qu'aucun pêcheur gouvernemental ne sera plus assez adroit pour attraper dans son filet.» Ce même jour, tandis que la spéculation repart à l'assaut du franc, Yvon Gattaz adresse de nouveau aux chefs d'entreprise une lettre tirée à 50000 exemplaires. Devant la montée de leur mécontentement et de leur impatience, il s'agit pour le président du CNPF de lancer un message de réconfort et d'attente.

La lettre commence ainsi :

> Cher Ami,
>
> Certains s'étonnent de la patience dont je fais preuve vis-à-vis des pouvoirs publics alors que ceux-ci n'ont pas encore accordé cette réduction de nos charges que nous réclamons avec tant d'insistance (car, vous le savez, nous ne quémanderons pas d'aide, la sébile à la main).
>
> D'autres craignent naïvement notre naïveté, qu'ils se rassurent.
>
> Les plus impatients poussent à la révolte, mais ces va-t-en-guerre ne nous disent pas comment ils maîtriseront l'incendie, comment ils feront la grève

> des patrons sans léser leur personnel, comment ils pratiqueront la grève de l'impôt, délit passible de douze mois de prison.

Le président du CNPF appelle ensuite au dialogue avec les pouvoirs publics pour leur faire comprendre que les mesures prises accablent les entreprises de charges insupportables. Cette stratégie a «ébranlé l'opinion publique». Et de préciser : «L'erreur de certains est de pratiquer un réductionnisme simpliste ramenant nos problèmes à une opposition duale entre entreprises et pouvoirs publics, les premières devant attaquer les seconds à la pointe de l'épée. Or, en stratégie, ce n'est pas la géométrie euclidienne qui prévaut et la ligne droite n'est pas le chemin le plus court d'un point à un autre : autour de ces deux pôles essentiels, il y a l'ensemble des Français pas toujours convaincus du rôle national de l'entreprise. Notre action immédiate est de les convaincre et les États généraux des entreprises au service de la nation joueront sur ce point un rôle capital.»

Ensuite, le président du CNPF enjoint ses «amis» à expliquer à leurs concitoyens que «nos comptes d'exploitation ne sont pas ceux de l'exploitation des travailleurs suivant le poncif éculé et malheureusement tenace». Puis il annonce que 1982 sera l'« année des entreprises». Déjà son action a obtenu trois résultats significatifs : «Tout d'abord l'importance reconnue des entreprises dans la vie nationale et, par voie de conséquence, du CNPF qui les représente toutes. Ensuite, la disparition progressive de l'accusation portée aux chefs d'entreprise de saboter volontairement l'économie française et de participer ainsi à la ruine du pays […]. Enfin, la promesse publique et renouvelée de certains ministres d'alléger les charges des entreprises, devenues insupportables.

Mais il ne s'agit que de “micro-victoires”. La bataille continue et l'appui confiant des adhérents du CNPF reste indispensable.»

L'arraché du 16 avril

Minutieusement préparée par tous les participants [1], la réunion à Matignon du 16 avril était très attendue par les chefs d'entreprise. Elle devait conclure quatre mois de dialogues intenses entre gouvernement et CNPF, d'échanges de chiffres contestés de part et d'autre, de prévisions alarmantes du patronat quant à la situation des entreprises dont les faillites se multipliaient de façon inquiétante. Pour beaucoup de chefs d'entreprise, c'était la réunion de la dernière chance, avant peut-être la révolte.

Dès l'ouverture de la séance, le matin, chacun ressent la solennité de l'instant. Les visages sont graves, tendus, fermés.

D'un côté de la grande table de conférence de Matignon siègent le Premier ministre, le ministre du Budget, Laurent Fabius, le ministre de l'Industrie, Pierre Dreyfus, et le directeur de cabinet de Jacques Delors, Philippe Lagayette. En comptant les assistants, la délégation gouvernementale comprend dix-sept personnes.

De l'autre côté, sept personnes : Yvon Gattaz entouré des vice-présidents du CNPF, Brana, Chotard, et Boursier, et des trois directeurs de l'organisation patronale.

On a l'impression que la force est du côté gouvernemental et que les patrons siègent devant une sorte de tribunal.

Pierre Mauroy et Yvon Gattaz se font face. Aucune formule de politesse n'est échangée. Des deux côtés de la table, chaque délégation est sur ses gardes. Chacun sait que les résultats économiques sont mauvais, et chacun s'attend que le CNPF attaque sur ce point — qui est le point faible du gouvernement.

À dessein, Yvon Gattaz avait demandé que sa délégation soit excusée pour le déjeuner [2] afin d'éviter toute interprétation de

---

1. Pierre Mauroy était entouré de MM. Lion, Peyrelevade, Brunhes, Lebègue, Saint-Geours. Laurent Fabius était assisté de MM. Schweitzer, Careil, Hilare, Pierre Dreyfus de MM. Le Floch. Jacques Delors était représenté par Philippe Lagayette. Yvon Gattaz était accompagné de MM. Brana, Chotard, Boursier, de Mourgues, Neidinger et Pelletier.
2. Habituellement, les journées de travail prévoient un déjeuner en commun.

complicité entre le CNPF et le gouvernement. Ce signal était destiné aux entreprises, mais pouvait aussi servir au gouvernement, car les communistes à cette date faisaient monter la pression pour obtenir les 35 heures et soupçonnaient leurs alliés socialistes de faire des cadeaux aux patrons, selon l'expression consacrée. C'est dire que la situation du gouvernement n'était guère confortable, car si plusieurs ministres avaient admis devant les délégations du CNPF que la situation des entreprises allait de mal en pis, ils étaient obligés en même temps de tenir compte de la pression du parti communiste.

Le silence est total quand le Premier ministre prend la parole. Il dit lui-même l'importance exceptionnelle de la réunion. Il annonce que la matinée sera consacrée aux problèmes économiques les plus brûlants, et l'après-midi aux problèmes sociaux, Nicole Questiaux et Jean Auroux se joignant alors à la délégation gouvernementale. Puis il lit un long texte, qui ne sera remis aux membres du CNPF qu'en fin de matinée, ce qui les empêchera d'en saisir immédiatement la portée.

Pierre Mauroy ouvre le feu par un exposé d'une demi-heure qui surprend totalement le CNPF, car il annonce quatre mesures qu'il n'osait espérer :

1) L'arrêt pour 1982 et 1983 de l'abaissement de la durée légale du temps de travail ; 2) L'allégement de 5 milliards de francs de la taxe professionnelle ; 3) La stabilisation des charges sociales des entreprises jusqu'au 31 juillet 1983 ; 4) La prise en charge par l'État d'une partie des allocations familiales pour environ 7 milliards de francs.

Agréablement étonnés, Yvon Gattaz et Guy Brana n'en demandent pas moins une fiscalisation complète des allocations familiales et une provision fiscale pour la cinquième semaine de congés payés.

Laurent Fabius expose longuement les difficultés de la taxe professionnelle, dont l'actuel gouvernement ne porte pas la responsabilité. Une discussion s'engage sur sa réforme.

En fin de matinée, le président du CNPF admet que les quatre mesures annoncées sont intéressantes pour les entreprises, mais qu'elles n'ont pas d'incidence immédiate. Il propose une bonification des prêts aux entreprises. Une enveloppe de 500 millions de francs sera finalement accordée en faveur des petites entreprises.

Au déjeuner qu'il avait accepté de présider à l'Union des industries textiles, Yvon Gattaz, faisant le point de cette matinée exceptionnelle, explique en avant-première aux chefs d'entreprise présents qu'un « tournant historique de l'histoire socialiste vient d'être négocié » puisque les mesures qui vont être annoncées, explique-t-il, amorcent un retournement insigne de la politique qui a été suivie jusqu'à ce jour. Il leur demande la totale discrétion jusqu'au lendemain et les incite à éviter tout triomphalisme car il reste encore d'autres mesures à négocier avec le gouvernement.

L'après-midi, Nicole Questiaux, ministre de la Solidarité nationale, dont les espadrilles roses ne passent pas inaperçues, et Jean Auroux, ministre du Travail, se joignent à la réunion. L'impression dominante est que les décisions importantes ont déjà été prises.

Yvon Chotard aborde la question de la répartition des sièges aux conseils d'administration de la Sécurité sociale : le CNPF a exigé 40 % de ces sièges. C'est alors qu'Yvon Gattaz lui glisse un bout de papier sur lequel il a écrit : « Merci de dire NOUS, et non pas JE. » Guy Brana, qui lit ce petit mot par-dessus l'épaule de son voisin, éclate de rire à l'indignation des autres participants qui ne peuvent comprendre la cause de son hilarité.

Le Premier ministre rappelle que la Sécurité sociale, créée à la Libération par le général de Gaulle, n'avait réservé dans ses conseils d'administration qu'un quart seulement des sièges aux représentants patronaux contre trois quarts aux salariés. La parité a été instaurée par les ordonnances de 1967 — parité qui ne fut jamais acceptée par les socialistes. C'est ainsi qu'ils souhaitent, en accord avec la CGT et la CFDT, retourner à la formule de

1945. « En compensation, concède Pierre Mauroy, nous pourrions introduire dans les conseils la FEN et la Mutualité, ce qui pourrait donner pour les Caisses d'assurance-maladie 16 sièges pour les salariés, 6 pour les employeurs et 2 pour la Mutualité. »

Avec 6 sièges sur 24, les employeurs ne disposeraient que d'un quart des sièges, ce qu'ils ne peuvent accepter, rétorque Yvon Gattaz. Ils refuseront de siéger. Actuellement, rappelle le président du CNPF, les entreprises disposent de 50 % des sièges et paient 75 % des cotisations. « Étrange paritarisme ! » s'exclame-t-il. Surpris et gêné, Pierre Mauroy demande au CNPF de faire des contre-propositions précises.

La discussion porte ensuite sur les difficultés financières de l'assurance-chômage. Le Premier ministre rappelle qu'autrefois les allocations chômage étaient versées aux entreprises qui les répartissaient ensuite, et qu'elles étaient gérées par les partenaires sociaux depuis la convention du 31 décembre 1958. Pour lui, il n'est plus possible d'assurer la garantie des ressources, mais le gouvernement n'a pas à se mêler à cette réforme. Yvon Gattaz indique très nettement que les entreprises envisagent de dénoncer la convention le 30 juin prochain [1]. Jean Auroux fait remarquer que lorsque la convention avait été signée, le nombre de chômeurs n'était que de 200 000, alors qu'il y en a maintenant dix fois plus. Par conséquent, le système doit être réformé.

Le président du CNPF aborde la question des lois Auroux. Elles coûteront selon lui 1,5 % de la masse salariale aux entreprises, et il demande un moratoire. Jean Auroux répond qu'il est aussi hasardeux de chiffrer le coût des nouvelles contraintes que de mesurer les incidences du code de la route. « Si vous comparez le code du travail au code de la route, vous allez nous obliger à tenir notre droite », réplique Yvon Gattaz. Une plaisanterie peu appréciée de l'auditoire.

---

1. On verra plus loin que cette dénonciation s'opérera après un coup de force d'Yvon Gattaz au conseil exécutif du CNPF.

La deuxième dévaluation du franc remet en cause certaines promesses du 16 avril

À la sortie de Matignon, le 16 avril, Yvon Gattaz, lors de ses déclarations à la radio et à la télévision, insiste volontairement sur celles de ses demandes qui n'ont pas été acceptées par le gouvernement. Il minimise les résultats positifs de la rencontre, qualifiés de « quelques pas dans le bon sens », de « quelques motifs de satisfaction », de « mesures essentielles pour les petites entreprises », rappelant qu'une multiplication des faillites eût été désastreuse pour l'économie française. Ce qui n'empêche pas les communistes de fustiger les « cadeaux faits aux patrons », chiffrés à 18 milliards de francs par Roland Leroy sur France Inter le jour même dans l'émission *Vendredi soir*. Le directeur de *L'Humanité* engage les travailleurs à entreprendre des actions en vue d'obtenir la réduction du temps de travail puisqu'il estime qu'elle ne sera plus imposée par la loi. Pour le leader communiste André Lajoinie, le président du CNPF doit « sauter de joie après la victoire qu'il a obtenue ».

Ce même 16 avril, Matignon publie un communiqué qui informe des résultats de la réunion. « Le Premier ministre, lit-on en conclusion, a pris acte de la volonté des chefs d'entreprise de favoriser la croissance et l'emploi. Il a souligné que l'ensemble de ces mesures doit fournir aux entreprises les conditions et les moyens de participer activement à la relance de l'investissement et à la lutte pour l'emploi. »

De fait, le gouvernement et certains médias semblent attendre des entreprises une relance de l'investissement comme le prix à payer pour les résultats qui ont été obtenus. Il est beaucoup question à l'époque de « grève de l'investissement » ou de « grève de l'embauche » de la part des patrons. Yvon Gattaz rappelle dans ses interventions que bon an mal an les entreprises investissent 240 milliards de francs par an, et qu'une relance de l'investissement dépend d'un certain nombre de conditions conjoncturelles.

Dans *Libération* des 17-18 avril 1982 le journaliste Éric

Hassan, dans un article intitulé « Yvon Gattaz superstar », se livre à une longue analyse au terme de laquelle « l'homme en gris » du CNPF a atteint un résultat « inespéré » pour le patronat. À sa sortie de Matignon, écrit-il, Yvon Gattaz « a exactement dit le contraire de ce qu'il pensait ». En fait, il a obtenu ce qu'« aucun président du CNPF n'aurait osé espérer, même à la plus belle époque de la collaboration giscardienne ». Une pause des charges des entreprises de quinze mois, « cela ne s'était jamais vu ».

Éric Hassan souligne que peu à peu le président du CNPF a imposé son « image de gardien des intérêts économiques de la France ». « Face à des ministres qui veulent tenir avec lui des propos politiques, explique-t-il, il répond imperturbablement sur les difficultés des entreprises ou la nécessité de relancer l'investissement. Il noie ses interlocuteurs sous des tonnes de chiffres. En quelques mois, Yvon Gattaz et ses collaborateurs ont transformé le CNPF en une vaste entreprise de propagande au service des difficultés de l'entreprise. Humblement, il vient quémander à Matignon des mesures précises, alors que son prédécesseur se contentait de menacer. » Même le président de la République aurait été « fortement impressionné » par les discours du leader patronal.

Le 19 avril, Yvon Gattaz rend compte de la réunion de Matignon devant les trente-cinq membres du conseil exécutif du CNPF, qui ne cachent pas leur scepticisme sur la teneur de ces promesses « verbales ». « Même un gouvernement libéral ne serait pas capable de tenir de tels engagements », ironise l'un des participants.

Le 22 avril, le président du CNPF, répondant aux demandes ministérielles, propose par lettre à Jacques Delors un certain nombre de candidatures pour les conseils d'administration des entreprises [1]. Une lettre semblable est envoyée le même jour à Pierre Dreyfus afin de proposer au ministre de l'Industrie quinze

1. Six administrateurs pour Paribas et Suez : MM. Laurent Boix-Vives, Jacques Dermagne, Pierre Legris, Jean-Laurent Delpech, Alain Chevalier et Jean-Louis Descours, et trente pour les quinze banques nationalisées et cotées en Bourse : MM. Paul Dubrule, Raymond Fauvart, Jacques Lallement, Paul Avril, Pierre Bellon, Philippe Clément, Jean Barnaud, Michel Collas, Michel Robatel, Jean Montagnon, Claude Douillard, Jean Royer,

administrateurs pour les cinq groupes industriels nationalisés [1]. Aucune de ces cinquante personnalités, on le sait, ne sera retenue par le gouvernement qui, malgré ses protestations de bonne foi, préfère à l'évidence récompenser ses supporters quelle que soit leur compétence.

Le 6 mai, Yvon Gattaz se rend de nouveau au ministère de l'Économie et des Finances. Jacques Delors est très inquiet de la dérive des prix, notamment agricoles, et des salaires qu'il ne sait comment enrayer, ainsi que par la spéculation contre le franc qui ne désarme pas depuis plusieurs semaines. Il demande au président du CNPF de l'aider à contenir les prix... et également les salaires. Il s'inquiète des travaux de la commission Solidarité inter-entreprises du CNPF [2]. Il rappelle à son interlocuteur que, dès le Conseil des ministres du 11 octobre 1981, il avait proposé une politique de contrôle des prix et des salaires qui avait malheureusement dérapé depuis. Le ministre cherche également à consolider le capital des entreprises. À ce sujet, Yvon Gattaz lui propose de supprimer la taxe de 12 % sur l'incorporation de réserves au capital [3] qu'elle pénalise alors qu'il faudrait l'inciter, peut-être même par une bonification. Pour finir, étant donné les difficultés du moment, Jacques Delors demande à son interlocuteur de le rencontrer fréquemment pour convenir d'actions communes.

Le 17 mai, un mois après le « tournant » du 16 avril, Yvon

Roger Dadian, Jean-Jacques Delort, Michel Maury-Laribière, Bernard Maurel, Dominique Hannebelle, Jean-Louis Vilgrain, Édouard Decoster, Jacques Valla, Didier Pineau-Valencienne, Christian de Baecque, Albert Revault, Pierre de Montbel, Maurice Hannart, Roger Devars, Marcel Mandel, Jean Le Chatelier, Philippe Magdalenat, Paul-Louis Halley.

1. MM. François Dalle, Claude-Noël Martin, Philippe Boulin, Olivier Lecerf, Georges Chavanes, Francis Bouygues, Jean Fourmentin, Raymond Fauvart, Jean Monod, Bernard Dupré, Christian Deverloy, Jacques Plassard, Claude Bloch, Paul de Buyer, Jacques Valla.

2. Cette commission cherchait à améliorer les rapports entre donneurs d'ordres et sous-traitants en limitant le crédit inter-entreprises. Rappelons qu'en France, comme dans d'autres pays latins, le crédit entre les entreprises est un crédit du fournisseur à son client, et non l'inverse comme dans les pays anglo-saxons, ce qui oblige les fournisseurs à faire la trésorerie de leurs clients. C'est ainsi que les supermarchés accumulaient une importante trésorerie sur le dos de leurs fournisseurs, parfois beaucoup plus petits qu'eux.

3. Cette taxe avait le grave défaut de pénaliser l'incorporation des réserves, alors qu'il fallait au contraire l'encourager puisque celle-ci permettait d'augmenter les fonds propres dont la maigreur caractérise les entreprises françaises. Cette taxe a été peu à peu allégée, mais n'a disparu qu'en 1997 après avoir été réduite à 3 % en 1993.

Gattaz considère que le gouvernement tient suffisamment ses promesses pour qu'il puisse en informer les chefs d'entreprise en leur adressant une nouvelle lettre directe. Il les prévient de ses réserves expresses sur le fonctionnement de l'Unedic, sur le projet Le Garrec de démocratisation du secteur public (qui risque de déteindre sur le secteur privé). En conclusion, la lettre lance un appel pour préparer les États généraux de décembre 1982 : « Entreprises en avant ! Nos entreprises sont plus connues du public par leurs fléaux, faillites, grèves, licenciements que par leurs bienfaits. Cette mauvaise réputation nous colle à la peau. Une réhabilitation est indispensable, puisque pour la réputation comme pour la monnaie, la mauvaise chasse la bonne. »

Les collaborateurs d'Yvon Gattaz s'inquiètent de son image publique. Le 26 mai, en effet, le service de presse du CNPF envoie à son président une note d'analyse de ses prestations médiatiques. « En résumé, peut-on lire, vous paraissez gentil, calme, pas du tout agressif. En revanche, ces qualités donnent l'impression que vous êtes trop conciliant, trop soucieux de ne pas déplaire au gouvernement. »

Les 5 et 6 juin se déroule à Versailles le sommet des chefs d'État et de gouvernements occidentaux. Yvon Gattaz est convié au dîner de clôture dans la Galerie des glaces.

La question des sièges dans les conseils d'administration de la Sécurité sociale revient sur le devant de la scène. Le président du CNPF fait porter une lettre à Pierre Mauroy car le sujet doit être tranché au Conseil des ministres du 9 juin, et les positions restent toujours aussi opposées. Nicole Questiaux, ministre de la Solidarité nationale, ne veut pas que les entreprises occupent plus de 25 % des sièges. Yvon Gattaz rappelle que celles-ci paient actuellement 75 % des cotisations, et il insiste pour que 8 sièges sur 24 leur soient réservés, soit un tiers, sollicitant l'arbitrage du Premier ministre.

En visite à Bordeaux le 8 juin, Yvon Gattaz est appelé au téléphone en urgence par le Premier ministre, au moment même où il s'apprête à donner une conférence de presse à l'aéroport. Pierre

Mauroy essaye d'obtenir son accord pour 6 sièges seulement. Yvon Gattaz refuse. La conversation téléphonique, intense et passionnée, dure une demi-heure. Finalement un septième siège sera accordé au patronat, par la création d'un vingt-cinquième siège. La part des entreprises est donc plafonnée à 28 %. Ce compromis n'est pourtant pas du goût de Nicole Questiaux qui, furieuse, appelle le communiste Jack Ralite, ministre de la Santé. Jack Ralite téléphone lui-même cette nouvelle par son téléphone de voiture à Henri Krasucki, secrétaire général de la CGT, à qui il rend compte en sollicitant ses instructions. Captée par hasard par un amateur, cette surprenante conversation sera reproduite *in extenso* dans le journal *Minute* de la semaine suivante, provoquant des vagues d'émotion à l'intérieur du gouvernement.

La spéculation contre le franc prend des proportions considérables. Le marché des changes s'attend à une dévaluation au cours du week-end suivant.

Au matin du 12, Jacques Delors et Yvon Gattaz président ensemble le Congrès du CJD (Centre des jeunes dirigeants) à Deauville. Dès son arrivée, le ministre fait signe au président du CNPF qu'il veut le voir en particulier de toute urgence. Entre deux allocutions, les deux hommes décident de se retirer dans une pièce tranquille, gardée par le préfet en personne, pour « aborder un sujet capital », prévient le ministre. Il s'agit en fait de la seconde dévaluation du franc, que Jacques Delors part négocier le soir même à Bruxelles avec ses homologues européens. Cette seconde dévaluation doit s'accompagner d'un blocage immédiat des prix et des salaires. Le ministre déclare souhaiter, non pas un accord total du CNPF, mais au moins sa neutralité bienveillante.

La discussion, vive et prolongée, intrigue les participants. Yvon Gattaz tente de démontrer au ministre qu'il n'a pas à redouter un dérapage des prix industriels : la vive concurrence internationale n'est-elle pas le plus efficace des gendarmes ? Dans ces conditions, dit-il, le blocage n'a pas de raison d'être. De plus, la hausse inévitable — du fait de la dévaluation — des matières premières payées en dollars interdit de fait un blocage total. Jacques Delors n'est pas convaincu. Il affirme qu'il faut faire un exemple, même pour les prix industriels, mais qu'il sera de très courte durée.

Le nouveau cours des monnaies est annoncé dès le 12 au soir à Bruxelles et le dimanche 13 à Matignon.

Franc français	Deutsche Mark et florin	Lire
- 5,75 %	+ 4,25 %	- 4,25 %

Le franc est dévalué de 10 % par rapport au mark et au florin.

Le blocage des prix et des salaires est décidé le lundi 14 juin pour quatre mois. Pierre Mauroy envoie une lettre à l'ensemble des organisations syndicales et patronales [1] les conviant à une grande réunion d'information sur les mesures gouvernementales liées à la dévaluation du franc. Il s'agit d'orchestrer la « seconde phase du changement », pour reprendre l'expression du Premier ministre. « Le gouvernement compte sur le dynamisme des chefs d'entreprise », écrit Pierre Mauroy, ajoutant : « Quant à la lutte contre l'inflation, nous changeons de vitesse. » Et d'annoncer tout à la fois « un effort de maîtrise de nos équilibres économiques et financiers » et « un effort pour donner un dynamisme nouveau à notre industrie et pour développer nos technologies ». Les mots de rigueur et d'austérité ne sont pas encore employés.

D'après l'OCDE, la situation de l'économie française est encore plus grave que ne laisse entendre le discours gouvernemental. Les rythmes annuels d'inflation prévus pour 1982 étaient les suivants :

Royaume-Uni	Allemagne	États-Unis	France
+ 4,8 %	+ 5,2 %	+ 3,7 %	+ 13,6 %

Pour le solde de la balance des paiements courants, les prévisions ne sont pas moins alarmistes :

Royaume-Uni	Allemagne	États-Unis	Japon	France
+ 2,3	+ 1,8	+ 3	+ 17	- 6,8

(en milliards de dollars)

1. Il est de tradition chez les socialistes de placer l'adjectif *syndical* avant celui de *patronal*.

En douze mois (avril 1981 - avril 1982), les importations françaises ont augmenté de 18,6 % alors que la croissance des exportations est limitée à 4,3 %. La deuxième dévaluation remet les pendules à l'heure, mais avec un retard considérable dû au sommet de Versailles.

Le 15 juin se tient une assemblée générale extraordinaire du CNPF, convoquée par Yvon Gattaz pour faire le point après de six mois de présidence et de négociations difficiles avec le président de la République et le gouvernement, pour adresser un avertissement supplémentaire aux pouvoirs publics, et surtout préparer le grand rassemblement du 14 décembre prochain : les États généraux des entreprises au service de la nation. Ce jour-là est reconnue par ses membres « l'indestructible fermeté » dont a fait preuve le CNPF depuis six mois. De même est reconnu qu'une stratégie qui consiste à ne mettre en avant que des revendications économiques commence à porter ses fruits. Yvon Gattaz rappelle sa « stratégie de l'écheveau » : devant l'inextricable écheveau de charges et de contraintes, il faut éviter la confrontation sur le terrain des valeurs, mais attraper subrepticement un fil des charges sous la table, puis dévider complètement l'écheveau. Il rappelle qu'aux cinq résultats connus du 16 avril, il faut en ajouter un sixième : le CNPF a été seul invité à cette réunion comme représentant des entreprises françaises, alors que six mois plus tôt le gouvernement rêvait de faire éclater le CNPF en plusieurs organisations, sans compter celle que devaient former les entreprises nationalisées. Quant au calcul des 90 milliards de charges supplémentaires qui avait tant suscité d'ironie, « il s'est révélé d'une exceptionnelle efficacité », affirme Yvon Gattaz devant ses pairs.

L'assemblée générale du 15 juin fait également le point sur les projets lancés dès l'élection d'Yvon Gattaz et confiés à une commission. Celle-ci démontre notamment qu'il faut à tout prix conserver le sigle CNPF. En fait, c'est toute la réforme de l'or-

1. Rappelons que Yvon Gattaz avait été élu en décembre 1981 sur un grand programme de réforme.

ganisation patronale rêvée par son président qui est alors définitivement enterrée[1].

La réunion extraordinaire est enfin l'occasion de répertorier les menaces qui pèsent encore sur l'entreprise : lois Auroux, blocage des prix, Unedic, Sécurité sociale, violences, occupations, séquestrations, IGF, projet Le Garrec de démocratisation du secteur public. Sur 39 ministres en exercice, 7 avancent un projet auquel ils espèrent accrocher leur nom : Auroux, Fiterman, Le Garrec, Questiaux, Rigout, Savary et Lalumière, chacun d'entre eux concernant l'entreprise de près ou de loin.

16 juin : le président du CNPF est en colère. Car l'arrêté paru au *Bulletin officiel des services de prix* (*BOSP*) indique, contrairement aux promesses gouvernementales, que le blocage portera sur les prix, toutes taxes comprises, et non pas hors taxe. Comme la TVA sera sans doute augmentée d'un point, son taux passant de 17,60 % à 18,60 %, ce supplément fiscal serait pris en charge par les entreprises elles-mêmes, en contradiction avec les engagements du 16 avril. Le montant de cette charge est évalué à 5 milliards, soit exactement l'allégement accordé le 16 avril sur la taxe professionnelle de 1982. Jacques Delors dit comprendre l'ambiguïté de la situation mais n'y pouvoir rien changer. Yvon Gattaz lui réplique qu'il s'agit là d'un nouveau *casus belli*.

Le 17 juin, se tient à Matignon une grande réunion syndicats-patronat qui n'aboutit à rien.

Le gouvernement est remanié le 29 juin. Pierre Bérégovoy est nommé ministre des Affaires sociales en remplacement de Nicole Questiaux. Pierre Dreyfus quitte le gouvernement. Son portefeuille (le ministère de l'Industrie) est confié à Jean-Pierre Chevènement, déjà ministre de la Recherche.

Dès la nomination de Pierre Bérégovoy, Yvon Gattaz tente de lui démontrer les risques de la formule « le pouvoir aux syndicats ». Le précédent italien, dans les années 1970, l'épouvante : baisse de production, augmentation d'effectifs, perte de compétitivité, montée de l'absentéisme, menaces, violences, jusqu'à la journée du 14 octobre 1980 à Turin où, après trois mois de crise et trente-cinq jours de grève chez Fiat, on vit défiler dans la ville 40 000 personnes se présentant elles-mêmes comme la « majorité silencieuse » qui souhaitait reprendre le travail.

De retour à Matignon, le 6 juillet, le président du CNPF dénonce avec force l'arrêté du gouvernement bloquant les prix TTC et non pas HT comme annoncé au départ. Pierre Mauroy reconnaît qu'avec l'augmentation de 1 % de la TVA, cette disposition coûte 5 milliards aux entreprises. À titre de compensation, Yvon Gattaz demande la suppression progressive du décalage de la TVA puisque les entreprises paient la TVA sur leurs ventes du mois et ne la récupèrent sur leurs achats que le mois suivant, décalage très coûteux en trésorerie, même s'il existe depuis longtemps. « Combien ça coûte ? » demande le Premier ministre. Malheureusement les calculs des différents services du CNPF varient dans ce domaine, et aucun chiffre précis ne peut être donné dans l'instant.

Autre compensation demandée : la suppression de la clause légale de maintien ou d'augmentation d'effectifs dans la procédure d'aide à l'investissement. Pierre Mauroy redoute des remous politiques ; c'est une loi, dit-il, qu'il souhaiterait « tourner élégamment ».

En ce qui concerne l'Unedic, le Premier ministre expose qu'il tente de faire reporter la discussion en Conseil des ministres au-delà du 13 juillet.

Quant à l'IGF, une simulation semble prouver qu'il rapporterait de 7 à 9 milliards, ce qui suppose que les propriétaires d'entreprises soient lourdement taxés. La mise en place de cet impôt semble controversée au sein même du gouvernement, et l'exonération de l'outil de travail, promise par François Mitterrand, ne semble toujours pas acquise.

Le 8 juillet, Yvon Gattaz[1] rend visite à Jean-Pierre Chevènement, qui vient tout juste d'endosser ses nouvelles fonctions de ministre de la Recherche, de la Technologie et de

1. Le président du CNPF est accompagné de Guy Brana.

l'Industrie. Le ministre pense que la croissance industrielle de la France peut être très supérieure à celle des autres pays grâce à la relance de la consommation ; il estime que les syndicats peuvent jouer un rôle important dans le renouveau de l'industrie. Il souhaite la création d'un MITI [1] à la française, moitié gouvernement, moitié entreprises.

Cinquième rencontre entre Yvon Gattaz et François Mitterrand, le 16 juillet 1982

Mitterrand : « On ne suit pas mes instructions ! On me raconte des histoires ! »

Dévaluation du franc, remaniement ministériel, remise en cause de certaines promesses du 16 avril, autant de raisons justifiant que le président du CNPF demande une nouvelle audience au chef de l'État avant la pause de l'été. Elle lui est accordée le 16 juillet.

François Mitterrand : La situation économique est difficile, je le reconnais, mais il ne faudrait pas nous en imputer l'entière responsabilité. Nos prédécesseurs, vous le savez, ont laissé la France avec une inflation à 14 %, un chômage en augmentation rapide, un déficit extérieur considérable, des finances publiques déséquilibrées, un franc surévalué, un climat social détestable, un taux de prélèvement obligatoire à un niveau record. Tout cela ne se répare pas en quelques mois. Depuis notre arrivée au pouvoir, nous avons pris beaucoup de mesures pour relancer la crois-

1. Organisme japonais mixte gouvernement-entreprises pour l'organisation industrielle et l'exportation.

sance, l'investissement, l'exportation, l'emploi. Que voulez-vous que nous fassions de plus ? Il faut toujours que les Français grognent contre leurs dirigeants. Les patrons comme les autres !

Yvon Gattaz : Je ne suis pas venu ici pour défendre les intérêts personnels ou catégoriels des chefs d'entreprise, mais les intérêts des entreprises elles-mêmes, qui sont des communautés socio-économiques où employeurs et employés ont des intérêts convergents.

Malheureusement, toutes les prévisions que nous avions faites se sont révélées exactes, et notamment : les 90 milliards de charges supplémentaires pour les entreprises, que confirme la différence de 7 points entre les 14 % d'augmentation annuelle des salaires et les 21 % d'augmentation annuelle des coûts salariaux ; l'effondrement de l'épargne brute des entreprises par rapport à leur valeur ajoutée : le rapport annoncé pour 1981 serait proche de 8 %, mais, en réalité il est descendu à 7,7 % ; enfin l'abaissement du temps de travail à 39 heures n'a créé aucun emploi. Ce que vient de confirmer le gouvernement lui-même.

F. M. : Vous pouvez constater que nous ne cherchons pas à farder la vérité.

Y. G. : Je puis vous prédire — la mort dans l'âme — de nombreuses faillites pour la fin de l'année, surtout dans l'industrie. C'est que nos entreprises perdent de leur compétitivité sur le marché international, leur trésorerie est asséchée, leurs marges réduites, leur endettement beaucoup trop fort.

F. M. : Je vous entends, monsieur Gattaz, mais je vous confirme que le poids des erreurs passées pèse lourd sur nos épaules, et du reste, notre politique consiste à aider au maximum les entreprises, et en particulier les entreprises en difficulté.

Y. G. : Le blocage des prix, consécutif à la deuxième dévaluation du franc, a été le coup de grâce, si je puis dire, monsieur le Président. De la manière dont il est appliqué, c'est-à-dire taxes comprises, il entraîne 5 milliards de francs de charges supplémentaires, ce qui est en contradiction formelle avec les engagements solennels pris par le gouvernement le 16 avril dernier. Le gouvernement s'était engagé, permettez-moi de vous le rappeler, à ne pas augmenter les charges des entreprises jusqu'au 1er juillet 1983. La réduction de la taxe professionnelle devait être compensée par une augmentation de 1 % de la TVA, qui, normalement, devrait être payée par le consommateur. Est-ce que l'honneur du gouvernement vaut 5 milliards ?

F. M. : Là où vous êtes, l'ironie est facile. La dévaluation, pour réussir, ne pouvait pas se faire sans blocage des prix, vous le savez très bien. Or, une dévaluation, ça ne s'annonce pas. Pas davantage les mesures qui l'accompagnent. Au demeurant, l'équilibre budgétaire sera rétabli, je m'y suis fermement engagé, et je ne tolérerai aucune dépense nouvelle pour l'État. Quant aux charges des entreprises, je pensais qu'elles avaient été dédommagées par la prise en charge par l'État de la moitié de l'augmentation du SMIC, soit 1,6 %, ainsi que par le report de l'augmentation des cotisations des entreprises pour l'Unedic.

Y. G. : Permettez-moi de vous rappeler que cette augmentation n'a jamais été acceptée par les entreprises. En tout état de cause, il est difficile de considérer comme un cadeau le fait de reporter à deux mois des coups de bâton qu'on pourrait donner tout de suite.

F. M. : Vous n'êtes jamais contents !

Y. G. : Il faudrait vraiment que sur ce point M. Fabius rende un arbitrage en notre faveur.

F. M. : Voyez avec lui. Je ne puis m'engager à ce sujet. Je peux simplement vous dire que je ne veux pas que la participation de l'État à l'Unedic dépasse le pourcentage actuel, qui est de 31 %.

Y. G. : Je voudrais aborder avec vous aujourd'hui, si vous le permettez, un problème nouveau : l'abaissement autoritaire de la retraite à 60 ans.

F. M. : C'est une promesse que nous avions faite. Nous y tenons et elle va dans le sens de l'Histoire.

Y. G. : Ce n'est pas si sûr. Certains pays, constatant que le nombre de retraités augmente rapidement, cherchent au contraire à remonter l'âge de la retraite, ce qui a des effets bénéfiques pour l'équilibre financier des caisses de retraite : augmenter le nombre des actifs cotisants et réduire le nombre des retraités indemnisés.

F. M. : L'ordonnance est prise. Elle est signée du 26 mars.

Y. G. : Oui, et Mme Nicole Questiaux, ministre de la Solidarité, m'a écrit le 6 mai pour m'inviter à entamer immédiatement des négociations avec les syndicats sur ce sujet.

F. M. : C'est ce que vous avez fait ?

Y. G. : Bien sûr, puisque nous y étions obligés. Mais le procédé est malsain : le gouvernement impose les grandes lignes intangibles d'un projet dispendieux et nous demande de régler entre nous les problèmes de financement.

F. M. : Il n'y a pas d'autres moyens pour imposer des mesures qui ne seraient jamais prises spontanément par la simple négociation.

Y. G. : Sûrement ! mais quel casse-tête financier !

F. M. : On trouvera bien une solution.

Y. G. : Elle sera mauvaise dans tous les cas, et nous ne ménageons pas l'avenir. Un jour prochain, monsieur le Président, les actifs qui entrent dans la vie professionnelle de plus en plus tard et en partiront de plus en plus tôt ne pourront plus financer leurs retraites. Je vous en avertis : le système actuel par répartition sera dépassé et seuls des compléments de retraite par capitalisation pourront combler les trous.

F. M. : Nous sommes très attachés au système actuel, qui est un système de solidarité efficace.

Y. G. : Quand il est équilibré ! mais ce ne sera plus le cas. Excusez-moi de me répéter : la retraite à 60 ans est une double erreur : démographique et économique.

F. M. : Je vous ai entendu. Quoi d'autre ?

Y. G. : En ce qui concerne l'impôt sur les grandes fortunes qui, conformément à vos promesses électorales, ne devait pas atteindre l'outil de travail, les simulations faites actuellement donnent le résultat suivant : 90 % des entreprises ne seraient pas exonérées et donc paieraient l'impôt. Autrement dit, 10 %seulement des entreprises pourraient être exonérées, car il est extrêmement difficile de remplir simultanément les deux conditions fiscales imposées pour l'exonération : l'augmentation de l'investissement net et l'augmentation des capitaux propres.

F. M. (*en colère*) **:** On ne suit pas mes instructions, mes ordres sont pourtant formels, je veux que les outils de travail soient exonérés !

Y. G. : Il ne s'agit sans doute pas de mauvaise volonté de la part du ministre du Budget, mais d'une mauvaise simulation au départ qu'il est nécessaire de corriger.

F. M. : Je le souhaite. Insistez auprès de Fabius.

Y. G. : Quant aux lois Auroux, vous savez combien…

F. M. : Je connais par cœur votre position. N'y revenez pas ! Il est totalement impossible de revenir en arrière. Les lois sont votées. Il faut les accepter.

Y. G. : Enfin, je ne peux pas ne pas évoquer devant vous la violence qui se répand au sein même des entreprises.

F. M. : Il me semble que vous exagérez beaucoup l'ampleur de ces incidents. Selon un rapport que l'on vient de me remettre, il n'y aurait actuellement que quatre usines occupées. Je veux bien reconnaître avec vous que ces occupations ne devraient pas avoir lieu. Mais de là à parler d'une violence qui se propage…

Y. G. : Permettez-moi de vous contredire sur ce point, monsieur le Président. Selon nos informations, ce sont 66 usines qui sont actuellement occupées par des grévistes, dont 60 par la seule CGT.

F. M. (*qui ne peut cacher son indignation*) **:** On me raconte des histoires. Donnez-moi la liste des usines occupées [1]. Et je verrai ce que je peux faire.

1. Cette liste fut communiquée au chef de l'État quelques jours plus tard.

Un combat toujours recommencé

Douze jours après avoir reçu Yvon Gattaz, François Mitterrand lui écrit à propos des occupations d'usine la lettre ci-dessous. Nous la reproduisons intégralement étant donné son caractère exceptionnel[1].

> Monsieur le Président,
>
> Vous m'avez remis lors de notre dernier entretien une liste de 66 établissements occupés.
>
> J'ai fait procéder à une étude très minutieuse de cette liste par les Ministères concernés (Intérieur, Justice, Travail).
>
> Il apparaît que les 66 établissements se répartissent en trois catégories.
>
> La catégorie la plus nombreuse (58 cas) regroupe des établissements en règlement judiciaire ou en liquidation de biens, qui ont donc cessé toute activité. Dans ces circonstances, les organismes liquidateurs ne demandent que rarement l'expulsion des occupants par voie judiciaire ou le concours de la force publique. Les pouvoirs publics consacrent leurs efforts à trouver des candidats à la reprise de l'entreprise.
>
> Une seconde catégorie est celle des établissements occupés par leur personnel à l'annonce d'importants licenciements. Trois établissements seulement sont dans ce cas : Chupa-Chups ; Pennaroya ; Sofralait. Pour Pennaroya, une procédure judiciaire est en cours ; pour Sofralait, une ordonnance d'expulsion a été prononcée mais l'employeur n'a pas

1. François Mitterrand écrivait peu de lettres officielles, et celle-ci est la seule qu'il ait adressée au président du CNPF.

fait appel à la force publique.

Dans la troisième catégorie, se trouvent 5 établissements où sont ouverts des conflits du travail qui ne sont pas dus à l'annonce de licenciements. Deux de ces conflits sont terminés (Établissement Brossette, à la suite d'une expulsion sans incidents le 16 juillet ; Établissement Dunlop : un accord est intervenu le 16 juillet).

Trois autres établissements sont encore occupés : Saint-Alves ; Cels ; Caillette et Denis. Une demande d'expulsion n'a été faite que pour Saint-Alves. Le concours de la force publique a été refusé car les salaires des 19 employés n'ont pas été payés depuis février et parce que l'ensemble du dossier est entre les mains de la justice.

D'une façon générale, le concours de la force publique est accordé lorsque les tribunaux prononcent l'évacuation des lieux, après que les préfets se soient [*sic*] assurés que toutes les voies de conciliation ont été épuisées.

Cet examen détaillé m'amène à penser, monsieur le Président, que les occupations d'établissements que vous m'avez signalées ne reflètent ni un climat de violence sociale, ni un quelconque laxisme du gouvernement.

François Mitterrand

Cette lettre montre que le président du CNPF avait été entendu, même si sa teneur ne pouvait le satisfaire entièrement. À partir de cette date, les conflits furent surveillés de beaucoup plus près par le gouvernement ; les expulsions furent plus rapides et les séquestrations plus rares. La CGT ressentit cette nouvelle règle du jeu et fut plus prudente.

Le 31 juillet, déjeunant avec le président du CNPF, Jacques Delors exprime le souhait que le CNPF et ses fédérations participent activement au respect du blocage des prix. Il serait prêt à admettre quelques dérogations pour les cas les plus criants. Mais le parti communiste et les syndicats affichent leur refus de tout assouplissement « puisqu'il n'y en a pas sur les salaires ». Le ministre des Finances s'inquiète également des prochaines négociations salariales et souhaite que cette fois le secteur privé donne l'exemple de la modération pour inciter le secteur public, généralement plus laxiste, à en faire autant.

Jacques Delors ajoute qu'il est à la recherche d'idées pour favoriser l'épargne des ménages, ce qui marque un infléchissement par rapport à la politique de relance par la consommation mise en œuvre depuis 1981. Yvon Gattaz expose au ministre ses vues personnelles contre les incitations tapageuses à consommer qu'il trouve indécentes : « On passe du consommateur-roi au consommateur-oie qu'on gave avec impudence. L'incitation à l'épargne est d'une tout autre nature et mérite le soutien de tous. »

Le ministre s'interroge sur la possibilité d'indexer le plafond de l'IGF, toujours en gestation difficile. Enfin, il presse Yvon Gattaz de régler à l'amiable au CNPF le problème irritant de crédits inter-entreprises en chargeant du problème la commission Solidarité inter-entreprises.

Le 30 juillet, Yvon Gattaz[1] rend visite une nouvelle fois à Jean Auroux pour examiner le projet de loi de démocratisation du secteur public et la mise en place des conseils d'administration des sociétés nationalisées. Le CNPF craint surtout que ces entreprises sortent du secteur concurrentiel, reçoivent des pouvoirs publics des avantages excessifs qui seraient ensuite considérés comme définitivement acquis, et que l'on introduise la politique dans les ateliers, malgré les assurances données par le président de la République et le Premier ministre.

Le 10 août, Pierre Mauroy écrit à Yvon Gattaz pour lui dire qu'« il ne [lui] paraît pas possible de repousser, après leurs adoptions successives par le Parlement, l'application des lois Auroux ».

1. Le président du CNPF est accompagné de Guy Brana et Émile Boursier.

En cette période estivale, à lire la presse, le gouvernement s'apprêterait à surveiller de près « les partis politiques et le patronat ». Pour protéger celui-ci, la police propose d'assister aux assemblées permanentes mensuelles, ce qui est refusé catégoriquement.

Le 18 août, Pierre Bérégovoy fait parvenir une lettre à Yvon Gattaz. « Les relations que nous avions établies lorsque j'étais à l'Élysée, écrit le nouveau ministre des Affaires sociales et de la Solidarité nationale, me laissent bien augurer des rapports qu'il nous faut désormais organiser en fonction de mes nouvelles attributions. Je souhaite qu'ils soient francs et ouverts. Ce que nous aurons à dire, nous le dirons en essayant l'un et l'autre de prendre en compte l'intérêt général et celui des chefs d'entreprise que vous représentez. Sachez que vous serez écouté avec attention. »

30 août : réunion de rentrée Premier ministre-CNPF[1] à Matignon. À cause du blocage des prix en vigueur et de la hausse de la TVA mise à la charge des entreprises, les relations sont de nouveau tendues. D'emblée, Pierre Mauroy déclare : « Vous n'auriez rien à gagner à un changement politique », ce qui surprend la délégation du CNPF. Le Premier ministre ajoute : « On peut reprocher au gouvernement ce qu'il a fait dans les dix premiers mois, mais la gauche ne pouvait pas revenir au pouvoir sans déposer sa carte de visite. Si nous n'avions pas fait cela, nous aurions couru le risque d'une explosion. Le gouvernement s'est efforcé de relancer la consommation et de donner ainsi à l'industrie une chance qu'elle n'a pas su saisir, laissant le champ aux entreprises étrangères. »

En réplique, la délégation du CNPF dénonce les facteurs de freinage et les rigidités propres aux entreprises françaises. Aucun autre pays n'aurait recours au blocage des prix pour lutter contre l'inflation.

---

1. Pierre Mauroy est entouré de MM. Brunhes et Lebègue. Yvon Gattaz, de Guy Brana et Robert Pelletier, pour l'économie, d'Yvon Chotard et Jean Neidinger, pour le social.

La sortie du blocage aura bien lieu le 31 octobre, comme prévu. Mais le gouvernement exigera des accords de modération de prix par profession, exerçant une vigilance particulière sur les secteurs des services, les coiffeurs et les bouchers notamment. Il faut qu'à fin 1983, dit-il, la hausse des prix ne dépasse pas 8 %.

Concernant la politique monétaire, le Premier ministre est catégorique : si certains socialistes sont partisans d'une politique hexagonale, il est pour sa part farouchement décidé à rester dans le système monétaire européen. Yvon Gattaz approuve [1].

Le point le plus délicat reste l'IGF puisque 90 % des entreprises concernées par cet impôt n'arrivent pas à réunir les conditions imposées par le ministère du Budget pour exonérer l'outil de travail. Yvon Gattaz demande la révision du projet fiscal. Pierre Mauroy se dit surpris de la vigueur de ses réactions. Devant la presse, le président du CNPF avait réclamé d'inverser le pourcentage, et donc de faire en sorte que 10 % seulement des entreprises soient touchés. De telles déclarations posent des problèmes politiques au Premier ministre, et il le fait savoir.

La délégation du CNPF propose dès ce jour de changer les méthodes d'évaluation des entreprises et, en dernier ressort, menace de le faire elle-même si le gouvernement ne prend pas d'initiatives en ce sens. Le combat de l'IGF est cette fois directement engagé.

Yvon Gattaz revoit Jacques Delors le 31 août et le 2 septembre [2]. Le 31, le ministre de l'Économie et des Finances lui

1. Le même jour, François Mitterrand recevait ce que l'on a appelé par la suite les « visiteurs du soir » Jean Riboud, Charles Salzmann, André Rousselet, Pierre Bérégovoy, Laurent Fabius, Jean-Jacques Servan-Schreiber, qui lui vantaient les mérites de l' « autre politique », cette dernière imposant la sortie du franc du système monétaire européen et sa mise en flottement. Le 11 septembre suivant, P. Bérégovoy écrivait même une lettre à François Mitterrand pour essayer de lui démontrer les vertus de l' « autre politique ». La prise de position de P. Mauroy devant le CNPF lors de la réunion du 30 août confirme que le Premier ministre était opposé à l' « autre politique ». Son cabinet était farouchement attaché au maintien du franc dans le SME.

2. En présence de MM. Pascal Lamy et Jean-Patrice de La Laurencie pour le ministère, et de Guy Brana, Francis Lepatre, président des Industries agroalimentaires, accompagnés de Robert Pelletier, pour le CNPF.

dit : « Si vous pouviez m'apporter ne serait-ce que 10 milliards d'exportations supplémentaires, cela justifierait une application plus libérale des procédures de financement public, de bonifications d'intérêts et de crédits en devises. » Le 2, la discussion tourne autour de la question : comment empêcher la hausse des prix de dépasser 8 % par an ? Jacques Delors promet que la liberté des prix sera complètement rétablie au cours du premier semestre 1983. Il affirme sa volonté de maintenir le franc dans le SME, ce qui va à la rencontre de ce que souhaite le CNPF[1].

Yvon Gattaz fait remarquer que la France a emprunté, depuis le 1er janvier 1982, 9 milliards de dollars et que sur 70 milliards de réserves en devises dont disposait la Banque de France le 10 mai 1981 il n'en reste plus que 4 à ce jour. Le ministre s'étonne que le CNPF dispose de ces chiffres « qu'il n'a pas lui-même », mais qui ne semblent pas contestés par son entourage.

J. D. : Monsieur le Président, la France de 1981 n'avait-elle pas besoin d'une purge ?

Y. G. : Monsieur le ministre, il y a certaines purges surpuissantes qui deviennent mortelles.

Le 14 septembre, Yvon Gattaz et Guy Brana sont reçus par le ministre de l'Industrie et de la Recherche, Jean-Pierre Chevènement. Celui-ci connaît mal le problème de l'IGF et de ses répercussions sur la vie des entreprises. Le président du CNPF lui demande avec insistance d'aborder la question le lendemain 15 septembre au Conseil des ministres, bien que le sujet ne soit pas à l'ordre du jour. Jean-Pierre Chevènement s'engage fermement sur ce point.

De fait, à la sortie du Conseil des ministres du lendemain, Jacques Attali laisse entendre que l'impôt sur l'outil de travail au titre de l'IGF serait supprimé. Toutefois, le communiqué publié quelques heures plus tard indique que l'IGF n'est pas à proprement parler supprimé pour l'outil de travail, mais que son paie-

1. Ainsi le ministre de l'Économie et des Finances était sur la même longueur d'onde que Matignon, contre les « visiteurs du soir », que François Mitterrand recevra encore le 30 septembre.

ment est en revanche reporté au 15 juin 1985, soit deux ans et demi plus tard. À gauche, on hurle que le gouvernement fait de nouveaux cadeaux aux patrons. Quant aux chefs d'entreprise, ils sont évidemment déçus.

Le 20 septembre, le président du CNPF fait savoir solennellement au gouvernement qu'il s'apprête à envoyer aux entreprises un mode de calcul minoré de la valeur des entreprises à déclarer pour l'IGF. En effet, les mesures d'atténuation qui sont proposées pour les entreprises lui paraissent très insuffisantes.

La préparation des États généraux des entreprises s'accélère. Déjà 100 cahiers de propositions de groupes de travail sont en cours de dépouillement. 30 États généraux régionaux sont organisés : le 15 au Mans, le 20 à Chalon-sur-Saône, le 23 à Brest, accompagnés d'opérations « Entreprises portes ouvertes » pour faire connaître l'entreprise aux Français.

21 septembre : Le CNPF répercute sur les entreprises les instructions sociales du gouvernement du 10 septembre dans le secteur public : suppression de l'indexation des salaires sur les prix, décision drastique qui aura un effet important et positif dans la lutte contre l'inflation ; les augmentations négociées ne doivent pas dépasser les objectifs retenus par le gouvernement en matière de prix. Le secteur public est ainsi chargé de montrer l'exemple au secteur privé. Le gouvernement incite même à une « renégociation des contrats salariaux qui portera sur l'ensemble des deux années 1982 et 1983 ».

La bataille de l'Unedic se poursuit au sein même du CNPF. Yvon Gattaz a ordonné aux négociateurs patronaux de refuser toute augmentation de la cotisation employeur ; mais les syndicats n'acceptent que 7 milliards d'économie de fonctionnement sur les 20 proposés par le CNPF. Le conseil exécutif du 27 septembre adopte la proposition de la commission sociale de pérenniser le système et de payer plus de cotisations, contre l'avis du président. Celui-ci convoque alors par télégramme un conseil exceptionnel le lundi suivant 4 octobre et, après une discussion difficile, il montre que les entreprises ne peuvent plus accepter le maintien d'un régime qu'il faut réorganiser de fond en comble. Le conseil revient sur sa décision, ce qui ne s'était jamais vu, et suivant à nouveau son président, dénoncera la convention de l'Unedic avant le 31 octobre. S'il ne l'avait pas fait, le régime aurait été reconduit à l'identique pour trois ans, ce qui aurait pesé lourd sur les finances des entreprises.

Cette dénonciation scandalise les syndicats. Une manifestation de la CGT vise à la « séquestration » d'Yvon Gattaz dans son bureau de l'avenue Pierre-Ier-de-Serbie. Folklore pour impressionner l'opinion : les organisateurs de l'opération savent très bien que le président du CNPF dispose de trois sorties de secours — l'une dans la rue Bizet par un parking, une autre dans la rue de Chaillot par une imprimerie, et une troisième dans l'avenue Marceau par les toits de l'église Saint-Pierre-de-Chaillot. Il est donc pratiquement impossible de le retenir dans son bureau.

À la mi-septembre, l'Insee publie sa dernière enquête trimestrielle qui signale un regain de pessimisme chez les chefs d'entreprise. Les comptes de la même institution font état d'une baisse du revenu brut disponible des entreprises du secteur concurrentiel de 12, 8 % en 1981 et d'une nouvelle baisse de 6 % pendant les trois premiers mois de 1982. Il s'ensuit une chute de l'investissement productif que plus de la moitié des chefs d'entreprise, selon l'enquête, estiment ne pas être en mesure de redresser. Les prévisions pessimistes du président du CNPF sont ainsi validées par l'Insee.

En visite à Figeac le 27 septembre, François Mitterrand prononce un discours qui attire immédiatement l'attention des observateurs, car il confirme sans ambiguïté la nouvelle orientation prise par le gouvernement le 16 avril. Même si tout relent de volontarisme industriel n'a pas disparu, le chef de l'État reprend à son compte presque textuellement — et cela fait la nouveauté de son propos — les termes employés par Yvon Gattaz. Au point que lors du conseil exécutif qui suivra, quelques plaisanteries seront adressées au président du CNPF par ses confrères :

« Félicitations pour le discours que vous avez préparé à Mitterrand pour Figeac. »

Le chef de l'État avait en effet déclaré : « C'était commode de vivre de cette façon [inflationniste], c'était même pour un certain nombre d'entreprises qui n'en pouvaient mais, une façon de supporter leur endettement que de se dire : "Après tout, l'inflation m'aidera." Il y avait deux sortes de moratoires pour les entreprises en péril surendettées : l'inflation ou la faillite. Et moi, je ne veux pas choisir entre la faillite et l'inflation ! Ma préoccupation est que l'esprit d'initiative des entreprises puisse échapper aux trois menaces du moment : l'alourdissement de leurs charges, la lourdeur des taux d'intérêt et la surcharge de leur endettement financier. C'est dans ces trois directions que je demande au gouvernement d'agir pour, dans le courant de 1983, écarter ces trois menaces. »

Dans ses éditions du 30 septembre, *Le Monde* commente le discours de Figeac : « Certains verront dans l'attitude du président de la République la volonté de faire un pas vers le président du CNPF, dont le goût pour le dialogue est avéré. Pour exagérés et trop répétés qu'ils aient paru, les "cris d'alarme" de M. Yvon Gattaz auront tout de même contribué à attirer l'attention des pouvoirs publics sur la situation des firmes. Mais on ne peut s'empêcher non plus de penser que M. Mitterrand tente également d'écarter une autre menace, celle qui pèse sur la plupart des régimes socialistes naissants et qui tient à la revendication des classes moyennes. »

Le 15 octobre, Yvon Gattaz se trouve une fois encore dans le bureau du ministre de l'Économie et des Finances[1]. Jacques Delors déclare « faire ce qu'il peut » pour aménager l'impôt sur la fortune.

La sortie du blocage des prix est âprement négociée : finalement Jacques Delors souhaite que les bases de négociation des

1. Assistent à l'entretien avec Claude Jouven pour le ministère et Guy Brana, Yvon Chotard et Robert Pelletier pour le CNPF.

nouveaux prix soient les prix HT et non les prix TTC. Le ministre remarque que beaucoup de professions n'ont pas encore pris contact avec son ministère pour la sortie du blocage. Il réaffirme sa volonté de « casser l'échelle mobile des salaires ». Il recommande d'éviter de multiplier les négociations salariales avec les syndicats, réunions dites de « revoyure » au cours desquelles les négociateurs patronaux sont contraints de lâcher quelque chose. Il rejoint ainsi les propres positions d'Yvon Gattaz. Le président du CNPF, en effet, incite sans cesse ses négociateurs à espacer les négociations au maximum, puisque « on ne peut négocier sans céder un peu ». Il faut avoir le courage, qui a beaucoup manqué avant 1981, de refuser la négociation au sommet lorsque ce n'est pas indispensable.

Pour ce qui concerne l'Unedic, Jacques Delors est très inquiet de la décision finale du CNPF du 4 octobre de dénoncer la convention. « Nous partons dans l'aventure », déclare-t-il. Il se propose d'en parler à Pierre Bérégovoy qui reçoit le CNPF le même jour, tout en reconnaissant qu'une participation financière des fonctionnaires est indispensable et que sont inévitables des économies importantes dans les prestations actuelles qui donnent lieu à certains abus. Il comprend que le CNPF souhaite l'établissement d'une nouvelle convention préservant la gestion paritaire, mais limitant l'engagement financier des entreprises.

Le même jour, Yvon Gattaz rencontre Pierre Bérégovoy. L'accueil est chaleureux.

Ce jour-là aussi, le nouveau ministre des Affaires sociales veut à tout prix recoller les morceaux de l'Unedic en voie d'atomisation. Il est convenu qu'il réunirait les partenaires sociaux le 28 octobre pour trouver un compromis « acceptable par tous ».

Le 22 octobre le Conseil constitutionnel invalide l'article 8 de la loi Auroux sur les institutions représentatives qui interdisent « toute action en justice contre des salariés ou des syndicats de salariés pour la réparation de dommages causés par un conflit collectif du travail, à la seule exception de ceux résultant de faits punis pénalement ou manifestement dépourvus de tout lien avec l'exercice du droit de grève ou du droit syndical». Soulagement des chefs d'entreprise qui redoutaient une immunité totale pour les syndicalistes.

Sixième rencontre entre Yvon Gattaz et François Mitterrand, le 2 novembre 1982

Mitterrand : «Je reçois beaucoup de messages me demandant d'être plus sévère avec les patrons.»

Dès la fin de l'été, Yvon Gattaz avait demandé à revoir le président de la République pour faire un nouveau point. Le chef de l'État le reçut le 2 novembre.

François Mitterand : Alors, monsieur Gattaz, je ne vous ai pas vu depuis juillet. Avez-vous l'impression d'avoir été entendu par le gouvernement et êtes-vous satisfait des premières mesures prises pour les entreprises ?

Yvon Gattaz : C'est vrai que des mesures ont été prises qui vont dans le bon sens, surtout le 16 avril dernier lors de la réunion Matignon-CNPF, et je voudrais vous féliciter vivement pour votre discours à Figeac.

F. M. : Vous l'avez trouvé bon, hein ?

Y. G. : Oui, mais…

F. M. : Je vois qu'il y a toujours des mais…

Y. G. : Malheureusement oui. Nos entreprises ne vont pas bien et il leur faudrait un traitement de choc pour qu'elles se remettent.

F. M. : Mais exportent-elles suffisamment ?

Y. G. : Elles se donnent beaucoup de mal pour exporter malgré les charges accablantes qui pèsent sur leur compétitivité. Nos exportations plafonnent à 52 milliards par mois. En revanche nos importations, poussées, vous le savez, par la relance de la consommation que j'ai dénoncée de nombreuses fois, atteignent 62 milliards par mois. Cela risque de créer cette année un déficit de notre commerce extérieur de l'ordre de 100 milliards, ce qui est très élevé et tout à fait inquiétant pour notre économie.

F. M. : Mais que faudrait-il faire encore ?

Y. G. : Vous savez, il n'y a pas de remèdes miracles, efficaces dans l'instant. Les pays les plus compétitifs sont ceux qui ont le moins de charges sociales et le plus de flexibilité.

F. M. : Au début vous me parliez des charges que vous taxiez d'himalayennes, je ne l'ai pas oublié. Aujourd'hui, je remarque que vous parlez de plus en plus de flexibilité.

Y. G. : C'est exact, monsieur le Président. Comme vous le savez, je suis chef d'entreprise depuis 1952, donc depuis trente ans, et je puis vous assurer à ce titre qu'une entreprise est soumise à une montagne d'aléas — aléas des commandes clients, aléas de paiement, aléas des technologies où elles peuvent se faire dépasser très vite, aléas du personnel très qualifié qui peut quitter brutalement l'entreprise, et même aléas des réglementations fiscales et sociales qui changent dangereusement.

Face à cet amoncellement d'aléas, les syndicats qui retardent d'un siècle et veulent pour certains continuer les luttes de *Germinal* (écrit en 1884 !) souhaiteraient voir accumuler les rigidités. Il y a une totale incompatibilité. Permettez-moi de vous le rappeler, j'ai lancé le mot *flexibilité* dans le domaine social il y a cinq ans, dans l'ironie ou même la réprobation générale. Certains syndicalistes ont affirmé alors que cette expression malencontreuse avait été lancée par un ingénieur qui confondait le social avec la résistance des matériaux. Le mot a été interdit parce que faux, inadapté, provocateur, indécent. Certains, dans ce méli-mélo psychologique, ont cru devoir remplacer flexibilité, insultant paraît-il, par souplesse, autrement plus diplomatique.

Nuances qui m'échappent. Voilà pourquoi je demande aujourd'hui des flexibilités pour l'entreprise, avec la même force que j'ai combattu les charges, de façon, me disait-on, un peu lassante. La flexibilité est aussi nécessaire à la vie de l'entreprise que l'air à la vie animale.

F. M. : Mais quelles flexibilités souhaiteriez-vous ?

Y. G. : Toutes celles qui permettent aux entreprises de s'adapter rapidement aux commandes des clients. Ceux-ci sont, vous le savez, nos vrais patrons. On m'appelle le patron des patrons, mais c'est faux. Mon influence sur les chefs d'entreprise est modeste. Elle est incitative et non pas hiérarchique. Le vrai patron du chef d'entreprise, c'est le client-roi. Il doit, quoi qu'il arrive, lui donner satisfaction ou le perdre. Et perdre des clients, c'est perdre du chiffre d'affaires, de l'activité et à terme des emplois. Les principales flexibilités que nous demandons sont d'ordre administratif, fiscal et social. Hélas ! notre administration est la plus lourde et la plus tatillonne du monde. Elle se méfie sans cesse des tricheurs...

F. M. : Il y en a beaucoup en France.

Y. G. : Pas plus qu'ailleurs. Dans d'autres pays, plutôt que d'empêcher la tricherie en amont par un filet inextricable de contraintes sclérosantes, on pratique la confiance sur l'honneur avec sanctions sévères *a posteriori* pour tricherie éventuelle.

F. M. : Un tel système pourrait-il s'appliquer aux pays latins ?

Y. G. : Je le pense. La Suisse, qui n'est pas loin de nous, le pratique avec efficacité. Dans le domaine fiscal, le terrorisme du Service de législation fiscale au ministère des Finances est inquiétant et la charge accablante comme du plomb. Les chefs d'entreprise passent plus de temps à résoudre ou contourner les obstacles fiscaux qu'à chercher de nouveaux produits. C'est une perte sèche d'énergie. Ce que nous autres ingénieurs appelons l'effet Joule.

Quant au domaine social, vous connaissez bien le problème, monsieur le Président. Et le renforcement des lois sociales depuis un an n'allège pas la tâche des entreprises. Un exemple : un décret vient de renforcer les contraintes du travail à temps partiel. Une erreur historique, car les salariés sont demandeurs et les entreprises refusent d'en créer à cause des rigidités supplémentaires.

F. M. : Mais les lois Auroux ont été considérablement allégées par rapport au projet initial.

Y. G. : C'est exact, et je dois me féliciter de mes entretiens personnels avec Jean Auroux à qui j'ai tenté d'expliquer l'entreprise. Sa bonne foi était entière, mais ses vues théoriques étaient inquiétantes, je vous assure ! Les quatre lois ont été bien amendées et je crois personnellement (ce n'est pas encore l'avis de mon entourage) que la loi sur l'expression des salariés va dans la bonne direction. Je l'avais moi-même recommandée, sous une forme moins rigide, il est vrai, à ETHIC.

F. M. : Ce qui m'inquiète davantage maintenant, c'est l'assurance-chômage. Où en êtes-vous ?

Y. G. : Vous avez su que j'ai pris personnellement l'initiative au CNPF de ne pas reconduire le contrat Unedic. Celui qui dénonce un contrat est, paraît-il, un dénonciateur, ce qui n'est pas très beau, depuis que les sycophantes, des dénonciateurs de voleurs de figues, devenus par la suite des dénonciateurs professionnels abusifs, ont été méprisés par les Grecs. Mais nous ne pouvions plus accepter l'augmentation incessante de la participation financière des entreprises. Cette dénonciation a choqué, mais je pense que ce choc a été salutaire, puisque les syndicats semblent accepter aujourd'hui les réductions de prestations que va imposer le gouvernement. C'était inévitable et il y avait excès et même abus dans de nombreux cas. Le texte du gouvernement sera publié dans quelques jours. J'espère que le prochain contrat Unedic sera établi sur des bases plus saines. Les augmentations de charges qu'il nous impose devraient, si j'ai bien compris, être compensées par des allégements par ailleurs. Je répète que les entreprises ne peuvent supporter une augmentation des cotisations Unedic à l'heure actuelle. Nos entreprises de base ne l'accepteraient pas. Puisque je vous montre de temps en temps ma correspondance durement critique, voici la lettre d'un chef d'entreprise du bâtiment, qui me demande de «refuser la nouvelle charge de l'Unedic» et de dénoncer les «faux chômeurs indemnisés».

F. M. : Je vous l'ai dit, je reçois moi aussi beaucoup de messages me demandant d'être plus sévère avec les patrons.

Y. G. : Nous avons tous les deux nos extrémistes. Pour les allocations familiales, je rappelle sans cesse au gouvernement que la France est le seul pays où les cotisations sont payées par les seules entreprises, alors qu'elles n'ont rien à voir dans ce domaine.

F. M. : Je sais, je sais. Pour en revenir à l'économie, la sortie du blocage des prix s'est bien passée, non ?

Y. G. : Ce n'est pas terminé, nous sommes en grande discussion avec le gouvernement, branche par branche...

F. M. : Vous avez vu que les chiffres font état d'une stabilisation plutôt rassurante des faillites d'entreprise.

Y. G. : C'est vrai pour les neuf premiers mois de 1982 par rapport aux mêmes mois de 1981, mais les chiffres masquent souvent la réalité car l'agonie des entreprises est lente : les entreprises aujourd'hui en difficulté risquent de déposer leur bilan dans six ou douze mois. Ensuite, un grand nombre d'entreprises en difficulté sont maintenues en état de survie artificielle avec la «suspension provisoire de poursuite» destinée à retarder les règlements judiciaires. Enfin, le nombre d'introduction de procédures de dépôt de bilan connaît en ce moment une accélération. Il faut remarquer aussi que la taille des entreprises concernées grandit, ce qui est préoccupant pour l'emploi à terme.

F. M. : Il faut vraiment beaucoup de conditions réunies pour que les entreprises marchent !

Y. G. : Oui, monsieur le Président. Contrairement à ce que croyaient les socialistes en mai 1981, l'entreprise n'est pas solide, riche, indestructible, corvéable. Elle est extrêmement fragile, les colosses s'effondrent facilement, et je dirai même que la vitesse d'effondrement, comme celle de la réussite, peut-être, s'accélère considérablement. Il n'y a plus de situation économique définitivement acquise. Les chefs d'entreprise sont toujours sur la brèche, avec la même inquiétude au ventre. Métier de patron, métier de stress.

F. M. : Croyez-moi, il n'y a pas que dans l'entreprise qu'on connaît le stress. Au poste que j'occupe, la première qualité est de garder son sang-froid.

Et comment se présentent vos fameux « États généraux » ? Une appellation qui rappelle 1789, hein ?

Y. G. : Nous n'avons aucune révolution à faire aujourd'hui. Nous souhaitons rassembler le plus grand nombre possible de chefs d'entreprise français pour faire des propositions au gouvernement bien sûr, mais aussi pour relancer l'opération « Entreprises portes ouvertes » ouvertes aux professeurs qui les connaissent mal, aux étudiants qui y entreront bientôt, aux parents de nos employés, aux professions libérales, aux politiques, aux leaders d'opinion. Ce ne sera pas seulement la défense de l'entreprise, très attendue bien sûr, mais aussi sa promotion. Cette manifestation est préparée actuellement par 32 états généraux provinciaux. L'apothéose finale aura lieu au nouveau parc de Villepinte que nous inaugurerons à cette occasion.

F. M. : On me dit que le titre a changé et qu'il est devenu « L'entreprise en péril ».

Y. G. : À la vérité, c'est un sous-titre proposé par nos organisations. Mais le titre reste bien « États généraux des entreprises au service de la nation », et nous espérons le justifier.

F. M. : Nous en parlerons après, si vous le voulez bien.

L'exceptionnel rassemblement de Villepinte

Depuis qu'il s'est rendu compte que les cotisations d'allocations familiales étaient payées par les seules entreprises, Pierre Mauroy cherche avec bonne volonté le moyen de fiscaliser, ou au moins d'alléger, ces cotisations. Le 3 novembre, il annonce une réforme complète au terme de laquelle la taxe de 9 % sur les salaires, payée par les entreprises, sera remplacée par un prélèvement sur l'ensemble des revenus salariaux et non salariaux, réforme qui pourrait être étalée sur cinq ans. Si la cotisation des entreprises passe de 9 à 6 %, celles-ci devront, en revanche, accorder une compensation complexe de salaires qui semble aux experts du CNPF induire, tout compte fait, une augmentation des charges. Devant les critiques, le Premier ministre abandonne ce projet.

Le 4 novembre, devant la presse, le Premier ministre annonce quatre mesures d'aides aux entreprises[1]. Ce qui lui vaut une réplique immédiate du CNPF sous la forme d'un communiqué exprimant son « extrême déception ».

> Le gouvernement vient d'augmenter encore les charges des entreprises sans compensation effective, en dépit des difficultés graves qu'elles traversent.
>
> 1) Le gouvernement vient de décider d'augmenter, sans aucune contrepartie, de 7 milliards de francs la cotisation des entreprises à l'assurance-chômage.
>
> 2) La décision de transférer progressivement les allocations familiales vers le budget de l'État est satisfaisante, mais ce ne sont que des promesses pour l'avenir.
>
> 3) La baisse des taux d'intérêt ne constitue, en aucun cas, une compensation à l'augmentation des charges.
>
> 4) Les modalités d'amortissement des investissements ne semblent pas devoir procurer d'avantages financiers réels aux entreprises par rapport au système existant.

1. On verra plus loin ce que pense François Mitterrand de la prestation de son Premier ministre.

Ce même jour, Yvon Gattaz déclare : « J'en ai assez d'entendre parler des pleurnicheries du patronat. Le patronat ne pleurniche pas : il défend la vie des entreprises et donc les salariés de ces entreprises. » La préparation des États généraux des entreprises s'intensifie.

Le député socialiste André Laignel avait traité le Premier ministre de véritable Cyrano, faisant une cour pressante à Gattaz-Roxane. Le président du CNPF, piqué au vif, prépare le 5 novembre une lettre ouverte à André Laignel, qu'il se contenta finalement de lui faire parvenir personnellement. Voici le texte intégral et inédit de cette lettre.

> Dans un élan littéraire, vous avez reproché au Premier ministre, *alias* Cyrano, de faire une cour pressante, et d'après vous inadmissible, aux entreprises-Roxane déjà comblées de libéralités de tous ordres.
>
> Je ne veux aucunement intervenir dans vos démêlés internes avec le gouvernement, car vous connaissez mon peu de goût pour les joutes politiques. Par contre, je tiens à la vérité économique. La voici toute nue.
>
> Les pseudo-cadeaux du gouvernement aux entreprises sont une belle histoire qu'il n'est pas nécessaire de travestir ni de romancer.
>
> Première étape : les pseudo-cadeaux du 16 avril. Le principal était, vous le savez, les 5 milliards d'allégement de la taxe professionnelle 1982. Cette taxe sera payable en fin d'année et nous n'avons aujourd'hui aucune certitude sur cet allégement. Mais avant même cette échéance, le gouvernement, par un tour de passe-passe que vous connaissez, a récupéré à l'avance ces 5 milliards par une augmentation de 1 % de la TVA courante normalement payée par l'ensemble des consommateurs. Mais ce point

de TVA a été imposé... aux entreprises elles-mêmes du 1er juillet au 31 octobre. Coût 5 milliards précisément. Cyrano ne dépense rien pour Roxane et la fait même payer par anticipation.

Deuxième étape : les pseudo-cadeaux du 3 novembre. Même tour de passe-passe. On promet le 28 octobre, lors de la réunion tripartite sur l'Unedic, un allégement correspondant aux charges qu'on va imposer autoritairement aux entreprises. Cette taxation forcée est fixée à 7 milliards 200 millions de francs à payer immédiatement dès le 1er novembre (et même avec une rétroactivité de quelques jours dont la légalité reste à vérifier). Quant à la compensation immédiate de cette charge nouvelle, elle se ferait par une baisse de taux d'intérêt (qui n'a rien à voir avec ce problème, était prévue depuis longtemps, et se pratique plus efficacement encore dans tous les autres pays), par un amortissement exceptionnel (dont les règles imprécises nous font craindre qu'il soit moins avantageux que les règles précédentes), par une promesse pour fin 1983 de modération des charges de Sécurité sociale et par un aménagement plus lointain encore de l'assiette de cotisation des allocations familiales entre... 1984 et 1988.

Demain, ou après-demain, on rasera gratis !

Les pseudo-cadeaux sont donc des prélèvements immédiats, des anti-cadeaux. On veut aider les entreprises en péril, et en quatre mois on les impose de 12 milliards 200 millions supplémentaires, sans compensation réelle. Chiffre qui s'ajoute aux 93 milliards précédents.

Vous avez raison, monsieur Laignel, ces chiffres sont impressionnants. Mais vous vous trompez de signe. Ce ne sont pas des plus, mais des moins.

> Ni geignards, ni pleurnicheurs, les chefs d'entreprise ne veulent pas tendre la main. Ils exigent seulement des conditions honnêtes de fonctionnement de leurs affaires car ils désirent ardemment réussir, innover, produire, vendre, exporter, investir et embaucher. C'est là leur mission économique et leur mission sociale. Ils veulent les remplir.
> Non, monsieur Laignel, Roxane n'est pas celle que vous croyez...

Le 10 décembre, un membre du cabinet du Premier ministre rend une curieuse visite au CNPF. Il vient dire à Yvon Gattaz combien Pierre Mauroy s'inquiète de la toute prochaine manifestation des chefs d'entreprise à Villepinte. Certains chefs d'entreprise pourraient transformer cette rencontre en « manif », excités par l'exemple du SNPMI de Gérard Deuil. Ce dernier vient en effet de réunir des petites entreprises en un meeting où se sont exprimées des revendications bruyantes et menaçantes alors même que celui-ci a été soutenu financièrement par Pierre Bérégovoy [1]. De leur côté, la Fédération nationale du bâtiment et celle des travaux publics ont demandé l'autorisation de venir avec des casques de chantier afin d'être bien identifiés dans la foule. Par ailleurs, ces deux fédérations souhaitent organiser un défilé propre à leurs organisations avant les États généraux eux-mêmes. Toutes ces gesticulations faisaient craindre au gouvernement des débordements, des menaces, des insultes, un ultimatum peut-être.

Ce membre du cabinet de Pierre Mauroy, homme calme et courtois, s'avère être un bon ambassadeur. Les menaces dont il est porteur de la part de Matignon sont proférées à demi-mot, mais elles n'en sont pas moins claires. D'abord, le gouvernement, s'il était trop violemment attaqué, risquerait de ne plus

1. Le ministre des Affaires sociales se montrait ainsi fidèle dans ses engagements de « renvoyer l'ascenseur » à la seule organisation professionnelle qui avait soutenu François Mitterrand aux élections de mai 1981.

pouvoir résister aux demandes pressantes de certains socialistes qui exigeaient, comme les communistes, le retrait des entreprises nationalisées du CNPF. Yvon Gattaz rétorque une fois encore qu'il le regretterait au nom des entreprises du secteur concurrentiel, mais qu'il n'a pas d'inquiétude pour l'équilibre financier du CNPF, l'essentiel des cotisations des entreprises nationalisées allant à leur fédération.

Ensuite, le gouvernement pourrait tout aussi bien soutenir le SNPMI contre le CNPF et ne plus, contrairement à ce qu'il a fait le 16 avril, considérer que le CNPF représente bien toutes les entreprises françaises. Sur ce point encore, Yvon Gattaz explique qu'il ne se fait pas de soucis, escomptant que les dirigeants trop agités s'épuiseront vite dans l'escalade de l'invective.

L'ambassadeur d'un jour repart rassuré, certain que le CNPF et son président feront tout pour maîtriser la situation le 14 décembre, éviter les débordements, tempérer les écarts de langage.

Dès le matin du 14, c'est un défilé ininterrompu de voitures et surtout d'autocars sur l'autoroute du Nord. La presse du lendemain annoncera 25000 participants, le pointage réel des entrées du jour totalise 28200 personnes. Des milliers de chefs d'entreprise auront voyagé de nuit et seront repartis la nuit suivante. Du jamais vu en France ! D'autres viendront en moto, et même en vélo. On aura même vu une Rolls Royce avec chauffeur !

Ambiance chaleureuse. L'artisan parle au grand patron comme à un collègue d'atelier. Des concurrents se rencontrent et bavardent. Un seul point commun, un seul souci : sauver l'entreprise.

Sur un panneau géant, les participants lisent non sans surprise un texte écrit par Jean Jaurès, le 28 mai 1890, dans *La Dépêche de Toulouse* :

> Il n'y a de classe dirigeante que courageuse. Dirige celui qui risque ce que les dirigés ne veulent pas risquer. Est un chef celui qui procure aux autres

> la sécurité en prenant pour soi les dangers.
>
> Le courage, pour l'entrepreneur, c'est l'esprit de l'entreprise et le refus de recourir à l'État ; pour le technicien, c'est le refus de transiger avec la qualité ; pour le directeur du personnel ou le directeur d'usine, c'est la défense de l'autorité et, avec elle, celle de la discipline et de l'ordre.
>
> Dans la moyenne industrie, il y a beaucoup de patrons qui sont à eux-mêmes, au moins dans une large mesure, leur caissier, leur comptable, leur dessinateur, leur contremaître ; et ils ont, avec la fatigue du corps, le souci de l'esprit que les ouvriers n'ont que par intervalles.
>
> En vérité, le patronat, tel que la société actuelle le fait, n'est pas une condition enviable.

Yvon Gattaz enchaîne à la tribune, son image reproduite sur deux écrans géants : « Non, la situation du patronat n'était pas enviable il y a cent ans. Elle ne l'est pas non plus aujourd'hui [...]. C'est parce que la situation est grave que, dans ces états généraux, le tiers état, celui qui produit et s'exprime si peu, prend aujourd'hui la parole devant l'opinion [...]. La réunion historique de ce jour, la plus importante organisée en France avec les seuls chefs d'entreprise et leurs cadres dirigeants n'est pas une manifestation politicienne [...]. Nous voulons être des militants, des militants du seul "parti de l'entreprise", celui qui nous unit sans restriction, sans escalade verbale et sans injure personnelle. Les bâtisseurs que nous sommes ne peuvent se résoudre à voir s'effondrer les ouvrages qu'ils ont parfois mis une vie à construire, surtout s'il reste des occupants à l'intérieur [...]. Nous démontrerons ainsi à ceux qui ne le savent pas encore que l'entreprise, fondement de notre économie, pilier de la société de demain, promoteur du niveau de vie, facteur du progrès social, oui, l'entreprise est vraiment au service de la nation. »

La parole est donnée ensuite à des chefs d'entreprise qui avaient accepté de parler devant cet immense public. Élise Lattugoni, chef d'entreprise du bâtiment de Brignoles : « L'entreprise est en péril. Il faut en prendre conscience. Quand il n'y aura plus d'employeurs, il n'y aura plus d'emplois pour les salariés. Alors : halte aux charges. »

Alain Bonneau, créateur de sa propre entreprise raconte le blocage d'une invention par une administration tatillonne : « Il y a trois sortes d'administrations : celle qui réprime, celle qui déprime, celle qui consterne. Nous sommes d'un côté aidés par une administration (l'Anvar, pour la mise au point de notre produit), et de l'autre bloqués par une autre administration. C'est incroyable mais vrai ! »

Paul-Arnaud Hérissey, patron d'une des plus importantes imprimeries françaises, relate les phases d'un conflit déclenché par la CGT le 22 avril 1982 et se terminant seulement le 30 juin, du fait de la faiblesse et des palinodies d'une administration tremblante : « S'il est vrai que la fiesta est restée en partie contrôlée par la CGT, nous avons dû constater en revanche de nombreux drames personnels ou familiaux. Un mort, entre autres, par accident. Un mois de chiffre d'affaires perdu. Une remise en cause des investissements à court terme. À moyen terme, une possibilité d'entreprendre sévèrement altérée. »

Jean Bletton, ingénieur devenu récemment patron, constate qu'il doit travailler beaucoup plus qu'avant : « Le patron qui fait de plus en plus d'heures par semaine à mesure que les horaires légaux diminuent ; le patron qui pense à ses échéances cinq ou six nuits d'avance ; le patron qui fait plusieurs fois par mois le tour des clients qui retardent leur paiement... Et pour cela, je suis moins payé que si j'avais accepté de rester salarié. Alors qu'est-ce qui fait marcher les patrons ? L'envie de se mettre en avant, le désir de liberté, le souci de s'élever, l'envie de commander... ? Ce n'est pas certain. Ce qui le pousse, c'est l'esprit d'entreprendre, le souci du travail bien fait, le désir d'aider les autres en faisant ce que l'on croit aimer. »

À la pause de midi, buffet au coude-à-coude avec boissons dans des gobelets de carton. Une chaude ambiance de kermesse, de camaraderie qui surprend nombre d'observateurs qui s'attendaient à trouver là rassemblé le « grand patronat », richissime et guindé. Il faut faire preuve d'autorité pour convaincre cette foule, qui découvre le plaisir de se retrouver, de retourner aux places des gradins pour la séance de l'après-midi.

Le drame éclate avec la prestation inattendue d'Hubert Clément, ingénieur des Arts et Métiers et PDG des Presses à col de cygne LBM. Son sanglot profond et inextinguible au récit du naufrage de son entreprise aurait pu provoquer l'hilarité générale. Il n'en est rien. Le moment est poignant, l'orateur malheureux fait un triomphe. Et le lendemain, la presse pourra titrer « Un patron pleure ».

Sabine Schermann, chef d'une entreprise de transports routiers, prend à son tour la parole : « À entendre les ténors du *bel canto* syndical, on arrive à faire croire à une partie des Français que nous passons nos journées à rêvasser et notre temps libre aux Bahamas. Alors que je connais des centaines de chefs d'entreprise dont la semaine de 39 heures s'achève le mercredi. Il y a trop longtemps que nous allons au charbon pour nous entendre dire ensuite que nous avons les mains sales. » Didier Pineau-Valencienne, PDG de Schneider, invite ses confrères à exporter : « Mais nous sommes atteints d'un strabisme hexagonal qui nous conduit à une myopie dangereuse sur ce qui se passe hors de nos frontières. Nous avons des techniques et des idées. Ce qui nous manque, c'est la conception d'un jeu global à travers le monde que nous devons poursuivre pour assurer la pérennité de nos industries. » Michel Maury-Laribière, qui avait été lui-même séquestré quelques années auparavant par des truands dans des conditions dramatiques (il était resté trois semaines attaché à un radiateur), lit la lettre d'une femme dirigeant d'entreprise qui ne s'est pas senti la force de témoigner elle-même pour raconter dans quelles conditions honteuses elle a été séquestrée par des syndicalistes à la suite du licenciement d'un agent de maîtrise pour faute lourde : « Sortant d'une réunion où j'avais exprimé mon refus d'obtempérer, une centaine de grévistes entourent ma voiture, la secouent et crèvent les pneus. Contrainte d'en sortir, je suis conduite dans les locaux de la chambre syndicale de la sidérurgie, elle aussi occupée, où je reste enfermée pendant deux jours, sans chauffage, sans lit, sans nourriture, sans sanitaire, au milieu des chants révolutionnaires et des actes de provocation. Après avoir refusé d'intervenir pendant deux jours, le préfet me fait finalement libérer le matin du troisième jour. Aujourd'hui, quelle est la situation ? L'agent de maîtrise n'a pas été réintégré. J'ai porté plainte pour séquestration, violence, et nous avons licencié pour voie de fait le délégué CGT. Le délégué a voulu continuer à venir au travail, mais un jugement l'a condamné à une astreinte de 300 francs par jour s'il continuait à venir. Conclusion : il ne faut céder ni aux menaces, ni à la violence. »

Yvon Gattaz conclut la journée par un discours programme :

> Tout d'abord, nous demandons au gouvernement d'alléger les navires entreprises avant que les charges ne dépassent la ligne de flottaison et de ne pas écouter les inconscients qui réclament des vaisseaux plus rapides en refusant de voir l'eau qui remplit leurs cales [...].
>
> Nous sommes plus sensibles que quiconque au douloureux problème du chômage, et particulièrement du chômage des jeunes aujourd'hui inquiétant, demain dramatique, plus tard intolérable.
>
> Si le chômage est une maladie grave et de plus en plus contagieuse, il ne se traite pas par un antibiotique sélectif et étatique. Pour le combattre, il faut rétablir d'abord la prospérité de nos entreprises.[...]
>
> Nous inciterons les chefs d'entreprise à développer la participation de tous à la vie de l'entreprise, et cela avec l'appui indispensable et irrem-

> plaçable de l'encadrement, étroitement associé aux décisions tactiques et stratégiques [...].
>
> Nous voulons être en France les promoteurs du progrès, de la justice et de la liberté.
>
> Le progrès d'abord, car nous ne pouvons nous résoudre pour l'avenir à une société de médiocrité. Que l'on ne compte pas sur nous pour être les apôtres du déclin ou les gestionnaires du renoncement.
>
> La justice par l'entreprise concurrentielle, c'est le refus des privilèges, des rentes et des avantages acquis. C'est la réussite par l'effort, par le risque, par la ténacité, par le talent.
>
> Justicc aussi car la réussite est plus équitable que l'égalitarisme démotivant. Nous ne sommes pas une caste de privilégiés mais une armée de conquérants avec une qualité commune : nous sommes plus que des « travailleurs », nous sommes des travailleurs acharnés.
>
> Liberté enfin, car les libertés sont aussi indispensables à l'entreprise que l'eau l'est au poisson. [...]
>
> Nous demandons pour nos entreprises la liberté des prix, des salaires, la liberté d'innover, d'exporter, d'importer, d'emprunter, de choisir, de risquer. La liberté d'embaucher et pour mieux embaucher, de licencier, la liberté de s'adapter à un monde qui change. En un mot, la liberté de vivre [...].
>
> Entrepreneurs, face aux périls croissants et à la crise mondiale, nos entreprises sauront, par leur solidarité et leur vigueur économique, donner l'espoir aux Français et rester l'espoir de la nation.

Le final est spectaculaire : 28 000 chefs d'entreprise chantent à pleins poumons *La Marseillaise*, à l'initiative du président du

CNPF, prenant conscience de leur rôle et de leur force, découvrant que l'entreprise est plus méconnue que contestée et qu'ils sont en partie responsables de cet état de fait.

Toute la presse s'étant fait l'écho des États généraux, le Conseil des ministres du mercredi 15 décembre, prenant la mesure de l'événement, y consacre presque toute sa séance. Quel sens accorder à ce soulèvement des patrons ? Le président du CNPF est-il débordé par ses troupes ? Les rapports avec le CNPF seront-ils plus tendus dorénavant ? Le gouvernement devra-t-il lâcher d'autres mesures d'allégement ? Faut-il continuer à jouer avec CNPF ou pousser d'autres organisations professionnelles comme le SNPMI, malgré ses violences verbales ? Qui connaît le mieux Gattaz ?

Jacques Delors : Il vient déjeuner au ministère avec moi tout à l'heure, réunion fixée depuis longtemps.

François Mitterrand : Ne peut-il y avoir un autre membre du gouvernement avec vous ? Qui, parmi vous, serait disponible pour ce déjeuner ?

Jean Le Garrec : Je peux y participer, monsieur le Président.

F. M. : C'est très bien. Gattaz sera-t-il seul ?

Jacques Delors : Non, il sera accompagné de Brana, le vice-président chargé des questions économiques.

F. M. : Quels sont vos rapports avec eux ?

Jacques Delors : Ils sont bons.

F. M. : Bon. Tenez-nous au courant.

Au déjeuner, Yvon Gattaz et Guy Brana rappellent les préoccupations majeures du patronat. « Le disque est rayé, prévient le président du CNPF, mais il doit continuer à tourner tant qu'il n'aura pas été écouté. » Alors Jacques Delors : « Le gouvernement m'a chargé d'un message pour vous. Il a constaté que vous étiez chevalier de la Légion d'honneur depuis plus de huit ans. Peut-il envisager une promotion pour vous ? » Yvon Gattaz répond : « Remerciez-le pour moi ; mais la tradition du CNPF, comme celle des ministres, est de ne pas recevoir de distinction pendant les mandats [1].»

Caustique, Jean Le Garrec se demande comment le président du CNPF pourra se tirer d'une situation dans laquelle il est à l'évidence débordé par ses troupes. Yvon Gattaz réplique : «Ce n'est pas le cas. Vous avez vu qu'hier nous n'avons été débordés à aucun moment et que les griefs forts contre le gouvernement ne se sont pas traduits en une marche vengeresse sur l'Élysée ou Matignon. Les chefs d'entreprise espèrent toujours que le bon sens et le réalisme économiques l'emporteront chez nos gouvernants.»

L'après-midi, la réunion est élargie [2] pour évoquer différentes mesures à l'ordre du jour, sans qu'aucune décision ne soit prise.

Parmi les très nombreux commentaires que l'on trouve dans la presse après Villepinte, l'un des plus pénétrants paraît dans *Liaisons sociales*. L'article est signé par Dominique Bardinet, membre du club Échanges et Projets créé par Jacques Delors :

> Bien sûr, il y avait un petit côté jamborée (ou grand-messe pour les non-croyants comme dit *Libération*) avec ces drapeaux, ces écrans, cette foule : on pouvait craindre que ça ne tourne à l'excitation, qu'on n'allume les bougies, qu'on ne brûle des sorcières... Eh bien, pas du tout. L'atmosphère était simple, chaleureuse, fraternelle et si on siffle de-ci, de-là, les excès de quelque ministre ou syndicat, c'est avec le sourire, presque gentiment... et au passage certaines phrases de Lincoln ou de Jaurès ont été applaudies [...].
>
> Supplique aux barbus qui nous gouvernent.
>
> Les vingt-cinq interventions, si elles s'adres-

1. En réalité, il s'agissait d'un prétexte aimable pour décourager une initiative qui l'aurait réellement compromis.
2. Y assistent Pascal Lamy, Jérôme Vignon, Jean Lavergne pour le ministère des Finances, Robert Pelletier pour le CNPF.

saient apparemment aux vingt mille patrons présents, s'adressaient finalement un peu à nos concitoyens, mais surtout à nos députés et gouvernants... auxquels personne ne reproche d'être socialistes, mais, c'est plus grave, de se réfugier dans l'ignorance péremptoire et la diarrhée législative.

Quelques petites phrases :

Chaque salarié apporte à l'État 6000 francs d'impôts divers.

« Un pays qui a quarante mille lois n'a pas de loi » (Balzac).

Donnez aux jeunes un droit de plus : le droit d'entreprendre.

Le patron, c'est le client.

Ceux qui parlent de lutte de classes se trompent de siècle.

Parler de service public c'est une publicité mensongère.

Choisissons entre les Pantoufles et l'Ambition.

Bref : ne nous aidez pas, laissez-les vivre (les entreprises).

Une dizaine de témoignages [...] ont évoqué des monstruosités administratives et fiscales diverses que nous connaissons tous et que le libéralisme avancé comme le socialisme à la française ne veulent pas reconnaître.

Certains impôts sur les emplois créés.

Les diverses monstruosités de l'IGF sur l'outil de travail ; de la répression des fraudes, etc.

D'autres ont raconté des aventures industrielles... Mais je ne retiendrai qu'un témoignage très encourageant : celui de ce chef d'entreprise de plus de cent personnes qui, ne pouvant, à un moment crucial, licencier le quart de son personnel, a vu son entreprise mourir et tout perdu [...].

En filigrane, les patrons ont dit aux gouvernants : on ne peut à la fois être pour ou contre l'économie de marché : choisissez (avoir l'heure ou casser la montre pour en faire une autre) : « Monsieur Mitterrand, vous qui avez le sens des symboles avec vos roses et votre cotisation volontaire aux Assedic, achetez publiquement quelques actions d'une PME… Investissez pour créer un peu d'emploi. »

Les entrepreneurs veulent et peuvent évoluer si l'environnement est économiquement et psychologiquement favorable : expliquez au peuple que seules nos entreprises font marcher le pays et leurs patrons sont indispensables.

Ils ont également, ces patrons, apporté à un homme de dialogue, Yvon Gattaz, un soutien fraternel… ce qui signifie : « Monsieur Bérégovoy, qui avez embrassé monsieur Deuil sur la bouche, les patrons de l'avenir, c'est nous tous ; et le CNPF, c'est tout plein de patrons de PME ou PMI qui ont sacrifié une journée pour dire à un homme de dialogue et de fermeté : « Continuez. »

Septième rencontre entre Yvon Gattaz et François Mitterrand, le 23 décembre 1982

Mitterrand : « Constatez que cette année nous n'avons rien fait pour amoindrir l'influence du CNPF. »

Après Villepinte, Yvon Gattaz ne pouvait voir l'année s'achever sans demander une nouvelle audience au président de la

République. Ce dernier le reçut à l'Élysée le 23 décembre 1982.

François Mitterrand : Parlons tout de suite de vos États généraux...

Yvon Gattaz : ...des entreprises au service de la nation.

F. M. : Si vous voulez. Je dois vous dire que nous avons été agréablement surpris par la tenue de cette manifestation de masse : 25 000 participants, je crois...

Y. G. : 28 200 exactement, selon le comptage.

F. M. : Ils ont fait preuve d'esprit de responsabilité en s'engageant eux-mêmes sur des décisions d'embauche de 600 000 jeunes. Vous savez, les jeunes d'aujourd'hui sont très perturbés par les changements de tous ordres. Voyez ces motards, cette délinquance, on est passé trop vite de l'agriculture à l'industrie, de la campagne à la ville. Il faut absolument leur trouver des emplois. Donc bravo pour cette initiative à condition que vous ne demandiez pas trop d'argent à l'État en échange de ces engagements.

Y. G. : Non, nous demanderons au gouvernement de prendre ses propres responsabilités dans le domaine économique.

F. M. : Ces États généraux, à n'en pas douter, renforcent le patronat. Je suis, vous le savez, pour la réconciliation « Français-entreprises » et pour l'allégement des charges dans la limite des moyens de l'État, nous en avons souvent parlé. En revanche, je comprends mal l'opposition constante du CNPF aux lois Auroux qui ne font que nous aligner sur la position d'autres pays.

Y. G. : Vous le savez, monsieur le Président, les lois Auroux ont provoqué une véritable panique au CNPF. Le rapport Auroux qui les a précédées était tout à fait inquiétant. Et puis, j'ai noué personnellement avec Jean Auroux des relations confiantes. Il sait que je ne suis pas un réactionnaire jusqu'auboutiste, mais plutôt un homme de dialogue. Ce dialogue s'est révélé positif.

La concertation directe avec les salariés, la négociation annuelle, je suis pour. Mais le renforcement du pouvoir syndical et des contraintes sociales, déjà insupportables, je suis contre.

Aujourd'hui, les entreprises ont plus besoin de flexibilités que de rigidités paralysantes nouvelles. En termes purement financiers, ces lois Auroux ont un coût non négligeable reconnu par Auroux lui-même.

F. M. : Mais ces orientations étaient clairement exposées dans le programme socialiste de 1981, et il ne nous était pas possible de les escamoter.

Y. G. : Les escamoter non, mais les atténuer sensiblement, oui, et j'espère qu'elles le seront encore.

F. M. : À propos de la retraite, André Bergeron, pour la seconde fois, m'a demandé d'intervenir auprès de vous pour tenter de régler ce grave problème financier par la négociation et la politique contractuelle qu'il souhaite voir maintenue et non pas affaiblie.

Y. G. : Nous en avons déjà parlé. André Bergeron et moi n'avons pas la même idée de la politique contractuelle. Pour lui, c'est la grand-messe nocturne, organisée, médiatisée et télévisée entre les centrales syndicales et les négociateurs patronaux. Pour moi, c'est la négociation à la base, dans l'entreprise si c'est possible, sinon dans la branche professionnelle. Ces grands accords nationaux d'antan ont coûté très cher aux entreprises françaises. D'autre part je suis préoccupé par le problème des allocations familiales ; ça n'avance pas !

F. M. : Le Premier ministre vient de vous faire des propositions, comme il vous l'avait promis.

Y. G. : Oui, mais le montage proposé est très complexe et conduit à une augmentation finale de la charge des entreprises plutôt que sa réduction puisqu'elles paieront sur 109 au lieu de 100. Il y a une erreur évidente de calcul. De plus, cette méthode taxe plus lourdement les plus hauts salaires, donc les cadres, qui sont indispensables dans nos entreprises.

F. M. : Le Premier ministre a fait une très mauvaise prestation le 4 novembre, et je le lui ai dit : il a obtenu l'effet inverse de ce qu'il attendait.

Toutefois, vous reconnaîtrez que, dans le domaine économique, ça va un peu mieux.

Y. G. : Oh oh ! Je vous trouve optimiste, monsieur le Président. Prenons le commerce extérieur, il est gravement déficitaire de l'ordre de 100 milliards.

F. M. : Sous Giscard, il était de 65 milliards. En tenant compte des dévaluations du franc, on arriverait à 95 milliards ! Il n'y a donc pas de détérioration réelle.

Y. G. : En ce qui concerne l'impôt sur la fortune et la préservation de l'outil de travail, nous en sommes toujours au même stade malgré les promesses que vous nous avez faites.

F. M. : Je les maintiens. Tout sera réglé au moment de payer — moment qui a été reporté en juin 1985 à votre demande. Nous avons le temps.

Y. G. : Il semble que le ministre du Budget n'y mette pas beaucoup de bonne volonté.

F. M. : N'attaquez pas Fabius, c'est mon poulain, doué et intelligent.

Y. G. : Alors dites-lui, s'il vous plaît, de régler ce problème irritant qui s'enkyste. Nous ne pouvons pas nous poser aujourd'hui encore la question : l'outil de travail sera-t-il finalement exonéré, oui ou non ?

F. M. : Je lui en reparlerai encore une fois. Je ne comprends pas ce qui freine.

Y. G. : Permettez-moi, monsieur le Président, de vous rappeler nos demandes de transfert de charges sur la TVA.

F. M. : Je connais le problème, et je vous l'ai dit, cet impôt se comporte un peu comme un impôt direct. De plus, ce serait intéressant pour limiter les importations et faciliter les exportations.

Y. G. : Pour l'aide à l'investissement, les propos tenus par le Premier ministre le 4 novembre dernier nous ont apportés là aussi de mauvaises nouvelles en exigeant une clause d'augmentation d'effectifs difficile à réaliser. Le Budget en a rajouté encore en remplaçant un allégement des charges par une simple avance de trésorerie. Je vous confirme l'accélération de l'absorption des petites entreprises par les grosses, leur fragilité croissante, les faillites qui se multiplient.

F. M. : On me le dit souvent. Je reconnais qu'il ne faut pas trop de dirigisme pour ces petites maisons à qui il faut laisser plus de liberté.

Y. G. : Quant aux entreprises nationalisées…

F. M. : Vous avez vu, elles restent au CNPF comme convenu.

Y. G. : Malgré les bruits qui courent toujours ici et là, suivant lesquels elles vont se retirer de notre organisation au moindre incident avec le gouvernement

F. M. : Qui fait courir ces bruits ?

Y. G. : C'est peut-être la CGT, qui a déclenché, vous le savez, des grèves sauvages chez Citroën, entreprise qu'elle voudrait bien voir nationalisée également.

F.M.: Il n'en est pas question.

Y. G. : D'autant plus que l'exemple britannique dans l'automobile est éloquent : les *trade unions* ont littéralement tué British Leyland.

F. M. : Et comment vont les relations entre le CNPF et les autres organisations patronales, CGPME et SNPMI ?

Y. G. : Les membres de la CGPME sont au CNPF, et le président de la CGPME siège traditionnellement au Conseil exécutif du même CNPF. En fait, le problème se situe davantage entre CGPME et SNPMI — deux organisations rivales qui représentent souvent les mêmes entreprises. Elles sont d'ailleurs en procès à propos du sigle PMI[1].

F.M.: J'ai été impressionné par le score du SNPMI : 14,68 % aux élections prud'homales. Je vous l'ai dit, je connais Deuil depuis longtemps. C'est un idéaliste sincère, mais dangereux.

Y. G. : Cette élection est un test sans signification nationale. Dans toutes ces rivalités, le CNPF reste le fédérateur.

F.M.: Vous avez pu constater que cette année nous n'avons rien fait pour amoindrir l'influence du CNPF.

1. À l'issue de ce procès gagné par la CGPME, le SNPMI changera de raison sociale et deviendra le Syndicat national du patronat moderne indépendant.

Le Nouvel Observateur du 1er février 1985.
Dessin de Wiaz (détail).

1 Les trente Français les plus influents

« A votre avis, quelle est la personne qui a aujourd'hui le plus d'influence sur* la vie nationale française, *même si elle est peu connue du grand public, que ce soit par sa position et sa fonction, sa compétence ou sa personnalité ? » C'est la question qui a été posée aux décideurs. Ils pouvaient donner trois réponses.

	Total des trois réponses (%)
1. François Mitterrand	78
2. Laurent Fabius	42
3. Raymond Barre	34
4. Jacques Chirac	25
5. Yvon Gattaz	13
6. Pierre Bérégovoy	11
7. Henri Krasucki	10
8. Michel Rocard	6
9. Ronald Reagan	4
10. Jacques Attali	4
11. André Bergeron	4
12. Michel Camdessus	4
13. Jean-Marie Le Pen	4
14. Valéry Giscard d'Estaing	2
15. Robert Hersant	2

PUIS, DANS L'ORDRE...
Edith Cresson, Edmond Maire, Alain Poher, Georges Marchais, Jean Boissonnat, Lionel Jospin, François Léotard, Jean-Marie Lustiger, André Rousselet, Jean-Pierre Chevènement, Gilbert Trigano, Jean-Louis Bianco, Yves Mourousi, Christine Ockrent, Jean-Paul II.

2 Affaires : les hommes de poids

« Quelle est la personne qui, à votre avis, a le plus d'influence dans le domaine des affaires, c'est-à-dire de l'industrie, du commerce et de la finance, même si c'est une personne peu connue du grand public ? »

	%
1. Yvon Gattaz	19
2. Pierre Bérégovoy	17
3. Michel Camdessus	11
4. Laurent Fabius	6
5. Raymond Barre	6
6. Bernard Tapie	4
7. Edith Cresson	4
8. Jacques Delors	2
9. François Mitterrand	2
10. Antoine Riboud	2
11. Jacques Calvet	2
12. Yvon Chotard	1
13. Jean-Baptiste Doumeng	1
14. Ronald Reagan	1
15. François Dalle	1

PUIS : Alain Chevalier, Marcel Dassault, Bernard Hanon, Jean-Luc Lagardère, Edouard Leclerc, Jean Riboud, Emile Veron, Jean Boissonnat...

Première audience du CNPF par Mitterrand le 8 janvier 1982.

« Il faut que vous admettiez au CNPF que la lutte des classes existe. » (F.M.)

Autour de F. Mitterrand, de gauche à droite : Michel Maury-Laribière, Jacques Danon, Jacques Dermagne, Yvon Chotard, Yvon Gattaz, Guy Brana, Émile Boursier, Albert Séjournet, Roland Koch, Pierre Bellon, Michel de Mourgues.
(Photo service photographique de la Présidence de la République, doc. IFM)

Les États Généraux des entreprises le 14 décembre 1982.
(d'après photo Roger-Viollet : Le serment du Jeu de Paume par David. DR)

On reconnaît Yvon Gattaz sur la table, à sa droite Pierre Bellon, devant lui Yvon Chotard et Claude Deroure (président de l'UNETT, Union Nationale des Entreprises de Travail Temporaire).
Unett Opinions, n° 15.

Dessin de Jacques Faizant du 15 décembre 1982 (*Le Figaro*).

Yvon Gattaz montre le Nord aux socialistes. (*Le Figaro Magazine* du 15 octobre 1988. Photo Guillaume de Laubier)

Y. G. : C'est exact. Certains vont même jusqu'à parler d'un compromis gouvernement-entreprises.

F. M. : Je n'aime pas beaucoup cette expression.

Y. G. : Je regrette, je dois le dire, que nous n'ayons jamais parlé, monsieur le Président, des mesures sélectives que voulait prendre le gouvernement en 1981 contre les chefs d'entreprise à propos des mesures d'amnistie[1].

F. M. : C'est plutôt le Parlement qui avait poussé à ces mesures, mais le gouvernement a eu la sagesse de les arrêter. C'était une erreur.

Y. G. : À l'époque, François Ceyrac présidait le CNPF.

F. M. : J'ai connu son frère missionnaire par ma femme. Un homme admirable.

Y. G. : Les conflits d'entreprise dont nous avons beaucoup parlé tout au long de l'année semblent se résorber peu à peu, et je m'en félicite. Il en reste encore 39, fin novembre. À ce jour les plus graves ont été réglés, soit par décision de justice (Grantil à Châlons-sur-Marne, Cedis à Besançon), soit par intervention de la force publique (SEP en Savoie), soit par fermeture de l'entreprise (Alinox à Lyon), soit après négociations (Technique intégrale à Chambéry), soit du fait de la capitulation (inquiétante) de la direction dans des filiales de nationalisées (Video Color, filiale de Thomson). Restent en effervescence grave : Citroën, bien sûr, dont on parle beaucoup en ce moment, Ducellier, Caporale, Soulellac, Everitube et SMI.

Vous le voyez, monsieur le Président, nous avons encore quelques soucis sur ce point.

F. M. : Voyez le ministre de l'Intérieur ou même le Premier ministre pour les cas les plus graves.

Y. G. : Heureusement, les conflits d'entreprise n'ont ni la violence ni la gravité de ces actes de terrorisme qui ensanglantent l'actualité. Puis-je vous demander où on en est sur ce plan ?

1. Le projet de loi refusait l'amnistie aux chefs d'entreprise dits « non compétents » — sans doute ceux qui n'embauchaient pas assez !

F. M. : Ça s'améliore beaucoup côté américain. Nous craignons encore les Iraniens et les Corses. Pour les Algériens, ça s'arrange car ils ont eux-mêmes besoin de leur main-d'œuvre. Le problème est celui des voyageurs algériens brimés par la police française.

Y. G. : Nous avons fait un grand tour d'horizon pour le septième entretien. Le dernier de l'année. Je vous remercie de me les avoir accordés. Ils ont été très précieux pour moi et mon organisation.

F. M. : Ils vous ont permis de constater, j'espère, que j'aurais pu opter pour le collectivisme et que je ne l'ai pas fait car je suis un réaliste et un démocrate.

1983
L'année des comptes

Le 3 janvier, le président du CNPF reçoit un appel téléphonique de Loïc Le Floch-Prigent, qu'il a rencontré le matin même à la cérémonie des vœux à l'Élysée. L'ancien directeur de cabinet de Pierre Dreyfus au ministère de l'Industrie est devenu un collègue d'Yvon Gattaz puisqu'il vient d'être nommé PDG de Rhône-Poulenc. Le Floch-Prigent prétend avoir joué un rôle important dans l'infléchissement du discours du chef de l'État (restructurer l'industrie, passer un compromis avec le monde de l'entreprise). Il estime que les patrons sont désormais résignés à ce que la gauche soit au pouvoir. Mais ils doivent dire nettement qu'ils ne sont pas dans l'opposition. Si Yvon Gattaz veut bien coopérer avec lui, on pourrait aider le gouvernement à prendre plus rapidement de bonnes décisions. Les entreprises doivent faire des promesses d'investissement et d'emploi. Bref, le nouveau PDG de Rhône-Poulenc paraît avoir gardé toutes ses illusions de haut fonctionnaire.

Le 11 janvier, François Mitterrand reçoit à déjeuner les patrons des six entreprises nouvellement nationalisées, dont Roger Fauroux et Loïc Le Floch-Prigent. Tous se plaignent de l'interventionnisme tatillon du ministre de l'Industrie, Jean-Pierre Chevènement. Roger Fauroux, alors président de Saint-Gobain, exhibe une lettre du ministère l'interrogeant sur le nombre et la marque de ses machines à écrire[1]. Trois semaines plus tard, lors du Conseil des ministres du 2 février, François Mitterrand fera siennes leurs doléances, ce qui entraînera la démission de Jean-Pierre Chevènement.

1. Pierre Favier, Michel Martin-Roland, *La Décennie Mitterrand*, Paris, Seuil, t. 1, 1990, p. 546.

Mais l'événement médiatique du début de l'année, ce sera le 19 janvier la nouvelle émission de TF 1, *Le cœur du débat*, programmé à 20 heures 30. Noël Copin et Daniel Grandclément qui la présentent ont choisi pour la première d'inviter Yvon Gattaz à débattre avec un membre du gouvernement. C'est finalement Laurent Fabius qui choisit de (ou qui est choisi pour) monter au créneau. Pour la première fois, le président du CNPF et un ministre du gouvernement socialiste vont donc débattre en public devant des millions de téléspectateurs. Et cette rencontre est attendue avec curiosité.

Quelques jours avant l'émission, Laurent Fabius reçoit d'un auteur anonyme une étrange lettre de six pages, écrite à la main, dont une copie est adressée à Yvon Gattaz. Ce n'est que plusieurs mois plus tard que l'auteur de cette lettre se dévoilera auprès du président du CNPF. Il s'agit de Jean Royer, dirigeant d'une entreprise qu'il a lui-même fondée [1]. Cette lettre, prémonitoire par bien des aspects, mérite d'être largement citée :

> Mon cher Laurent,
>
> Puisque tu vas affronter Yvon Gattaz, il faut que je te mette en garde.
>
> Attention ! C'est un patron dangereux ! Dangereux pour notre idéologie car il croit sincèrement que l'économie et la société peuvent être sauvées par le foisonnement des initiatives individuelles. [...]
>
> Tout d'abord, il va systématiquement essayer de piéger le débat.
>
> Tu croiras parler « entreprises » ! Il parlera « entrepreneurs » ! (Comme si les unes « ne pouvaient pas aller sans les autres » !) Aussi la tâche n'en sera-t-elle que plus ardue. [...]
>
> Ne tombe pas dans le piège des faits, sous le fal-

1. Rien à voir avec son homonyme, à l'époque maire de Tours.

lacieux prétexte qu'ils sont têtus. [...]

Autre conseil : ramène toujours Gattaz sur les chiffres !

Il va certainement lancer encore une fois ses rengaines sur les « fardeaux » (*sic !*) insupportables des entreprises ; chiffres à l'appui ; et en milliards, bien entendu ! [...]

Si tu es habile, vous pouvez facilement consommer une bonne demi-heure de débats sur les chiffres ! C'est toujours ça de gagné pour éviter les pièges de Gattaz et c'est sans danger sur l'opinion !

Attention à son dada : la création d'entreprises !

Là-dessus, tu t'en doutes, il n'a pas du tout les mêmes idées que nous. [...] il est capable de proposer de faire des « expériences » pour mettre à l'épreuve ses théories sur le terrain [...].

L'argument massue, tu le connais : « Beaucoup moins d'aides et beaucoup plus de libertés ! » ... « Les entrepreneurs ne veulent pas devenir des assistés ! »

Eh ! bien ! Fais comme Jacques [Delors], souffle dans le même sens en soutenant que le gouvernement est prêt à encourager les initiatives au niveau des « entreprises » — coup de chapeau aux États généraux au service de la nation. Tête de Gattaz qui en oubliera les entrepreneurs.

L'intérêt immédiat est évident. Tu rassures les chefs d'entreprise avant les municipales, et les copains ne sont pas dupes.

Quant au fond ? Faux problème ! Ils se laisseront, c'est sûr, grignoter jusqu'au bout !

Mais pas de précipitation, François a dit : « Nous avons le temps pour nous ! » Seul le résultat compte. [...]

Mais, fais attention à ce diable d'homme. C'est un non-conformiste, un « fana » de l'innovation et à qui le changement ne fait pas peur. [...]

Ceyrac l'avait fait rentrer au CNPF pour mieux l'avoir à lui. Tu vois ce qui lui est arrivé ! [...] Bonne chance.

Ton fidèle (illisible)

NB : La commode que tu m'avais conseillé d'acheter n'est pas d'époque ! Je ne l'avais donc pas déclarée à l'IGF. Pardonne-moi, je t'avais cru.

Le 18 janvier, devant l'assemblée générale du CNPF, Yvon Gattaz annonce qu'il entend poursuivre sa politique de dialogue avec les pouvoirs publics. Il insiste longuement sur la détérioration de la situation financière des entreprises. « Les actes ne sont pas à la mesure du discours du gouvernement », déclare-t-il.

Arrive le 19 janvier. Le débat suivi par des millions de téléspectateurs rend bien l'atmosphère de l'époque, comme on pourra le juger d'après les extraits que nous faisons du script de l'émission. Le gouvernement socialiste n'est pas encore revenu de toutes ses illusions. On verra aussi que de manière improvisée Yvon Gattaz lance deux défis à Laurent Fabius, qui est obligé de les relever sur-le-champ en public. Voici ces extraits :

Laurent Fabius : La France, malgré beaucoup de difficultés, est un des pays d'Europe qui a le mieux stabilisé son chômage. Les autres pays voient leur chômage beaucoup augmenter.

Yvon Gattaz : Moi, je crois à une forte augmentation du chômage dans les six mois.

L. F. : Sur les 2 millions de chômeurs, il y en a un peu plus de 900 000 qui ont moins de 25 ans — c'est énorme — et qui sont le produit d'un système éducatif qui n'a pas bien fonctionné, d'un manque de formation [...]. Alors on a commencé à prendre le problème à bras-le-corps. [...]. Il faut faire flèche de tout bois. M. Gattaz nous dira [comme il l'a fait à Villepinte] s'il est prêt à embaucher effectivement pour le plus de temps possible 600 000 jeunes.

Y. G. : Alors pourquoi vous ne répondez pas ?

L. F. : M. Gattaz, vous nous avez fait la proposition il y a fort peu de temps…

Y. G. : Le 14 décembre, il y a plus d'un mois et ça ne bouge pas du tout […].

L. F. : Du moment que les choses sont sérieuses, du moment que c'est sérieux, le gouvernement ira dans ce sens-là…

Y. G. : Eh bien, je vous dis « chiche », monsieur Fabius…

L. F. : Eh bien, nous irons dans ce sens-là.

Y. G. : Je vous prends au mot. Pourquoi ça ne répond pas ? Allons-y […].

L. F. : Vous comprendrez tout de même qu'il faille préparer ces choses pour que les jeunes ne soient pas dupes […].

Y. G. : Ce problème du chômage des jeunes […] aujourd'hui il est inquiétant ; demain il sera dramatique ; après-demain il sera intolérable. Je le garantis. Et vous, vous me parlez de la formation des jeunes. Mais qui fait la formation des jeunes ? Mais c'est nous, entreprises ! Vous n'avez pas inventé la formation des jeunes, c'est nous qui l'avons inventée […].

Noël Copin : Il y a ce chiffre lancé hier par le patronat de 2000 milliards de dettes, ce qui fait qu'une partie de la presse aujourd'hui, annonçant d'ailleurs l'émission de ce soir, parle du cri d'alarme du patronat, et j'ai en particulier retenu ce titre de *France-Soir* : « SOS des patrons : les entreprises coulent[1] ». Alors, M. Yvon Gattaz, accusez-vous le représentant du gouvernement de non-assistance à personne en danger ?

Y. G. : Je dis simplement au représentant du gouvernement qui est en face de moi que les entreprises sont en péril. Je lui demande de le reconnaître publiquement, de lancer un plan de sauvetage, j'allais dire un « plan ORSEC des entreprises » […].

L. F. : Ne faites pas de catastrophisme, M. Gattaz […] la France est quand même, de tous les pays d'Europe, le pays qui, en 1982, aura eu la plus forte croissance […].

1. *France-Soir* reprenait en manchette un cri d'alarme lancé par le CNPF.

Y. G. : C'est une croissance artificielle [...] une fausse croissance [...] qui a coulé les entreprises françaises ! [...] On ne donne pas rendez-vous à Mademoiselle Croissance sous un réverbère en mars 1982, une rose ou un bouquet à la main. [...]

L. F. : Une fausse croissance, je ne sais pas ce que c'est.

Y. G. : [C'est une croissance] qui a créé le déficit extraordinaire du commerce extérieur [...] qui a favorisé les importations. Une croissance dommageable à notre pays et à nos entreprises [...]. Nous sommes des jockeys qui conduisons des chevaux de course dont nous voudrions tous qu'ils portent nos couleurs sur les champs internationaux et vous mettez des poids de fonte sur la selle. L'augmentation des charges des entreprises françaises a été pour 1982 sur 1981, en douze mois pleins, de 109 milliards [1].

L. F. : M. Delors dit autour de 20 milliards [...].

Y. G. : Je lance un défi à M. Fabius, si vous me le permettez, vous contestez nos 109 milliards de charges supplémentaires, nous contestons vos chiffres [...] eh bien, décidons ce soir de faire une commission mixte d'experts entre vos ministères et le CNPF

L. F. : Tout à fait d'accord ! En public, tout à fait d'accord [2].

Y. G. : Et nous rendrons publics les résultats de nos experts sur l'augmentation des charges [...].

L. F. : Il y a, je crois, un point d'accord entre nous, je ne sais si c'est M. Gattaz qui avait lancé la formule ou moi, peu importe, c'est une formule que nous partageons, qui consiste à dire : il faut moins d'aides, n'est-ce pas...

Y. G. : Je crois que c'est moi, M. Fabius...

L. F. : Je reconnais votre paternité... il faut moins d'aides, donner moins d'aides, et en revanche alléger les charges si on le peut, n'est-ce pas. Je crois que c'est une bonne approche [...]. Si nous sommes d'accord sur la formule, si donc moi je fais des efforts autant que je peux pour alléger les aides et alléger les

---

1. Il s'agissait des dernières estimations du CNPF.
2. Une commission mixte d'experts du gouvernement et du CNPF sera créée quelques jours plus tard.

charges, je voudrais demander à M. Gattaz quelle aide précise il propose de supprimer [...].

Y. G. : Depuis vingt mois, [...] non seulement vous refusez d'alléger les charges, mais vous en ajoutez sans arrêt.

L. F. : C'est de la polémique...

Y. G. : Je vous jure que les paroles ont changé mais jamais les actes [...]. Les annonces, les effets d'annonces, vous êtes extraordinaires pour les faire. Rappelez-vous le 16 avril [1982]. L'aide principale, c'était un abaissement de la taxe professionnelle dans l'année même. Deux mois après, M. Fabius [...] vous savez bien ce que vous avez fait et je crois que vous l'avez fait vous-même, si vous me permettez, excusez-moi de vous accuser comme cela en public. Vous avez deux mois après le jour même, vous le ministre des Impôts et du Budget, vous avez bloqué la TVA de 1 % sur le dos des entreprises pour justement récupérer la taxe professionnelle qu'elle était chargée de compenser. Vous nous avez offert un allégement de 5 milliards et avant même que cet allégement ait lieu, vous nous l'avez repris de l'autre main quelques mois après, exactement 5 milliards. Un point de TVA...

L. F. : Vous auriez préféré que ce soit les consommateurs qui paient la TVA [...].

Y. G. : C'est d'une simplicité enfantine. Vous dites, je vous allège la taxe professionnelle de 5 milliards, et entre vous, au gouvernement, vous dites comment pourrons-nous récupérer cet argent dans le budget que vous décidez [...].

L. F. : Écoutez, faites-moi le crédit de penser que le gouvernement de la France réagit et décide autrement, s'il vous plaît.

Une fois les caméras éteintes, Laurent Fabius se dirige vers Yvon Gattaz et lui propose d'aller prendre un verre au bar. L'échange se poursuit. Évidemment, le ton n'est plus le même.

Le lendemain, dans *Le Monde,* Claude Sarraute écrit : « Bizarre, ce face-à-face Fabius-Gattaz [...]. Il y avait là quelque chose qui ne collait pas : d'un côté, un fils de grand bourgeois représentant le peuple, de l'autre, un fils du peuple représentant le patronat [...], tout les oppose : le milieu, la fortune, l'expérience, le parcours, tout quoi [...]. Le président du CNPF [...] c'est un homme de terrain, ça se voit, les entreprises il les connaît à l'endroit et à l'envers. Il les a habitées. Son interlocuteur les connaît aussi. Il les a étudiées. C'est un homme de cabinet, ça se sent.»

Le 21 janvier, François Mittterrand reçoit Henri Krasucki, sans doute pour lui parler du grave conflit qui paralyse Renault. «C'est autre chose qu'une rencontre avec Giscard d'Estaing», déclare le leader de la CGT à sa sortie sur le perron de l'Élysée. Après cet entretien, le conflit s'apaisera peu à peu.

Le franc est de nouveau attaqué sur les marchés des changes. Les réserves en devises de la Banque de France recommencent à baisser; certains jours l'Institut d'émission, pour contrer la spéculation, devra hausser le taux d'intérêt sur l'eurofranc jusqu'à 250 %, mais le mot d'ordre élyséen est : «Pas de dévaluation avant les municipales.» Ce serait la troisième dévaluation depuis le début du septennat et cette perspective humiliante effraie le chef de l'État.

Le 31 janvier, c'est au tour d'Edmond Maire d'être reçu à l'Élysée. À sa sortie, il déclare : «L'hypothèse d'un plan de rigueur doit être maintenant envisagée.» Cette déclaration non autorisée met en colère le chef de l'État.

Le 3 février, dans *L'Expansion*, Michel Rocard annonce «des échéances difficiles», «une baisse du pouvoir d'achat». Le 10, dans *L'Unité,* l'hebdomadaire du PS, Pierre Mauroy déclare qu'un «excès de rigueur entraînerait une nouvelle poussée du chômage». Le 13, en écho, Raymond Barre ne manque pas de se gausser de la «cacophonie gouvernementale». Le 16, à l'émission *L'Heure de vérité*, Pierre Mauroy persiste à affirmer «qu' aucun plan d'austérité n'est prévu pour 1983». Et de lancer : «Les gros problèmes sont derrière nous... Tous les indicateurs se remettent au vert.»

Le 23 février le Premier ministre reçoit Yvon Gattaz accompagné d'une délégation du CNPF. D'entrée de jeu, le président du CNPF soulève la question de la représentation patronale au sein de la commission nationale de la négociation collective. Il réclame un décret attribuant la totalité des sièges employeurs au CNPF, lui laissant le soin de les répartir entre CNPF, CGPME et SNPMI. Le Premier ministre oppose une très forte résistance. La discussion s'éternise sans aboutir. Puis, le président du CNPF rappelle les propositions de Villepinte, et notamment l'embauche de 600 000 jeunes. Un accord intervient pour la création de 100 000 contrats de formation supplémentaires en 1983 (d'une durée de six mois à deux ans). Compte tenu des contrats en cours, le total des contrats emploi formation pourrait donc atteindre cette année-là 200 000.

La commission mixte annoncée lors de l'émission, le 19 janvier, s'organise. Elle comprendra trois experts du gouvernement et trois experts du CNPF, et devra remettre un rapport avant le 30 avril prochain.

La discussion s'engage ensuite sur la réforme du financement des allocations familiales. La proposition faite par Yvon Gattaz de transférer une partie du fardeau sur la TVA est accueillie avec colère par Pierre Mauroy : « La TVA, c'est l'inflation que M. Delors et moi combattons par tous les moyens comme deux bourricots arc-boutés. »

Enfin, la délégation patronale remet une note sur la nature des conflits sociaux en cours. Yvon Gattaz insiste sur les violences qui sont commises et sur la nécessité pour les pouvoirs publics de faire respecter le droit et la loi dans l'enceinte de l'entreprise.

Dimanche 6 mars. Au premier tour, le verdict des urnes municipales est brutal : la gauche n'est plus majoritaire en voix. Dimanche 13 : le deuxième tour des municipales est moins mauvais que prévu pour la gauche, qui soupire de soulagement. Il n'en reste pas moins que François Mitterrand est cette fois au pied du mur.

Cela fait des mois, on l'a dit, que le président de la République prête une oreille complaisante aux partisans d'une « autre » politique économique : laisser flotter le franc en le sortant du système monétaire européen de manière à pouvoir dévaluer franchement sans avoir à négocier avec les Allemands, baisser les taux d'intérêt, désendetter les entreprises et faire repartir l'investissement. C'est Pierre Mauroy lui-même qui a dénommé « visiteurs du soir » les tenants de cette stratégie. « Le jour, racontera-t-il, Mitterrand travaillait avec un gouvernement qui menait la politique décidée en juin 1982. Le soir, il recevait une concubine qui lui proposait une tout autre politique. » En tête de ces visiteurs, Jean Riboud, PDG de Schlumberger, vieil ami du Président. Derrière, une cohorte où l'on trouve pêle-mêle Pierre Bérégovoy, Alain Boublil, Jean-Jacques Servan-Schreiber, Laurent Fabius, Charles Salzmann[1] et André Rousselet. Aucun des participants de ce ménage à trois n'est dupe. Pierre Mauroy sait que François Mitterrand le « trompe ». Et François Mitterrand sait qu'il le sait. La « concubine » n'en déploie que plus de charmes pour s'attacher les faveurs du maître de céans.

Ce vaudeville cache un drame : la succession de Pierre Mauroy à Matignon. Succession ouverte dans l'esprit de candidats qui ont nom Jacques Delors, Pierre Bérégovoy et Laurent Fabius, lequel vient de recevoir son baptême du feu lors de son affrontement télévisé avec Yvon Gattaz. Le Premier ministre découvre avec stupéfaction que Pierre Bérégovoy, tout frais ministre des Affaires sociales, rêve de devenir ministre des Finances et ingurgite tout ce qu'il peut de science économique. Quand il en parle à François Mitterrand, les deux hommes font des gorges chaudes. Ils sont loin d'imaginer que le « Petit Béré » voit encore plus loin que la rue de Rivoli, plus loin en tout cas que le bout de son béret, suivant l'expression ironique de l'époque.

1. Conseiller du président de la République pour les affaires scientifiques.

Au lendemain du demi-échec des municipales, il semble bien que François Mitterrand penche pour le flottement, mais sans changer de Premier ministre afin de garder des communistes dans le gouvernement. Toutefois Pierre Mauroy refuse l'« autre politique ». François Mitterrand se tourne alors vers Jacques Delors. Nouvelle rebuffade. Le ministre de l'Économie ne veut à aucun prix sortir du SME. Le Président revient vers Pierre Mauroy, qui après avoir dit non pendant deux jours, commence à chanceler. Mais il est chambré par ses conseillers résolument hostiles au flottement de franc. L'Inspection des Finances, qui truste la Banque de France et le Trésor, ne veut pas entendre parler d'une telle « aventure ». Laurent Fabius, qui découvre que les réserves de la Banque de France en devises sont réduites à néant, change de camp. Après la défection du ministre du Budget, c'est la débandade dans le camp des « flotteurs » et il ne reste plus au chef de l'État qu'à envoyer Jacques Delors négocier une troisième dévaluation avec l'Allemagne et annoncer un nouveau plan d'austérité. Pierre Mauroy à Matignon est plus utile que jamais pour garder les communistes au gouvernement et faire avaler de nouvelles couleuvres au « peuple de gauche ».

Le 21 mars, à l'aube, après une âpre négociation à Bruxelles, les nouvelles parités sont annoncées : réévaluation de 5,5 % du mark, de 3,5 % du florin, de 2,5 % de la couronne, de 1,5 % des francs belge et luxembourgeois, dévaluation de 2,5 % du franc français et de la lire. Yvon Gattaz déclare que cette nouvelle dévaluation du franc est « la sanction prévisible des décisions qui ont affaibli nos entreprises ».

Le 22 mars, le nouveau gouvernement est formé. Mauroy III succède à Mauroy II.

Le 25 mars, un Conseil des ministres extraordinaire annonce les nouvelles mesures d'austérité : une ponction de 65 milliards sur la consommation des ménages, soit 2 % du PNB. Un carnet de change limite les achats de devises des Français se rendant à l'étranger.

Avant de rendre visite au Premier ministre, Yvon Gattaz déclare au *Monde* : « Les socialistes ont découvert le mot déficit, ils risquaient de découvrir le mot faillite ; or nous vivons avec la crainte permanente des deux [...]. L'État vit au-dessus de *nos* moyens [...]. Les mesures d'austérité étaient inévitables, compte tenu des vingt mois précédents [...]. La tête sur le billot, vous ne me ferez pas dire que les entreprises françaises ne sont pas les championnes du monde des charges fiscales et sociales. » À propos de la cotisation patronalc d'assurance-chômage, il prévient : « Nous aurons avec le gouvernement une bataille plus dure que l'an passé. »

Le 31 mars, Yvon Gattaz est reçu à Matignon. Jean-Michel Rosenfeld, le chef du service de presse du Premier ministre, lui dit que la salle de presse est en restauration « comme le régime », précise-t-il.

Pierre Mauroy ouvre la discussion par une explication : la reprise internationale attendue n'est pas venue, d'où la nécessité d'une politique de rigueur avec blocage des salaires et des prix. Les prix industriels se sont bien tenus. Yvon Gattaz remarque que les salaires aussi, le CNPF a tenu ses promesses. « Absolument », acquiesce le Premier ministre.

L'objectif de hausse des prix reste fixé à 8 % pour cette année. « Jacques Delors a parlé trop vite d'un dépassement inévitable », remarque le Premier ministre.

Yvon Gattaz s'étant inquiété des attributions du nouveau ministre de l'Emploi, le communiste Jack Ralite, Pierre Mauroy réplique qu'il est impossible de lui en retirer. Mais il garantit que cela n'aura aucune incidence sur le régime des licenciements. « J'y veillerai, promet-il, dites-moi s'il en était autrement. » Mais il se refuse à toute chasse aux sorcières.

Le président du CNPF propose « quatre mesures d'urgence ». D'abord, aligner la fiscalité des entreprises françaises sur celles des pays étrangers et alléger immédiatement les entreprises d'un point sur les allocations familiales. Ensuite, libérer les entreprises des contraintes de toutes sortes qui les entravent, leur rendre la liberté des prix comme promis, et réviser les règles d'embauche et de licenciement. Inciter l'épargne des Français à investir dans les entreprises, ce qui suppose qu'on ne leur impose pas une « cogestion paralysante ». Enfin laisser les entreprises travailler en paix, ce qui veut dire : faire respecter les lois de la République, assurer partout la liberté du travail, condamner violences et séquestrations.

Ce même jour, Yvon Gattaz rencontre le président de BSN au siège de la firme, rue de Téhéran. Antoine Riboud dit savoir ce qui s'est exactement passé pendant les dix jours d'attente de la constitution du gouvernement Mauroy III. « C'est un secret d'État », dit-il. Il affirme que le président de la République a tout calculé savamment et que tout était programmé. Son frère Jean Riboud est partisan de sortir du SME, car dans le système actuel les dévaluations courtes et fréquentes alimentent une spéculation qui joue à coup sûr contre le franc. Dès maintenant, expose-t-il, les spéculateurs vont tout faire pour la quatrième dévaluation, selon eux inévitable. Il aurait fallu dévaluer de 15 % et non de 2,5 %, pense-t-il. Pour ce qui concerne la présence des communistes au gouvernement, Antoine Riboud assure que c'est bien François Mitterrand le vainqueur. Il n'est aucunement manipulé par les communistes, c'est l'inverse qui est vrai. Il les tient. Il n'y a aucun chantage de la part des communistes. Ils prennent ce que François Mitterrand veut bien leur donner. De plus, le président n'est pas pressé de voir Charles Fiterman à la tête du PC et préfère un Marchais dévalué.

8 avril : Georges Marchais déclare à Roissy : « Je ne suis pas disposé à avaler des couleuvres. » À partir de cette date, la direction communiste envisage de divorcer de son allié socialiste au sein de l'Union de la gauche.

Jean Neidinger, directeur général des affaires sociales du CNPF, avait annoncé à Yvon Gattaz son intention de prendre sa retraite aux vacances prochaines. Dans le courant du mois d'avril 1983, il vient lui dire qu'il n'aurait pas à chercher son remplaçant, celui-ci étant trouvé. Étonnement du président qui veut savoir d'où tombe cet homme providentiel. De l'UIMM, bien sûr, dont les responsabilités sont grandes, et même « irremplaçables » dans le domaine social. Du moins c'est ce que l'on dit au sein de la puissante fédération des industries métallurgiques et minières. L'UIMM, en effet, est une fédération à vocation sociale représentant la sidérurgie, la mécanique, l'automobile, l'aviation, l'électricité et l'électronique. Son rôle est traditionnellement fort à la commission sociale du CNPF. Certains membres de l'Union ont d'ailleurs coutume de dire : le social du CNPF, c'est nous, arguant de leur savoir-faire dans les négociations avec les syndicats, de ce qu'elles sont bien acceptées par les grands groupes, contrairement aux petites entreprises.

Furieux, Yvon Gattaz demande à Jean Neidinger de convoquer ce candidat fantôme afin qu'il lui explique personnellement que, quelles que soient ses qualités, sa candidature ne pourra être retenue : il est inadmissible qu'une grande fédération se comporte comme une baronnie. « Acte d'autoritarisme », s'écrie-t-on à l'UIMM. Ce thème servira de prétexte en 1985 à une tentative de « putsch » contre le président du CNPF.

Rencontre du 18 avril 1983

Mitterrand : « Dans la bergerie de Latché, tout l'équipement était d'origine étrangère. »

Lundi 18 avril. Pour la première fois, François Mitterrand invite Yvon Gattaz à un petit déjeuner à l'Élysée. Sans doute pour que la conversation soit plus libre et l'ambiance moins protocolaire.

François Mitterrand : Il y a fort longtemps que nous nous sommes vus. Je suis heureux de vous revoir pour ce petit déjeuner. Et puis je connais votre discrétion.

Yvon Gattaz : Nous n'avons intérêt ni l'un ni l'autre à diffuser les détails de nos rencontres, mais uniquement à en faire connaître les résultats les plus importants.

F. M. : C'est exact, mais cela ne vous a pas empêché de relever sévèrement devant la presse mes propos sur le manque fréquent de qualité des produits français.

Y. G. : C'est que, monsieur le Président, la qualité des produits français est de plus en plus reconnue de par le monde. Je crois qu'il faut le dire et le redire. Dans les trois facteurs qui déclenchent les commandes des clients, qualité, délais, prix, c'est sur le troisième point que notre pays est le moins bon pour les raisons que vous savez. Les charges que nous supportons nous empêchent d'avoir des prix compétitifs.

F. M. : Oui, mais nous avons apporté en 1982 des atténuations à vos charges.

Y. G. : Plutôt un plafonnement, salutaire certes.

F. M. : Pour tous vos problèmes économiques et sociaux, voyez donc Laurent Fabius, homme intelligent et d'avenir, et Bérégovoy, ce qui ne vous empêchera pas, bien sûr, d'en parler aussi à Mauroy et Delors.

Y. G. : J'ai abordé avec eux le problème capital de la position du franc par rapport au SME, et je vous confirme notre position intangible : il faut que la France reste dans le SME, malgré les avis contraires qui sont très minoritaires.

F. M. : Oui, mais parmi lesquels se trouvent même des chefs d'entreprise ?

Y. G. : Peu nombreux, vous en conviendrez. J'ai d'ailleurs déjeuné il y a trois semaines avec Antoine Riboud…

F. M. : Je le connais bien.

Y. G. : Je dois rencontrer bientôt son frère Jean qui, lui, est partisan d'un flottement du franc.

F. M. : À la vérité, le mieux aurait été sans doute de ne jamais entrer dans le SME et de conserver une liberté totale pour agir à notre guise.

Y. G. : Ne pensez-vous pas, monsieur le Président, que les Français auraient alors été tentés par l'aventurisme et auraient commis d'irréparables imprudences ?

F. M. : Non, je pense que notre politique monétaire aurait été aussi rigoureuse si nous avions été hors du SME.

Y. G. : Vous savez pourtant que certains membres de l'actuel gouvernement avaient besoin d'être encadrés et que les règles strictes du SME les obligent à être raisonnables.

F. M. : Avant de leur jeter la pierre, je vous rappellerai que M. Giscard d'Estaing, lorsqu'il est sorti du serpent monétaire, a opéré des dévaluations beaucoup plus importantes que les nôtres.

Y. G. : Une sortie du SME équivaudrait à une sorte de fermeture des frontières.

F. M. : Je suis contre, mais je suis pour la reconquête du marché intérieur.

Y. G. : N'est-ce pas une position défendue par les communistes ?

F. M. : Non, non. Il y a beaucoup de produits de consommation courante qui déferlent de l'étranger. Que font nos constructeurs français ?

Y. G. : Ils se battent durement, monsieur le Président.

F. M. : D'après moi, il y a trois raisons au moins pour lesquelles nos compatriotes achètent des produits étrangers (*en comptant sur ses doigts*). Premièrement : le manque d'initiative des entrepreneurs français, je vous le confirme ; deuxièmement : la pression des vendeurs-importateurs qui ont peut-être des intérêts plus importants dans la vente des produits importés que dans ceux des produits locaux ; troisièmement : le goût de l'exotisme des consommateurs français. Voyez, dans le domaine gastronomique, le succès des restaurants à cuisine étrangère. Un exemple personnel : dans la maison de Latché que j'ai achetée il y a dix ans, j'ai constaté que tout l'équipement — meubles, sanitaires, robinetterie — était d'origine étrangère. Il faut changer nos habitudes car nous ne pouvons continuer dans cette voie.

Y. G. : Puis-je vous rappeler que si nous importons la hi-fi, les téléviseurs, les appareils photo et les caméras, nous sommes de gros exportateurs de technologies de pointe, de télécommunications, de nucléaire, de systèmes d'armes, d'aéronautique et de spatial ? Par bonheur, nos jeunes cadres sont plus commerçants que leurs anciens. Ils parlent l'anglais et aiment les voyages, même lointains. Ils vont conquérir les marchés nouveaux.

F. M. : Comme vous, je fais confiance aux jeunes.

Y. G. : Je m'intéresse à eux depuis longtemps. Je leur conseille toujours de créer des entreprises nouvelles et je viens d'écrire pour la lettre mensuelle *Les Quatre Vérités* un article intitulé : « De l'oisiveté des jeunes à la décadence — de Commode à Romulus Augustule » pour montrer le rôle que peuvent jouer les jeunes dans l'évolution ou le déclin d'une nation, puisque l'Empire romain sert toujours de référence.

F. M. : Envoyez-moi cet article, s'il vous plaît [1].

Y. G. : Mais les jeunes, monsieur le Président, ont besoin d'espoir. C'est pourquoi je demande au gouvernement de maintenir sa politique de rigueur en la complétant par une politique de vigueur qui attirera les jeunes.

F. M. : Bon, mais que proposez-vous au gouvernement pour réactiver notre économie ?

Y. G. : Tout d'abord, faire disparaître la taxe professionnelle antiéconomique.

F. M. : J'ai dit publiquement ce que j'en pensais. Mais par quoi la remplacer ?

Y. G. : Par trois points de TVA qui seraient augmentés de deux fois 1,5 %, soit 55 milliards de francs. Le CNPF s'engagerait à pousser les entreprises françaises à ne pas profiter de cette occasion et à maintenir si possible leurs prix de vente TTC sans augmentation.

F. M. : Attention, une telle mesure ne serait-elle pas inflationniste ?

Y. G. : Si on est vigilant, je ne crois pas.

F. M. : Ne serait-il pas plus facile d'alléger vos charges sur les allocations familiales, comme vous le réclamez ?

1. Article qui sera transmis au chef de l'État le 20 avril 1983.

Y. G. : Vous savez que M. Mauroy nous l'a promis à plusieurs reprises, mais les propositions de Matignon dans cette direction sont inacceptables.

F. M. : Pourquoi ?

Y. G. : Parce que, *in fine*, elles n'allégeraient pas réellement les charges des entreprises, malgré la complexité du système présenté.

F. M. : Quel est votre deuxième point ?

Y. G. : C'est mon éternelle demande de réduction des charges sociales des entreprises.

F. M. : Le gouvernement vous a donné satisfaction il y a juste un an en avril 1982.

Y. G. : Il a bloqué l'augmentation des charges, c'est vrai. Mais il faudrait les réduire pour assurer une relance. Prenons l'exemple du textile dont le plan de relance a été remarquablement efficace grâce à l'abaissement des charges.

F. M. : C'est ce que m'a dit M. Meyer, PDG de Boussac Saint-Frères. Il paraît que les investissements ont augmenté de 32 % en 1982.

Y. G. : Alors qu'ils s'effondraient auparavant et que les effectifs chutaient de 7 à 8 % par an, avant d'être stabilisés par cette mesure.

F. M. : Je pense annoncer en fin de semaine, dans le Nord, la reconduction pour un an de ces mesures spéciales, mais ce que nous craignons, vous le savez, c'est une interdiction de Bruxelles.

Y. G. : Avec une telle mesure, vous allez être accueilli dans le Nord avec joie.

F. M. : Ce n'est pas sûr car il y a beaucoup d'entreprises sinistrées, et je risque au contraire de me faire huer !

Y. G. : Une autre mesure que je préconise, monsieur le Président, c'est l'amortissement libre des investissements.

F. M. : De quoi s'agit-il ?

Y. G. : L'entreprise prend elle-même la décision de l'amortissement de ses machines, soit en cinq ans, soit en trois ans, soit même en un an. Ce n'est en réalité qu'un problème d'avance de trésorerie, car l'abaissement du bénéfice fiscal de l'année sera compensé les années suivantes. Les pays qui pratiquent cette liberté ne semblent pas le regretter.

F. M. : Bon, nous en reparlerons. Abordons les problèmes sociaux. Je suis préoccupé, voyez-vous, par la gravité des problèmes démographiques en France. Il est constaté historiquement que l'émergence des valeurs économiques et culturelles ne peut se faire que dans le bouillonnement d'une croissance démographique. La France n'a plus de savants, à part peut-être M. Lévi-Strauss, et n'a plus de bons écrivains, si l'on excepte Michel Tournier[1].

Et il nous faut des savants. Car dans le passé, les guerres ont été gagnées non seulement par le moral, mais surtout par la technique, inventée par les peuples les plus nombreux. C'est l'artillerie qui a permis à Charles VII, le roi de Bourges, de s'imposer face aux Anglais qui occupaient presque toute la France à son avènement. De même pour les Turcs à Constantinople en 1453 mettant définitivement fin à l'empire romain d'Orient.

Je suis également inquiet pour l'Allemagne et le Japon dont la démographie descendante conditionnera un jour leur avenir. En France, la récession démographique empêchera l'équilibre des prestations sociales, compte tenu du nombre de plus en plus faible de cotisants actifs.

Y. G. : Nos régimes sociaux sont de plus en plus déséquilibrés. C'est pourquoi nous avons lancé l'idée pour les chômeurs de deux systèmes bien distincts : l'assistance mutuelle fonctionnant comme une assurance financée par les entreprises et les salariés, et l'assistance solidarité financée par l'État lui-même au titre de la solidarité nationale. La décision, considérée comme trop brutale par certains, de ne pas reconduire l'Unedic telle qu'elle existait en octobre 1982 n'avait pas d'autre objectif.

1. On aurait peine à croire que ces deux noms marquent les frontières du domaine d'intérêt de François Mitterrand.

F. M. : Je crois que nous ne pourrons pas éviter cet éclatement. Mais ne donnez pas mon appréciation à l'extérieur, je vous prie.

Y. G. : Nous avons aussi quelques inquiétudes à propos du projet de démocratisation du secteur public. Nous souhaitons que le plancher d'effectifs de ces entreprises pour l'application de ce projet soit fixé à 1 000 personnes.

F. M. : Oh, oh ! Nous pensions à 300 ou à 500.

Y. G. : C'est beaucoup trop bas. Prenons l'exemple du conseil d'administration porté à 7 membres au lieu de 4, qui doit se réunir au minimum dix fois par an. C'est une contrainte forte pour une moyenne entreprise. L'ensemble des contraintes nouvelles entraînerait une charge supplémentaire de 3 % de la masse salariale, ce qui ne serait pas bon pour la compétitivité.

F. M. : Avec qui discutez-vous de l'emploi ?

Y. G. : Avec le nouveau ministre communiste du Travail, M. Jack Ralite, qui semble pour l'heure freiner les licenciements indispensables dans des entreprises en grève.

F. M. : C'est un homme compétent et de bonne foi. Il ne fera rien de doctrinaire contre l'emploi ou les licenciements. Je vous fais une confidence : ce n'est pas Ralite, quand il était ministre de la Santé, qui a créé le problème des CHU[1], mais Savary lui-même.

Y. G. : Un mot encore sur les flexibilités que vous me pardonnerez de réclamer sans cesse pour nos entreprises dans la concurrence internationale féroce. Générale Biscuit a réclamé pendant des semaines à son inspecteur du travail des mesures d'assouplissement des horaires pour fabriquer une grosse commande à l'exportation. Pendant ce temps perdu, sa filiale belge à Anvers obtenait en quarante-huit heures un décret royal d'horaires spéciaux et remportait la commande, qui sera donc effectuée par les salariés belges.

---

1. Les Centres hospitaliers universitaires s'étaient insurgés contre les projets de réforme de Savary. Il est étonnant que François Mitterrand livre une telle confidence au président du CNPF.

F. M. : Les problèmes sont différents. Les Belges n'ont qu'un seul syndicat et nous nous en avons trois [1].

Y. G. : Pour l'exportation, qui est vitale pour la France, il faudrait quelques mesures d'exception, telles que l'exemption des charges sociales sur les appointements des cadres vendeurs pour l'export, souplesse des heures dans les temps partiels. Vous remarquerez que j'emploie le mot souplesse plutôt que flexibilité qui est toujours considéré comme incongru.

F. M. : Ne faudrait-il pas créer une école des exportateurs [2] ?

Y. G. : Nous en avions fait le projet à ETHIC, puis nous avons reculé devant les sommes à engager. Mais je crois ce projet excellent, bien que beaucoup d'écoles commerciales fassent aujourd'hui de réels efforts dans ce sens. Dans cet ordre d'idées, je vous annonce, monsieur le Président, la prochaine tenue à Paris d'un sommet des chefs d'entreprise américains et européens organisé par le CNPF pour établir de meilleurs liens de coopération. Et je vous annonce également en avant-première (le communiqué de presse sera diffusé demain) le plan 1983, intitulé « Année de l'entreprise », qui fait suite aux États généraux de Villepinte, et qui vise à mieux faire connaître l'entreprise (ses métiers, ses débouchés, ses produits) à nos concitoyens.

F. M. : J'arrive moi-même de Suisse où j'étais en voyage officiel, et j'ai expliqué à nos interlocuteurs que les exportations françaises de capitaux n'étaient pas de leur faute, mais bien celle des citoyens français. Aux douaniers de faire leur métier. Mais globalement, la France a une bonne image.

Y. G. : Et leurs dirigeants aussi ?

F. M. : Oui. Et d'ailleurs, tout le monde sait que je vous rencontre souvent. En revanche, je n'ai pas vu la CGPME.

Y. G. : Et le SNPMI ?

F. M. : Je vous l'ai dit, je connais Gérard Deuil depuis son

---

1. S'agit-il un lapsus, trois au lieu de cinq ? Ou bien François Mitterrand fait-il allusion aux trois principaux CGT, CFDT et FO qui s'étaient manifestés récemment par une grève du tri postal ?

2. François Mitterrand imposera cette idée à un prochain Conseil des ministres.

enfance et il s'est même présenté contre mon frère agriculteur dans les Charentes pour des élections locales, ce qui a créé entre eux quelques liens. J'ai reçu aussi la visite d'Ambroise Roux, qui a sollicité mon cabinet pendant deux ans. Il m'a parlé d'une très ancienne rencontre lorsqu'il était dans l'administration, mais peu d'économie. J'apprécie surtout chez lui ses talents de magicien...

Y. G. : Pour l'exportation, nous avons pris contact avec Mme Édith Cresson, nouveau secrétaire d'État au Commerce extérieur.

F. M. : C'est une femme de haute qualité qui devrait plaire aux dirigeants du CNPF.

Y. G. : Il est dommage, soit dit en passant, que les chefs d'entreprise soient si peu nombreux au Parlement.

F. M. : C'est de leur faute. Et cela changera peut-être dans l'avenir.

Y. G. : On parle beaucoup du déficit des Charbonnages de France.

F. M. : Ce n'est pas le président communiste, Georges Valbon, qui en est responsable, mais plutôt les activités annexes des Charbonnages. Si vous êtes méfiant vis-à-vis des entreprises nationales...

Y. G. : Elles ont eu l'art de transformer le client en usager, puis en administré, enfin en assujetti. Un tour de force !

F. M. : Je suis moi-même très méfiant vis-à-vis des banques qui, elles, faussent le jeu des entreprises par leurs prises de contrôle financier pour des raisons purement spéculatives. Leurs motivations ont toujours été très différentes de celles des véritables entrepreneurs comme vous.

Y. G. : Puis-je, avant de vous quitter, solliciter votre accord au sujet de la rétrocession des filiales d'entreprises nationalisées au secteur privé ?

F. M. : Vous l'avez [1]. Nous nous verrons, si vous le voulez bien, après le sommet de Williamsburg de fin mai.

1. Cet accord verbal n'a jamais été confirmé dans les faits.

À l'issue de l'entretien, Yvon Gattaz déclare aux journalistes : « J'ai indiqué les mesures qu'il nous semble urgent de prendre pour ne pas sacrifier l'avenir de notre économie aux nécessités du présent. Ce sont des mesures simples, d'effet immédiat, et qui bénéficieraient également à toutes les entreprises [...]. Le président de la République a semblé très attentif à mes propositions. L'avenir nous dira si le gouvernement prendra les mesures nécessaires au redressement de notre économie. »

Le choix de rester dans le SME étant fait, il s'agit maintenant de faire avaler des couleuvres au peuple de gauche, et la rigueur au peuple tout court. Dès le 25 avril, François Mitterrand s'y emploie à l'occasion d'un déplacement à Lille : « Notre objectif n'est pas la rigueur, déclare-t-il, mais le redressement. Il faut que la France reprenne son rang. » Mais le discours de l'austérité passe mal. Désormais, le chef de l'État est de plus en plus confronté, lors de ses voyages en province, à des cohortes de manifestants inquiets pour leur pouvoir d'achat et leur emploi.

Le 2 mai, François Mitterrand oublie les soucis de l'intendance pour retrouver la grande politique. Il s'envole pour la Chine, *via* le Népal. Retour à Paris le 7 mai. Le franc a de nouveaux accès de faiblesse.

Le 11 mai, le chef de l'État présente un bouc émissaire au Conseil des ministres : l'Amérique. Il déclare : « Les États-Unis nous font payer leur chômage et leur déficit budgétaire. C'est nous qui permettons à Reagan de continuer une politique qui nous écrase [1]. »

Le 13 mai, le dollar est passé au-dessus de 7,50 francs. Sur RTL, Philippe Alexandre explique : « Tous les hommes influents qui courent à Paris dans le domaine privé et public sont convaincus qu'une nouvelle opération monétaire est inévitable. » En fait, le commerce extérieur commence à se redresser, mais cela n'apparaît pas encore dans les statistiques officielles. Il n'y aura pas de quatrième dévaluation.

1. Pierre Favier, Michel Martin-Roland, *op. cit.*, t. 1, p. 596.

Le 18 mai, Pierre Bérégovoy, ministre des Affaires sociales et de la Solidarité nationale, reçoit Yvon Gattaz. À l'issue de l'entretien, le président du CNPF déclare à la presse que le ministre, à l'entendre, est « prêt à faire des économies importantes et indispensables », mais qu'il n'est pas « entré dans les détails ». Selon Yvon Gattaz, « la protection sociale court à l'abîme ». « On ne peut la sauver qu'en la réformant considérablement », a-t-il prévenu.

Georges Marchais ne manque pas de donner de nouveau de la voix : « Le plan de rigueur est en contradiction avec les objectifs définis en 1981 », déclare-t-il le 20 mai à Marseille.

Le 24 mai, le président du CNPF rend visite à Jacques Delors pour plaider de nouveau un véritable allégement des charges des entreprises, rappelant que celui de 1982 avait été compensé par une augmentation de la TVA.

Ce même jour, devant la Fédération nationale des syndicats de sociétés de commerce extérieur, Yvon Gattaz recommande « une très grande fermeté pour contenir les salaires en 1983 ». Et d'ajouter : « Nos consignes de fermeté sont plus que jamais d'actualité. »

Le président de la République va connaître une grave déconvenue fin mai au sommet des sept chefs d'État qui se tient à Williamsburg (Virginie, États-Unis). La discussion tourne principalement autour de la question des euromissiles soviétiques et de la manière d'y répondre. François Mitterrand n'obtient que des modifications secondaires du communiqué final, et sort de l'épreuve furieux et exaspéré. « Reagan est plus dangereux et plus imprévisible que je ne l'ai cru », confiera-t-il à des journalistes[1]. Le 10 juin, le secrétaire d'État américain George Shultz est à l'Élysée pour une visite de consolation après le camouflet de Williamsburg.

Décidément, la politique internationale réserve encore bien

1. Pierre Favier, Michel Martin-Roland, *op. cit.*, t. 1, p. 596.

des déceptions. Le 17 juin, au Conseil européen à Stuttgart, Margaret Thatcher inaugure son fameux «*I want my money back*[1]», et réclame 1,25 milliard d'écus pour 1983. François Mitterrand refuse d'entériner le «principe mortel» pour l'Europe de la loi du juste retour, puis, sous la pression de Helmut Kohl, accepte de transiger à 750 millions d'écus.

La rigueur annoncée prend effet. Le 23 juin, au Conseil des ministres, Jacques Delors présente les grandes lignes du budget pour 1984. Deux préalables : «Pas de dérapage des salaires et réduction drastique des déficits publics.» Les recettes doivent progresser de 8,4 %, contre seulement 6,3 % pour les dépenses. Du jamais vu depuis la Libération. Il menace une fois encore de démissionner s'il n'obtient pas satisfaction. La solidarité gouvernementale est mise à rude épreuve. François Mitterrand fait remarquer que la charge des prélèvements obligatoires continue d'augmenter : «Celle-ci évolue vers un taux de 50 % et cela ne sera pas toléré.» Mais il n'en critique pas moins le budget tel qu'il a été présenté par Jacques Delors.

Dans un entretien accordé le 14 juin au *Figaro*, Yvon Gattaz déclare : «Depuis un mois, l'économie française pique du nez : la récession est là.» Le président du CNPF indique qu'il vient d'écrire au Premier ministre «pour lui demander d'adopter d'urgence des dispositions exceptionnelles pour assouplir les règles relatives aux licenciements».

Le climat social reste tendu. En témoigne la manière dont le président du CNPF a été empêché de tenir une conférence le

---

1. Au fil des souvenirs trop rares qu'il consent à égrener dans *La Grande Faillite. Comment l'éviter* (Plon, 1998) Jacques Calvet livre sans doute l'une des clés de la méfiance de l'Angleterre à l'égard de l'Union européenne. C'est en effet lui qui, haut fonctionnaire au ministère de l'Économie sous la présidence de Pompidou en 1973, a préparé la partie financière des négociations de l'entrée de la Grande-Bretagne dans le Marché commun. «Comme tout budgétaire, raconte-t-il, j'avais conclu de façon très dure pour le candidat. Le président Pompidou avait ensuite si parfaitement négocié avec le Premier ministre Heath qu'il avait obtenu des concessions financières dépassant nos rêves les plus fous.» Grâce à cet aveu, on comprend mieux les célèbres fureurs de la Dame de fer qui refusera cet héritage empoisonné.

22 juin lors d'une visite à Rouen. Bernard Rousselin-Legrand, président de la Fédération des syndicats patronaux des arrondissements de Rouen et de Dieppe, écrit dès le lendemain au préfet de Seine-Maritime pour s'en indigner :

> Monsieur le Commissaire de la République,
>
> Je tiens à protester de la manière la plus ferme contre l'attitude inadmissible des Pouvoirs publics, qui ont manifestement refusé de maintenir l'ordre lors de la réunion organisée le 22 juin 1983 après-midi par notre fédération, avec le concours de M. Gattaz, président du CNPF.
>
> Ayant appris par les renseignements généraux, en fin de matinée vers 11 heures 45, que la CGT avait l'intention de se rassembler devant le parc des Expositions du Madrillet, où devait se tenir la conférence de M. Gattaz, j'ai fait informer par les services de la fédération M. Bayle, directeur de votre cabinet.
>
> Il m'a assuré qu'il donnait des instructions afin que soient maintenues la liberté d'accès sur le site du parc des Expositions et la liberté de réunion.
>
> Ayant constaté vers 16 heures qu'un cordon de manifestants barrait la voie d'accès au parc des Expositions, j'en ai fait informer vos services par téléphone. La situation devenant tendue entre les manifestants et les participants à la conférence de M. Gattaz, j'ai moi-même tenté de vous joindre par téléphone vers 16 heures 50 ; ne le pouvant, j'ai demandé M. le directeur de votre cabinet, ou quelqu'autre personne ayant compétence. J'ai attendu vingt minutes au téléphone, mais sans résultat.
>
> J'ai donc pris l'initiative de proposer aux manifestants, qui avaient entre-temps envahi le parc des Expositions sans que les forces de police ne s'y

> opposent, de les recevoir, accompagné de deux ou trois chefs d'entreprise membres de notre fédération. Ma proposition a été refusée.
>
> Les manifestants entourant le local où M. Gattaz tenait sa conférence de presse, celle-ci a dû être interrompue pour éviter des violences, un certain nombre de participants à notre réunion voulant intervenir.
>
> Je regrette de constater que la liberté de réunion n'est plus assurée. J'en conclus que, si la fédération devait à nouveau organiser une telle réunion, elle aurait la charge de suppléer la carence des pouvoirs publics.

Ambroise Roux, ayant précédemment accusé Yvon Gattaz de «l'avoir mis à la porte du CNPF en décembre 1981», lui reproche maintenant dans la presse de pratiquer la «diplomatie du tambourinaire». Le président du CNPF lui répond dans *Le Monde* du 23 juin : «Ambroise Roux est malade de rester dans l'ombre. Il clame partout qu'il œuvre dans la discrétion, mais il fait penser au chœur d'*Aïda* hurlant *Faisons silence, faisons silence.*»

Début juillet, la commission mixte chargée d'évaluer les charges des entreprises rend son rapport. Les experts ont constaté leur désaccord. Pour ceux du gouvernement, les charges nouvelles des entreprises ont été de 21 milliards en 1982 et de 28 milliards en 1983. Pour ceux du CNPF, les chiffres sont respectivement de 45 milliards et de 62 milliards. Mais les uns et les autres se sont accordés pour «souligner la dégradation, continue depuis le premier choc pétrolier [1973-1974], des indicateurs de résultat des entreprises». «En particulier, précisent-ils, la baisse persistante en 1981 et 1982 du taux d'épargne des sociétés est préoccupante ; une telle évolution met en péril la dynamique des entreprises et l'effort d'investissement national.»

Le 21 juillet, une véritable bombe sociale explose : Peugeot annonce le plus grand licenciement collectif jamais vu en France : 7371 emplois supprimés dans l'ensemble du groupe. Jack Ralite s'y oppose. Une négociation commence. Pierre Bérégovoy s'en charge.

Après de violents incidents à Aulnay, le CNPF témoigne, dans un communiqué, de « l'émotion des entreprises de toutes tailles et de toutes activités devant le refus du ministre des Affaires sociales de sanctionner [...] des fautes particulièrement graves et indiscutables avec voies de fait et blessures corporelles ».

Le 28 juillet, Yvon Gattaz est reçu par Laurent Fabius, ministre de l'Industrie et de la Recherche dans le gouvernement Mauroy III. Le problème de l'évaluation des charges ayant été réglé par la commission mixte, il s'agit maintenant d'aborder celui des aides. Le président du CNPF souligne sa méfiance à leur égard. Le ministre propose la création d'un groupe de travail analogue à la commission sur les charges. Yvon Gattaz donne son accord.

Le 29 juillet, le président du CNPF, accompagné de Michel de Mourgues, est de nouveau reçu à Matignon. Le Premier ministre est relativement optimiste quant au contrôle de l'inflation, mais il s'inquiète de la montée du chômage. Il constate que 98 % des licenciements demandés sont accordés, et, dans des délais nettement inférieurs à six mois.

Yvon Gattaz propose de modifier l'ordonnance relative au travail à durée déterminée de manière à supprimer toutes les contraintes administratives, avec notamment liberté de fixation des salaires au-dessous du SMIC pour les jeunes. Pierre Mauroy prévoit l'hostilité des syndicats à une telle proposition, mais en concède le bien-fondé et s'engage à revenir sur les dispositions les plus contraignantes de l'ordonnance de 1982. Yvon Gattaz soulève alors la question du travail à temps partiel. Et sur ce point encore, le Premier ministre promet de revoir l'ordonnance — tout en rappelant l'opposition des syndicats à ce type d'emplois.

Le président du CNPF souligne l'effet déplorable du refus administratif de licenciement des quatre délégués CGT de Peugeot-Talbot. Pierre Mauroy réplique en mettant en cause la politique sociale de la firme, le refus du dialogue, la quasi-absence de contacts avec les pouvoirs publics.

Yvon Gattaz fait part de l'inquiétude que lui cause le développement des SCOP[1] à l'instigation de la CGT qui vise à reprendre des entreprises en difficulté et parfois à déstabiliser des entreprises saines. Il cite les cas des bacs Riviera et de Delsey.

À propos des travailleurs immigrés, la délégation du CNPF rapporte que depuis deux ans et demi plus de 150000 travailleurs clandestins cohabitent dans les immeubles de la Sonacotra. Le Premier ministre estime pour sa part que les Maghrébins ne pourront être assimilés qu'au bout de trois générations (une de plus que les Polonais dans sa région) et constate la formation de ghettos depuis trois ans, par exemple la Medina de Roubaix, où les musulmans égorgent des moutons dans les baignoires.

Le Premier ministre se laisse aller à révéler que Pierre Bérégovoy lui a transmis un dossier sur l'assurance-vieillesse pour laquelle il y aurait « 24 milliards de francs à remonter ». Ce déficit implique une augmentation de la cotisation des employés, mais aussi de celle des employeurs. Mais le Premier ministre pense qu'il devrait pouvoir offrir aux entreprises une mesure compensatrice « de rattrapage ».

1. Sociétés coopératives ouvrières de production.

Rencontre du 15 août 1983

Mitterrand : « Les 39 heures ont été une erreur, je le reconnais. »

En cette période de vacances, le président de la République est particulièrement détendu et affable. Il porte un costume beige clair qui lui donne des allures de jeune homme.

François Mitterrand : Alors, vous n'êtes pas en vacances, monsieur Gattaz.

Yvon Gattaz : Je suis comme vous, monsieur le Président, attaché à un poste qui comporte de lourdes obligations.

F. M. : La présidence du CNPF est vraiment un travail à temps plein.

Y. G. : Un peu plus. Plutôt 150 %.

F. M. : Alors, comment dirigez-vous votre entreprise ?

Y. G. : Le secret est la délégation à des cadres compétents pendant une période limitée à cinq ans, ce qui est déjà très long. Et j'ai mon frère, Lucien, avec qui j'ai créé l'entreprise, et qui supervise tous les aspects d'études et de production.

F. M. : Vous le voyez, votre mandat est plus court que le mien qui se terminera, vous le savez, en mai 1988. À propos, pensez-vous demander une prolongation de votre mandat à son expiration[1] ?

Y. G. : Sûrement pas, pour les raisons professionnelles que je viens de vous indiquer. Une entreprise trop longtemps abandonnée peut connaître des difficultés.

F. M. : Pour ma part, je dois rester en ce moment dans la région parisienne, car nous attendons la naissance d'un petit-fils.

Y. G. : Permettez-moi de vous présenter mes félicitations.

---

1 François Mitterrand souhaitait-il qu'Yvon Gattaz restât à la tête du CNPF le plus longtemps possible ? Ou pensait-il à l'échéance de son propre mandat ?

F. M. : Et si nous parlions des entreprises ? Je sais bien que, traditionnellement, les milieux économiques sont hostiles aux socialistes, ce qui ne facilite pas leurs relations avec le gouvernement actuel.

Y. G. : Je crois que ces préventions sont dépassées. Seules les mesures prises intéressent vraiment les patrons. L'idéologie, ils la laissent aux autres.

F. M. : L'équipe gouvernementale est solide. Pierre Mauroy me paraît efficace. C'est son troisième gouvernement ! Je ne suis pas d'accord avec lui sur certains points, mais nous nous entendons bien par ailleurs. Mon ami Fabius connaît bien les problèmes des entreprises et de l'industrie.

Y. G. : Effectivement, nos relations avec le gouvernement sont fréquentes et courtoises. Bien entendu, nous avons toujours des difficultés sur le plan économique, mais aussi sur le plan social. Par exemple, pour le travail à temps partiel, demandé en urgence tant par les entreprises que par les salariés eux-mêmes, la nouvelle loi doit sortir en octobre. Nous espérons qu'elle modifiera sensiblement les ordonnances restrictives de février-mars 1982 qui étaient un mauvais coup à cette forme moderne de travail.

F. M. : Le gouvernement est bien décidé à assouplir les règles, et le Parlement suivra, j'en suis sûr.

Y. G. : Il en est de même pour les contrats à durée déterminée, que nous appelons CDD en abrégé.

F. M. : J'ai parlé de ce problème avec le Premier ministre. Il m'a dit vous avoir rencontré le 29 juillet. Nous sommes bien décidés à donner plus de souplesse à ces contrats, et j'appuierai moi-même votre demande car il vaut mieux une embauche à durée déterminée que pas d'embauche du tout.

Y. G. : En terme de liberté, nous demandons aussi celle des salaires.

F. M. : Alors là, c'est autrement plus difficile, car il faut tenir compte des syndicats, forcément très vigilants sur ce point.

Y. G. : Mais, vous-même, monsieur le Président, ainsi que le

Premier ministre, le ministre des Finances et le ministre de l'Industrie que nous rencontrons fréquemment, vous nous conseillez discrètement de tenir les salaires pour éviter l'inflation.

F. M. : C'est vrai, mais comprenez la position politique d'un gouvernement socialiste.

Y. G. : Le problème est encore plus difficile pour les licenciements, qui sont parfois inévitables. Conserver des effectifs excédentaires, c'est compromettre l'équilibre, et parfois la survie de l'entreprise. Prenons l'exemple actuel de Peugeot à qui on refuse catégoriquement les 7000 licenciements demandés...

F. M. : Je vous arrête. La politique menée par ce groupe est antisociale, et ses relations avec le gouvernement sont mauvaises. D'ailleurs, je crois qu'il y a même des dissensions entre les deux dirigeants, MM. Parayre et Calvet.

De façon plus générale, sachez que je reste convaincu qu'il est nécessaire d'adapter les effectifs à l'activité de l'entreprise.

Y. G. : Il n'empêche que M. Ralite a dit à la presse qu'il n'y aura pas de licenciements chez Peugeot-Talbot avant 1984 [1], ce qui constitue un blocage gouvernemental de cinq mois. Les chiffres que vient de me communiquer la direction de Peugeot sont les suivants : chez Talbot Poissy : 3000 licenciements inévitables et 1000 préretraites ; chez Peugeot Sochaux et Mulhouse : 3000 préretraites au 31 décembre 1984 pour des salariés nés avant le 1er janvier 1930.

F. M. : Je sais que le gouvernement préférerait une liste moins longue grâce à un abaissement des heures de travail.

Y. G. : M. Ralite laisse aussi pourrir un conflit chez les Bagages Delsey que je connais bien car ils ont été mes proches voisins dans la zone industrielle de Rosny-sous-Bois. On me dit que la CGT veut déstabiliser l'entreprise et l'annexer sous forme de SCOP, opération qui avait réussi chez LBM, l'entreprise d'Hubert Clément qui avait pleuré, souvenez-vous, à nos États généraux de Villepinte.

---

1. Voir *Le Monde* du 5 août 1983.

F. M. : Je sais, je sais. Je vais voir ces problèmes.

Y. G. : Je vous le redis, monsieur le Président, les chefs d'entreprise sont effrayés par la nomination d'un communiste au ministère du Travail. Certains parlent de provocation.

F. M. : Ils exagèrent. D'abord, ce n'est pas lui qui commande.

Y. G. : Autre exemple dans ce domaine : quatre cégétistes immigrés et agitateurs notoires ne peuvent être licenciés de chez Citroën parce qu'ils sont protégés par le ministre.

F. M. : Je suivrai aussi cette affaire.

Y. G. : Dans le domaine social, il y a ce problème difficile de l'abaissement du temps de travail.

F. M. : Il n'est que d'une heure pour le temps légal. Je vous signale, mais vous le savez sûrement, que BSN vient de conclure un accord avec les syndicats pour abaisser sensiblement le temps de travail compensé par des gains de productivité [1]. Mais Fabius m'a convaincu qu'il n'était pas possible de trop réduire la durée du travail, car ça nous priverait de spécialistes et ça pourrait même enlever le goût du travail aux Français. Je le reconnais aujourd'hui : la cinquième semaine de congés payés et les 39 heures ont été des erreurs économiques. Mais nous ne pouvions pas faire autrement.

Y. G. : On parle beaucoup des immigrés, et je voudrais vous remettre la note de synthèse du CNPF sur ce sujet [2]. Notre principale suggestion est de payer l'indemnité de retour au pays en plusieurs fois pour éviter la fraude classique du retour clandestin immédiat. Nous avons créé une commission CNPF sur ce sujet.

F. M. : C'est très bien. Qu'elle prenne contact avec Mme Georgina Dufoix. Mais je tiens à vous rappeler que des entreprises ont été les premiers incitateurs à cette immigration, parfois clandestine.

---

1. François Mitterrand ne dit pas à Yvon Gattaz qu'il va visiter, quelques heures plus tard ce même jour, l'usine BSN de Reims en compagnie de Laurent Fabius et d'Antoine Riboud, le président du groupe verrier.
2. Note « Emploi et immigrés » de juillet 1993.

Y. G. : Ces entreprises sont rares, très rares et localisées dans deux ou trois branches professionnelles bien connues. Pensez-vous qu'il y ait un seul immigré clandestin travaillant dans l'électronique ? Au total, il y a 4,5 millions d'immigrés officiels en France [1].

F. M. : Parlons maintenant de la situation économique, si vous le voulez bien. Quelles sont vos prévisions ?

Y. G. : Les chefs d'entreprise sont les meilleurs prévisionnistes, grâce à une méthode simple : ou bien le téléphone sonne, et les affaires repartent, ou bien le téléphone ne sonne pas, et le marasme se poursuit. Cette méthode du téléphone fait sourire les économistes, les économètres et les conjoncturistes, mais elle est efficace. Si les clients se manifestent et demandent des propositions de prix, ils passeront des commandes ultérieures que les entreprises fabriqueront, livreront et factureront.

F. M. : Alors, le téléphone sonne-t-il ?

Y. G. : Très peu. Il grésille à peine. La situation ne se dégrade plus, mais elle ne s'est pas encore vraiment améliorée. D'après une récente enquête du magazine économique américain *Fortune*, la France serait le seul pays important dont les plus grandes entreprises, nationalisées ou non, auraient un résultat globalement négatif. Constat inquiétant.

F. M. : En réalité, nous remontons la pente.

Y. G. : Un de nos membres affirme sévèrement que le gouvernement socialiste brade l'avenir au comptant par des mesures démagogiques.

F. M. : Mais nous avons considérablement rectifié le tir.

Y. G. : Je sais que vous avez toujours été contre l'imposition de l'IGF sur l'outil de travail…

F. M. : Ce problème est réglé et j'ai même réprimandé Fabius parce que mes instructions ne semblaient pas suivies.

Y. G. : L'accouchement est incroyablement difficile. En septembre 1982, le gouvernement a reporté le paiement en 1985

1. Voir *Le Monde* du 4 août 1983.

pensant que les chefs d'entreprise seraient satisfaits d'une échéance aussi lointaine et que les syndicats seraient heureux du maintien de cette taxe. En réalité, tout le monde a été furieux.

F. M. : Mais je veux une suppression totale.

Y. G. : Donnez des ordres, monsieur le Président, car aujourd'hui les conditions d'exonération changent sans cesse. Les deux dernières conditions inventées par le gouvernement seraient de posséder dans la famille proche plus de 25 % de droits sociaux, et d'être dirigeant à temps complet. Elles sont beaucoup plus contraignantes que semble le croire le gouvernement.

F. M. : Je crois que Fabius a été un peu berné par ses fonctionnaires, mais tout va s'arranger prochainement.

Y. G. : Je souhaiterais vous dire quelques mots du *carry back*.

F. M. : Soyez gentil de parler français.

Y. G. : Excusez-moi. Je voulais parler du report en arrière des pertes. Une thèse que nous défendons avec ténacité depuis deux ans au CNPF. Cette méthode simple existe dans beaucoup de pays modernes. Elle permet aux entreprises qui ont connu des pertes à titre exceptionnel de les déduire des bénéfices futurs. Simple justice fiscale. Notre litige avec le gouvernement porte sur le montant autorisé (en Allemagne, ce montant est d'environ 5 millions de marks et il faudrait la même chose en France) et sur la durée de report en arrière (il faudrait trois ou cinq ans).

F. M. : Je vais me renseigner.

Y. G. : Concernant la taxe professionnelle, nous craignons que sa hausse soit de 28 % en 1984 par rapport à 1983.

F. M. : Je pensais bien que vous me parleriez de cette taxe, et j'ai fait préparer une note par les services de l'Élysée. Vous le voyez, notre prévision est de 20 % seulement. Vous avez obtenu du gouvernement, en avril 1982, une baisse de 10 %. Mais nous ne pourrons pas aller plus loin. Nous n'avons pas d'argent.

Y. G. : Je vous ai proposé à notre dernière rencontre, monsieur le Président, de remplacer cette taxe stupide par une augmentation de TVA, avec l'engagement corrélatif des chefs d'entreprise de maintenir les prix TTC pour éviter toute dérive inflationniste.

F. M. : On dit ça, on dit ça ! Mais la neutralité totale dans les prix semble impossible. Par ailleurs, je suis de près les efforts de Fabius pour la simplification des aides aux entreprises. Où en êtes-vous ?

Y. G. : Je vous rappelle le problème. Au cours de notre face-à-face télévisé sur TF1, le 19 janvier dernier, j'avais lancé à M. Fabius (alors ministre du Budget) l'idée de créer une commission mixte gouvernement-CNPF pour déterminer la dérive réelle des charges des entreprises.

F. M. : Avez-vous des résultats comparés ?

Y. G. : Oui. Les experts gouvernementaux reconnaissent une augmentation des charges de 21,4 milliards de francs en 1982 par rapport à 1991 et de 27,8 milliards en 1983 par rapport à 1982.

F. M. : Je suppose que le CNPF n'est pas d'accord.

Y. G. : Votre supposition est juste. Nos experts trouvent des chiffres plus élevés : plus 44,7 milliards pour 1982 et plus 69,4 milliards. pour 1983.

F. M. : La différence est considérable ! On pouvait s'y attendre, hein !

Y. G. : Le gouvernement a, semble-t-il, minoré considérablement le coût réel de la réduction du temps de travail, et même le journal *Le Monde* a noté que ce chiffrage était peu crédible. Quoi qu'il en soit, il est reconnu par les deux parties que l'augmentation des charges des entreprises est très forte. Avec M. Fabius, nous avons eu alors l'idée de nous pencher de la même façon sur le calcul des aides que les entreprises reçoivent.

F. M. : Et alors ?

Y. G. : Les études sont en cours. Il faut savoir que ces aides ont des formes et des attributaires très variés. Ce sont souvent des prêts remboursables, donc une simple avance de trésorerie. Les aides de l'État les plus importantes vont aux entreprises nationales ou nationalisées pour un total de l'ordre de 66 milliards, alors que les entreprises privées n'auraient qu'une quinzaine de milliards.

Précisément, à propos des entreprises nationalisées, je tiens à dénoncer les chiffres du journal *L'Humanité* : leurs cotisations au CNPF ne représentent pas 70 % de notre budget, mais moins de 15 %, qu'elles versent par l'intermédiaire de leurs fédérations professionnelles.

F. M. : Alors pourquoi insistez-vous tant pour qu'elles restent chez vous ?

Y. G. : Parce que c'est l'intérêt même de ces entreprises de rester dans le secteur concurrentiel et de rencontrer d'autres entreprises de ce type au CNPF. D'ailleurs, monsieur le Président, vous vous êtes engagé vous-même à plusieurs reprises à ce qu'elles restent au CNPF.

F. M. : Vous savez, les engagements, parfois, ne peuvent être tenus pour cause de force majeure. Mais, rassurez-vous, ce n'est pas le cas ici.

Y. G. : À propos de nationalisations, il faut éviter les nationalisations rampantes. Or, voici un cas précis : Saint-Gobain, qui possédait 25 % de la Compagnie générale des eaux, vient de monter sa participation à 40 % s'assurant ainsi un contrôle de fait sur une entreprise performante dans une activité fort différente de la sienne. Sont-ce bien le rôle de ces nationalisées et la destination normale de l'argent des contribuables ?

F. M. : Non, évidemment, et j'y veillerai. D'ailleurs, j'ai moi-même de bonnes relations avec des chefs d'entreprise, dans la banque avec M. Plescoff, M. Deflassieux et M. Mayoux, qui est excellent. Et puis avec M. Jean Riboud que je connais mieux que son frère Antoine de BSN...

Y. G. : Jean n'est pas de mon avis sur le maintien de la France dans le SME.

F. M. : Je sais, mais la question a été tranchée. Je connais bien aussi François Dalle, que je rencontrai quand il avait 15 ans, et M. Pébereau.

Y. G. : Toutes ces personnalités doivent vous tenir un langage voisin du mien : il faut sauver l'économie. Un Président qui veut laisser une œuvre insigne doit, avant tout, laisser une économie saine. On ne construit pas un paradis social sur une ruine économique.

F. M. : Vous savez, nous avons le temps avec nous. Personne ne doute plus aujourd'hui que nous sommes bien au pouvoir jusqu'en 1986.

Excusez-moi d'écourter notre réunion, mais je reçois la visite du président de la République de Djibouti, M. Hassan Gouled. Je vous propose de nous revoir très rapidement.

De fait un rendez-vous était bientôt fixé pour le 30 août.

À l'issue de l'entretien, Yvon Gattaz déclare aux journalistes : « Le président de la République comprend de mieux en mieux l'économie. » Commentaire du *Monde* du 18 août : « Nul doute que le patron des patrons comprenne de mieux en mieux la politique. »

Le 19 août, Jacques Delors reçoit Yvon Gattaz et Guy Brana. Il leur fait d'abord des suggestions « confidentielles » pour une nouvelle négociation interprofessionnelle sur le problème des licenciements : une surprime serait donnée aux salariés susceptibles d'être licenciés et acceptant une formation immédiate. D'autre part, il souhaite qu'une initiative soit prise pour le premier emploi des jeunes. Yvon Gattaz évoque la possibilité d'un paiement à moins 10 ou 20 % du SMIC .

Le ministre de l'Économie et des Finances s'inquiète du dérapage des salaires. Il voudrait annoncer des « barrières » à la hausse. Puis la discussion porte sur la taxe professionnelle. La délégation patronale fait valoir les avantages d'une suppression totale, alors que le ministre plaide pour une suppression étalée sur trois ans. Sur l'IGF, la délégation est surprise par l'entêtement du ministre qu'elle pensait davantage sensible aux arguments du CNPF. C'est qu'il s'agit maintenant d'une question de principe : que resterait-il de l'IGF si l'on donnait satisfaction à la demande du patronat ?

Rencontre du 30 août 1983

Mitterrand : « Aidez-nous à tenir les salaires. »

Ce jour-là, François Mitterrand paraît fatigué. Le teint verdâtre, il remue sans cesse les jambes qu'il croise et décroise. Peut-être souffre-t-il des jambes ou du dos car, avant la fin de l'entretien, il se lève sous un prétexte futile pour se dégourdir. Il donne à son interlocuteur l'impression d'être bien malade.

Yvon Gattaz : Merci de me recevoir aussi rapidement, après notre récent entretien interrompu.

François Mitterrand : C'était un visiteur important que je ne pouvais faire attendre. Mais nous avions déjà fait un large tour d'horizon sur les problèmes économiques et sociaux de vos entreprises.

Y. G. : Oui. Aujourd'hui, nous pourrions, si vous le voulez bien, affiner quelques points. Tout d'abord, monsieur le Président, pouvez-vous recommander aux ministres de ne pas faire d'annonces anticipées sur des mesures qui vont être prises pour les entreprises, car il arrive que ces annonces suscitent des espoirs exagérés, donc des déceptions ultérieures dont je suis moi-même la victime.

F. M. : Vous faites encore une fois allusion à la mauvaise prestation de Pierre Mauroy le 4 novembre de l'an dernier…

Y. G. : Ah ! pas seulement ! Il y en a eu bien d'autres depuis.

F. M. : C'est de l'histoire ancienne. Je crois que dorénavant tout le monde sera prudent.

Y. G. : Dieu vous entende !

F. M. : Prenez l'exemple du Tchad : nous n'avons pas parlé, mais nous avons agi. Beaucoup de gens attendaient des annonces fracassantes, mais je ne suis pas tombé dans le piège. La situation, là-bas, est très difficile, mais pensez à l'héritage de mes prédécesseurs. D'autre part, les distances sont colossales dans ce désert et les avions doivent faire des missions de 1 500 km, aller et retour, soit 3 000 km, ce qui exige un ravitaillement en vol. Il aurait fallu trois avions ravitailleurs. C'est une situation particulièrement complexe. D'autre part, il n'est pas question de récupérer la bande supérieure du Tchad, annexée depuis longtemps par la Libye.

Y. G. : Mais où en sommes-nous aujourd'hui ?

F. M. : Kadhafi ne bouge plus depuis que nous sommes là et je pense qu'il ne bougera pas d'un pouce car nous sommes menaçants.

Y. G. : Que se passerait-il s'il bougeait ?

F. M. : Eh bien, nous attaquerions.

Y. G. : Et quel est le rôle des États-Unis dans ce conflit ?

F. M. : Les États-Unis jugent tout dans les rapports Est-Ouest de façon tout à fait simpliste. Mais je crains qu'il y ait, avant la fin de l'année, un arrangement entre l'Union soviétique et les Américains sur le dos de l'Europe.

Y. G. : Pensez-vous que le détournement de l'avion d'Air-France soit lié aux événements du Tchad et de la Libye ?

F. M. : Aucunement. C'est un drame isolé, toujours difficile à résoudre par un gouvernement qui ne peut céder en aucun cas aux exigences des pirates, malgré les pressions des familles des otages et même (*avec un grand sourire*) si les otages sont fusillés. Voulez-vous que nous reprenions nos conversations et complétions vos informations d'il y a quinze jours ?

Y. G. : Bien volontiers. Je voudrais vous parler encore une fois de la taxe professionnelle dont l'augmentation sera plus forte que prévu.

F. M. : J'ai dit et redit que cette taxe était perverse, mais on semble oublier qu'elle a été inventée par le régime précédent.

Y. G. : Il faudrait que le gouvernement puisse limiter son augmentation de 1984 à 5 %, au même rythme que la hausse des prix que l'on peut prévoir pour 1984.

F. M. : Delors me dit qu'on peut la limiter à l'augmentation du PIB, donc en fait à la croissance plus l'inflation.

Y. G. : Les effets pervers de cette taxe professionnelle ne sont pas assez connus : elle fausse la concurrence, elle facilite les importations par nos concurrents étrangers qui ne la paient pas ; elle freine nos exportations. C'est bien un droit de douane à l'envers.

F. M. : Vous me l'avez dit, et je ne l'ai pas oublié.

Y. G. : À Radiall, notre taxe professionnelle est de 4 millions par an, soit 3,5 % de notre valeur ajoutée, ce qui est très lourd dans une concurrence internationale impitoyable sur les prix.

F. M. : Je ne suis pas sûr d'avoir bien compris par quoi vous proposez de la remplacer. Par la TVA ?

Y. G. : Oui, par une augmentation de TVA.

F. M. : Quels avantages ?

Y. G. : La TVA est un impôt sur la dépense, facile à prélever et facile à contrôler. Il y a relativement peu de fraude sur la TVA. C'est un impôt indolore, et vous-même, monsieur le Président, m'avez expliqué que cet impôt indirect peut se comporter un peu, avec des taux différents, comme un impôt direct. En simplifiant à l'extrême, on pourrait dire que, sur le plan des relations internationales, cette augmentation de TVA qui favoriserait les exportations et freinerait les importations se comporterait un peu comme une dévaluation du franc sans les inconvénients graves que l'on connaît.

F. M. : Et les inconvénients ?

Y. G. : D'abord le risque inflationniste, même si nous demanderons aux entreprises de ne pas répercuter la hausse dans leurs prix TTC. Ensuite, faire accepter cette mesure par nos partenaires européens qui souhaitent, au contraire, une homogénéisation des TVA.

F. M. : Bon, et les autres points ?

Y. G. : Nous avons parlé du *carry back*, pardon, du report des pertes en arrière.

F. M. : C'est le CNPF qui a inventé cette théorie ?

Y. G. : En France, oui, mais ce procédé est courant dans les pays modernes. Nos discussions avec le gouvernement sont difficiles car il ne voudrait accorder le report que sur une seule année, ce qui est trop court. De plus, l'année 1982 est non significative pour les raisons que vous savez. Il faudrait un report sur trois ans minimum.

F. M. : J'ai cru comprendre que le gouvernement veut également un plafond au montant reporté.

Y. G. : Oui, il propose 10 ou 15 millions de francs, mais ce montant n'a pas la même signification suivant la taille de l'entreprise. Mais, plus grave, ce sont les atermoiements incompréhensibles sur l'exonération de l'outil de travail au titre de l'IGF.

F. M. : C'est une obsession chez vous !

Y. G. : Malheureusement oui, monsieur le Président. Les deux contraintes drastiques inventées par le Budget (posséder plus de 25 % des actions et être dirigeant à temps plein) auront des conséquences graves : dans une famille possédant plus de 25 % du capital, il n'y a souvent qu'un membre qui soit dirigeant. Il sera exonéré et ses frères et sœurs qui détiennent le même nombre d'actions devront payer un IGF très élevé, car les entreprises ont souvent une valeur importante, autrement importante qu'une maison ou un appartement. Il faut user de votre influence, monsieur le Président, pour faire totalement exonérer l'outil de travail, comme vous l'aviez promis. On a le sentiment que vos collaborateurs cherchent à contourner votre promesse.

F. M. : Nous en parlons à chacune de nos rencontres ! Vous êtes tenace.

Y. G. : Tenace peut-être, mais peu efficace dans ce domaine.

F. M. : Pour vos charges, le gouvernement a bien suivi vos conseils.

Y. G. : C'est vrai que le 16 avril 1982 a été un tournant vers le raisonnable, après les folies dépensières des mois précédents. Mais l'engagement pris se termine en principe fin 1983.

F. M. : Je sais, et je vous conseille d'envoyer une lettre au

Premier ministre pour que cet engagement soit éventuellement prolongé [1].

Y. G. : Vous avez dit un jour, monsieur le Président, que vous étiez sensible aux financements de proximité, par la famille, les amis, les voisins qui connaissent et apprécient l'entrepreneur.

F. M. : C'est exact.

Y. G. : C'est, à mon avis, le meilleur financement car il est basé sur la confiance réciproque et il est stable. Il faut donc l'inciter par des mesures fiscales au lieu de le persécuter.

F. M. : Mais, là encore, c'est le gouvernement précédent qui a mis tant d'obstacles aux comptes courants d'associés [2].

Y. G. : Toute la législation fiscale française est basée sur la crainte des fraudeurs, ce qui gêne les entrepreneurs honnêtes, qui constituent par bonheur la très grande majorité de cette corporation. Il faudrait changer radicalement de principe : faire confiance *a priori* et sanctionner *a posteriori* les éventuels fraudeurs, très sévèrement. Quelques mesures fiscales sont d'une rare stupidité : pour faire rentrer quelques piécettes dans le coffre de l'État, on taxe à 12 % l'incorporation des réserves au capital des entreprises, alors qu'il faudrait l'inciter fortement par un avantage fiscal.

F. M. : Là encore, ce n'est pas nous. Voyez-vous, avec toutes ces difficultés, il est probable que le déficit budgétaire augmentera en 1984 et dépassera les 3 % du PNB prévus. Mais ce sera encore un des plus faibles d'Europe, puisqu'il est de 4 % en RFA et, hors d'Europe, de 8 % aux États-Unis. Pour tenir l'inflation, monsieur Gattaz, il faut que vous nous aidiez à tenir les salaires.

Y. G. : Reconnaissez, monsieur le Président, que je monte au créneau pour recommander aux entreprises la modération des salaires et que je subis chaque fois des attaques violentes de la

1. Les charges n'ont plus été augmentées et le temps de travail légal n'a plus été diminué par les gouvernements de François Mitterrand.

2. Ces comptes permettent aux associés de prêter de l'argent à leur entreprise — pratique suspecte aux yeux de beaucoup de gouvernements. François Mitterrand montre ici une connaissance étonnante de ce point particulier de la législation fiscale.

part des syndicats, bien sûr, mais aussi des journalistes et d'hommes politiques qui feignent de s'indigner de mes propos. La tenue des salaires est d'abord de l'intérêt des entreprises pour leur compétitivité internationale. Mais bien évidemment, il est aussi de l'intérêt de la nation tout entière pour freiner l'inflation.

F. M. : Je trouve quand même que la hausse moyenne des salaires de 2,5 % pour le deuxième trimestre 1983, identique à l'inflation, est trop forte. Je crois que les syndicats sauront se montrer raisonnables sur ce sujet.

Y. G. : Et s'ils ne le sont pas ?

F. M. : Eh bien, ce sera l'épreuve de force avec nous.

Y. G. : Permettez-moi d'attirer votre attention sur les prochaines augmentations dans la fonction publique, qui ont souvent tendance à déraper.

F. M. : Nous y veillerons.

Y. G. : M. Bérégovoy, que nous voyons souvent, nous renvoie traditionnellement à des négociations avec les syndicats, échappatoire un peu facile. Tel est le cas pour la limitation malencontreuse des contrats à durée déterminée dont les ordonnances ne pourront qu'être très légèrement atténuées lors de la procédure de ratification. C'est insuffisant. Il nous fait la même remarque pour le travail à temps partiel dont les conditions sont vraiment impossibles.

Enfin, vous vous souvenez, monsieur le Président, que Jean Auroux, avant son départ du ministère, m'avait personnellement promis de relever les seuils sociaux de 10 à 15 personnes, et de 50 à 75 personnes, pour atténuer les contraintes qui sont liées à ces seuils d'effectifs et favoriser les emplois.

F. M. : Oui, Jean Auroux, dans l'ensemble, a fait du bon travail, même s'il a fait quelques erreurs de jeunesse dues à son manque de connaissance des responsabilités.

Y. G. : Malencontreusement la promesse de relèvement des seuils de M. Auroux n'est pas parvenue jusqu'à M. Bérégovoy, et il faut tout reprendre à zéro. C'est exténuant.

F. M. : Vous ne parlez pas de l'équilibre financier de la

Sécurité sociale. Pour une fois !

Y.G : J'y viens, car il nous préoccupe beaucoup. M. Bérégovoy prévoit une cotisation supplémentaire pour l'assurance-vieillesse de 1 %, et les entreprises déjà saturées ont demandé que ce supplément soit payé par les salariés. M. Delors a déjà donné son accord. Le Premier ministre hésite. Vous serez peut-être amené à trancher vous-même.

F. M. : Nous verrons, mais je crois avoir bien compris le problème de la Sécurité sociale. Et pour l'Unedic ?

Y. G. : Le trou annoncé est de 9,8 milliards pour 1983, mais 46 % des prestations sont servies à des non-demandeurs d'emploi.

F. M. : Comment ça ? Un prestataire sur deux ne serait pas un vrai demandeur d'emploi ?

Y. G. : Beaucoup de pays sélectionnent sévèrement les faux demandeurs d'emploi parmi les sans-travail et leur coupent les allocations. D'où la nécessité en France de bien scinder l'assurance-chômage, qui relève des entreprises et des salariés, et l'assistance, qui relève de la solidarité nationale de l'État.

F. M. : Je crois que nous devrons y venir. Compte tenu de nos moyens, nous ne pouvons avoir les chômeurs les mieux payés d'Europe.

Y. G. : Pour ne pas prolonger cet entretien, car je sais combien votre temps est précieux, je vous signale rapidement que le président Paul Huvelin va céder la présidence du CEPIA (Centre français de promotion industrielle en Afrique), qu'il avait créé lui-même, à Jean-Louis Vilgrain, président des Grands Moulins de Paris.

F. M. : Merci de m'en informer. J'ai de l'estime pour la famille Huvelin, et j'ai connu un frère de M. Paul Huvelin.

Y. G. : Enfin laissez-moi vous dire la crainte que j'ai que le congrès socialiste de Bourg-en-Bresse ne connaisse les excès de celui de Valence.

F. M. : On a beaucoup exagéré ce qui s'est passé à Valence. Mais soyez rassuré, tout sera calme à Bourg-en-Bresse.

À sa sortie de l'Élysée, Yvon Gattaz déclare aux journalistes : «La balle est maintenant dans le camp du gouvernement.» Et d'ajouter sur un ton solennel : «Les entreprises ne veulent ni injonctions ni exhortations, ni marques de sympathie, elles veulent des mesures vraies pour être sur un pied d'égalité avec leurs concurrents étrangers.»

Dimanche 4 septembre, un hélicoptère présidentiel se pose dans la somptueuse propriété de Jean Riboud à Ouroux, dans le haut Beaujolais, à l'heure du dîner. Le château de la Carelle est entouré de 550 hectares de prairies et de forêts. En visite chez son ami, le chef de l'État en personne est reconnu par des voisins alertés par le vacarme de l'engin.

À la même date, Gérard Deuil fait sa rentrée… littéraire. Dans un livre intitulé *Hors des jeux politiciens, notre chemin*, le président du SNPMI dénonce avec passion la «vanité des joutes politiciennes». Il s'en prend aussi au CNPF, dont il affirme que la trésorerie «dépend totalement des entreprises nationalisées». «Ce que l'on sait moins peut-être, écrit Gérard Deuil, c'est le découvert bancaire que traîne ce syndicat patronal, découvert qui explique et renforce sa faiblesse à l'égard de l'État. N'ayant pas les moyens de son indépendance, le CNPF ne peut être indépendant. Il ne peut que de temps à autre jouer la comédie… afin de mieux donner à ses mandants l'illusion de les défendre.»

Le CNPF obtient en référé qu'un autocollant orange soit apposé sur la page de garde du livre. On lit sur le papillon : «Le CNPF n'a jamais pris à partie les syndicats patronaux pour deux raisons : éviter la polémique stérile, ce qui unit les chefs d'entreprise devant l'emporter sur ce qui peut les séparer, ne pas affaiblir l'unité patronale particulièrement indispensable aujourd'hui. Mais le CNPF ne laissera jamais mettre en doute par de fausses allégations son indépendance à l'égard de quelque pouvoir que ce soit.»

Le président du CNPF fait lui aussi sa rentrée. Le 6 septembre, au cours d'une conférence de presse, Yvon Gattaz déclare : « Les ressorts de la demande intérieure sont cassés et l'économie française est bien entrée en récession. » Et de fustiger des taux d'intérêt « les plus élevés des grands pays industriels à l'exception de l'Italie ».

Le 15 septembre, à l'émission *L'Enjeu*, sur TF1, François Mitterrand annonce à la surprise générale un excédent commercial de 600 millions de francs et une baisse d'un point, en 1984, du taux des prélèvements obligatoires. « Il faut qu'on amorce la décrue, que l'on renverse la vapeur. »

Invité à commenter les déclarations du chef de l'État, Yvon Gattaz déclare : « Ce dont je voudrais être sûr, c'est que les actes suivront les paroles. »

Le mercredi suivant, au Conseil des ministres, le président de la République précise sa pensée : « Ce n'est pas sur l'évolution des indices économiques que le gouvernement regagnera l'opinion mais sur une diminution des prélèvements fiscaux [...]. L'inflation ? Les gens pensent toujours que celle-ci peut repartir. Le chômage ? Il est peu vraisemblable que son niveau soit réduit. Le commerce extérieur ? Une amélioration peut avoir des effets vis-à-vis des opérateurs internationaux, mais elle resterait imperméable pour la grande majorité de la population. En revanche, la diminution d'un point de prélèvement sera immédiatement ressentie. C'est là que la majorité jouera sa survie [1]. »

Fin septembre, Jacques Delors devant la commission des Finances de l'Assemblée nationale reconnaît qu'un effort considérable est demandé à la nation. « Mais, ajoute-t-il, l'État, par les sacrifices et les économies qu'il s'impose, est le premier à montrer la voie. » Le ministre de l'Économie remarque que le patronat devrait se montrer satisfait puisqu'il a été tenu compte de quatre de ses exigences : l'exonération de l'outil de travail de l'IGF, la réforme de la taxe professionnelle, le problème des comptes courants associés et le gel des charges. Mais, souligne-

1. Pierre Favier, Michel Martin-Roland, *op. cit.*, t. 1, p. 600.

t-il, « je dois dire que M. Yvon Gattaz dialogue plus facilement avec le chef de l'État qu'avec moi ».

Début octobre, le franc est de nouveau attaqué sur les marchés des changes.

La réunion prévue entre Yvon Gattaz et les deux frères Riboud, lors du déjeuner avec Antoine Riboud à BSN (le 31 mars), n'ayant pu être mise sur pied compte tenu des emplois du temps très chargés des trois intéressés, un entretien à deux a lieu le 11 octobre au siège de Schlumberger, rue Saint-Dominique. À cette occasion, Jean Riboud raconte à Yvon Gattaz l'une de ses rencontres avec François Mitterrand qu'il avait invité, bien avant 1981, à venir voir son château d'Ouroux, dans le Beaujolais, « quand il passerait dans le coin ». Mitterrand y alla, s'y plut... et y resta trois jours. À l'évidence, Jean Riboud était tombé sous le charme de la conversation et de la culture de son hôte, qui reprit assez souvent la route d'Ouroux par la suite.

Cependant, ces liens d'amitié ne l'ont pas engagé à aller plus avant en politique, précise Jean Riboud à son hôte. Yvon Gattaz reproche gentiment à son interlocuteur de n'avoir rien fait pour faire prendre conscience au Président des impératifs de l'entreprise. En quelque sorte, Jean Riboud avait laissé ce rôle ingrat au seul président du CNPF qui n'était pas, *a priori*, le plus crédible.

Bien entendu, Yvon Gattaz interroge Jean Riboud sur sa position en faveur de la sortie de la France du SME. Argument principal : la volonté d'indépendance vis-à-vis de l'Europe. Ensuite, cette politique aurait pu avoir le soutien des communistes français. Mais le problème pour le président du CNPF reste entier : les gouvernants actuels de la France sauraient-ils employer sagement cette indépendance, ou ne commettraient-ils pas quelques folies comme en 1981 ? Jean Riboud se montre assez évasif sur ce point, et reconnaît que les risques d'une dérive seraient élevés.

En fait, Jean Riboud est très hostile à l'Europe en laquelle il ne croit pas. Admirateur inconditionnel des États-Unis où il avait même l'essentiel de ses activités professionnelles, il trouve que

Reagan, loin d'être engagé dans la voie du libéralisme sans limite, a plutôt impulsé une politique économique keynésienne (augmentation massive des dépenses budgétaires, diminution des impôts directs), d'où un énorme déficit public qui, à l'entendre, avait conduit les États-Unis au succès après la violente crise de 1981-1982. Il estime que l'Europe a peu de chances face aux États-Unis, au Japon et à la Corée. Optimiste pour le développement de la Malaisie, de la Thaïlande, de l'Inde, et même de l'Amérique latine, il n'est vraiment pessimiste que pour l'Europe et l'Afrique. La France, selon lui, même si elle n'a pas choisi encore les bonnes décisions, fait des efforts depuis 1981 pour réagir. Quant à l'Europe, elle s'est finalement résignée à la stagnation et au chômage alors qu'il aurait fallu réagir énergiquement. Aussi Jean Riboud est-il favorable à des mesures de relance vigoureuses de l'investissement, et Yvon Gattaz le pousse à en parler sérieusement à François Mitterrand.

Le patron de Schlumberger est également partisan de réductions d'effectifs dans les entreprises qui sont en situation notoire de sureffectif. Mais en a-t-il parlé au président de la République ? Il ne le dit pas. Avec raison, il souhaite une maîtrise totale de l'inflation qui « casse la croissance ». Enfin, il se méfie des « nouveaux libéraux débridés ».

Fin septembre-début octobre, une grève du tri postal paralyse le courrier. Le 11 octobre, le président du CNPF demande une réglementation « très stricte » du droit de grève.

Le 18 octobre, devant le Forum de *L'Expansion*, Yvon Gattaz fait une déclaration sur la politique salariale qui va soulever une tempête de protestations. Il faut dire qu'à son habitude, le président du CNPF ne mâche pas ses mots :

> Sur la politique des salaires, je suis très mécontent des chefs d'entreprise.
> Je le leur dis en face.
> Vous ne tenez pas vos salaires. Vous commettez une

mauvaise action. Malgré les pressions, malgré nos recommandations, nous sommes tous ainsi faits, nous, chefs d'entreprise, que nous souhaitons que les autres chefs d'entreprise appliquent une discipline salariale extrêmement sévère, mais pas dans notre propre entreprise ; et mes cadres dirigeants me disent cela aussi : « Nous, c'est un cas particulier ; nous avons des salariés affectueux et qui travaillent bien et notre cas est spécifique, tout compte fait ; tout le monde doit tenir les salaires, sauf nous. »

Moralité : cela dérape partout.

Nous avons, chers amis, une occasion encore une fois historique, excusez-moi d'employer une deuxième fois cet adjectif présomptueux, de casser la spirale infernale prix-salaires, salaires-prix ; c'est notre responsabilité, et pour une fois, c'est notre seule responsabilité ; partout ailleurs nous avons des contraintes. Là nous pouvons le faire ; les pouvoirs publics ne nous poussent pas à augmenter nos salaires ; pour une fois, les syndicats se tiennent à carreau. [...]

Si nous ne le faisons pas, nous aurons manqué une occasion qui ne risque pas de se reproduire dans les années qui viennent ; l'inflation sera notre faute ; l'inflation dans nos entreprises. Je ne dis pas cela pour faire aucunement plaisir à un gouvernement quel qu'il soit. Je dis cela pour le salut de nos entreprises.

Vous avez dit : « Qu'est-ce qu'il faut faire ? »

Nous ferons ce que nous pourrons par des accords, des conventions collectives de branches pour vous donner des recommandations strictes. Bien entendu, ces recommandations gouvernementales, patronales ou de conventions collectives, aident le chef d'entreprise à négocier ; il est difficile

> de négocier sans filet; on va vous donner le maximum de recommandations pour que vous puissiez les utiliser, mais je vous en supplie, tenez vos salaires fin 1983 et surtout en 1984. Il faut casser l'indexation quelle qu'elle soit. Il faut avoir le courage de le dire et il faut le dire la tête haute : «La France est dans une crise suffisamment grave pour que nous puissions désindexer.»

20-21 octobre : sommet franco-britannique à Londres. La discussion porte principalement sur les affaires internationales : Liban, euromissiles, Malouines, sommet européen d'Athènes.

23 octobre : carnage à Beyrouth : 239 morts américains, et 58 Français tués. Le 24, François Mitterrand visite les lieux du drame.

Le 26 octobre, une importante négociation entre le CNPF et la CGPME d'une part, et les syndicats CFDT, FO, CFTC, CGC (la CGT a refusé de signer), d'autre part, conduit à un accord sur la formation professionnelle des jeunes. Sont créées trois sortes de stages qui connaîtront par la suite un très grand succès : le SIVP, stage d'initiation à la vie professionnelle; le contrat de qualification professionnelle; le contrat d'adaptation à un emploi. Cependant, à cause du blocage de la CGT non signataire, ces trois stages ne purent être réellement mis en place qu'en mars 1985, soit un an et demi après la signature de l'accord.

Dans une lettre adressée le 21 novembre aux présidents des fédérations, Yvon Chotard, président de la commission sociale, avec l'accord du président du CNPF, plaide lui aussi pour que l'on prenne des dispositions dans les professions «afin de freiner vigoureusement la progression des salaires». Étant donné la hausse prévisible des prix pour 1983, la hausse des salaires ne doit pas dépasser 8 % en rythme annuel — ce qui équivaut à une stagnation du pouvoir d'achat salarial. «Ces principes sont également valables pour 1984», avertit l'auteur de la lettre.

Le 22 novembre, Yvon Gattaz s'adresse directement aux chefs d'entreprise dans sa lettre périodique tirée à des milliers d'exemplaires. La politique salariale est « l'objet prioritaire de cette lettre ». « Il faut absolument venir à bout de l'inflation salariale, écrit le président du CNPF [...]. Nous devons de toute urgence briser le cycle infernal des salaires et des prix, c'est-à-dire, comme cela s'est fait ailleurs, éliminer toute forme d'échelle mobile, indexation, remise à niveau, garantie de pouvoir d'achat, etc. [...] Que l'on ne se méprenne d'ailleurs pas sur nos intentions, poursuit-il. Il ne s'agit pas de "faire plaisir" à un gouvernement quel qu'il soit, ni bien sûr de prendre une stupide "revanche", ni de céder à une "pulsion barbare". Que le pouvoir d'achat des Français baisse ne nous réjouit nullement et cela ne sera jamais pour nous une fin en soi. Nous souhaitons plus que quiconque sortir de la stagnation pour retrouver l'expansion et l'augmentation du pouvoir d'achat. »

En ce qui concerne le régime des prix, Yvon Gattaz fait remarquer que « contrairement à ce qui avait été annoncé à la fin de 1982, un régime de contrôle sévère s'impose encore à 70 % des prix industriels, ainsi qu'aux prix des services et aux marges de la distribution. Nous sommes, au moment où j'écris cette lettre, au cœur de négociations très dures avec les pouvoirs publics qui voudraient, en violation des engagements pris il y a un an sur un retour à la liberté, reconduire en 1984 les dispositions applicables cette année. »

25 novembre : sommet franco-allemand à Bonn. On y parle surtout de défense européenne.

François Mitterrand ayant demandé à Yvon Gattaz de garder le contact après leur entrevue du 30 août 1983, le président du CNPF est reçu à l'Élysée le 2 décembre, non pas par le Président lui-même, occupé par la préparation du sommet d'Athènes, mais par ses deux plus proches collaborateurs : Jean-Louis Bianco, secrétaire général de l'Élysée, et Jacques Attali, conseiller spécial du Président.

La scène se passe dans le grand bureau d'angle du secrétaire général. Yvon Gattaz est d'abord chaudement félicité pour son attitude « courageuse » auprès des chefs d'entreprise à qui il a demandé de tenir les salaires. Le président du CNPF profite de l'occasion pour demander avec force le rétablissement de l'ordonnance du 4 février 1959 interdisant toute indexation des salaires sur les prix, et pour exiger de la part du gouvernement une fermeté du même ordre pour les prochaines augmentations de salaire des agents de l'État et des entreprises nationalisées. Les réponses de ses deux interlocuteurs sont dilatoires : c'est impossible en 1983, année quasiment achevée, mais on promet de faire un effort en 1984. Quant aux entreprises nationalisées, il est acquis à l'Élysée que Matignon alertera fermement les dirigeants des entreprises nationalisées.

Le président du CNPF proteste alors violemment contre la reconduction du contrôle des prix en 1984, alors que les prix industriels baissent d'eux-mêmes du fait de la pression de la concurrence mondiale. Ses deux interlocuteurs avouent que le problème est plus politique qu'économique : comment faire admettre aux syndicats le blocage des salaires sans un blocage symétrique des prix ? Ils lui demandent des « idées pour abaisser de 1 % le prélèvement obligatoire sur les contribuables en 1984 ». Surprise de leur hôte qui pensait que l'engagement pris par François Mitterrand devant des millions de téléspectateurs le 15 septembre avait été préparé par ses conseillers de longue date ! Et voilà qu'il découvre que, deux mois après cette annonce, on en est encore à chercher des « idées » !

À propos des nationalisations, Yvon Gattaz insiste sur l'importante inégalité de traitement qui, d'une part, autorise l'achat de sociétés privées par les nationalisées, et, d'autre part, interdit les prétendues « dénationalisations rampantes » en privatisant des filiales de nationalisées. Les deux conseillers renvoient une fois de plus sur Matignon.

Enfin, Yvon Gattaz demande qu'on transmette au président de la République une protestation concernant la fameuse troisième voie de l'Ena. Si elle est adaptée aux syndicalistes, elle est de fait inaccessible aux chefs d'entreprise, car les règles d'admission exigent la qualité d'élu depuis dix ans[1]. D'après ses interlocuteurs, il semble plus facile de modifier cette clause que de créer une sorte de « tour extérieur », comme pour la Cour des comptes ou le Conseil d'État.

4 décembre : sommet d'Athènes. Au menu : quotas de lait et chèque britannique.

Le 11 décembre, Gérard Deuil repart à l'assaut du CNPF en dénonçant le « laxisme » et la « complaisance » dont ferait preuve, selon lui, l'organisation patronale face « à un pouvoir qui assassine patrons et entreprises ».

Devant l'assemblée générale du CNPF, le 13 décembre, Yvon Gattaz explique : « Pour les salaires, nous avons pris nos responsabilités. J'espère que le gouvernement saura faire preuve lui aussi de courage. » Il réclame que soient respectées « toutes nos libertés, y compris celle de la presse et de l'enseignement, qui ne sont pas sans importance pour notre économie ». Cette incidente ne tombe pas dans l'oreille d'un sourd, comme on le verra.

Au Conseil des ministres du 21 décembre, le président de la République fait savoir qu'il « tient à la vérité des prix, à la réalité des prix et des coûts ». Il indique « qu'on ne peut pas contraindre les secteurs vivants de l'économie par des mesures administratives », insistant bien sur le fait qu'il n'est pas partisan d'une « politique des indices ». Il remarque que, « à son avis, l'effort entrepris pour réduire les coûts financiers des entreprises est insuffisant et que les remboursements auxquels elles sont contraintes sont un lourd handicap dans leur politique d'investissement ».

Jack Ralite et Jacques Calvet parviennent, le 17 décembre, à un accord pour réduire le nombre de suppression d'emplois chez Peugeot-Talbot : 1 905 au lieu de 2 905.

À 2 heures du matin, le 31 décembre, malgré l'opposition de Jack Ralite, la police, sur ordre du Premier ministre, investit les ateliers de Poissy pour tenter d'évacuer ses occupants grévistes.

1. Le CNPF ne pourra finalement faire accéder à cette troisième voie de l'Ena qu'un seul chef d'entreprise, Jean-Yves Delaune, en 1983.

1984
L'année de l'écartèlement

Rencontre du 6 janvier 1984

Mitterrand : « Nous sommes obligés de freiner les licenciements. »

Yvon Gattaz, qui n'a pas rencontré le chef de l'État depuis le 30 août 1983, obtient un rendez-vous à l'Élysée au tout début de la nouvelle année.

François Mitterrand : Alors, monsieur Gattaz, quel est le moral de vos chefs d'entreprise en ce début d'année ?

Yvon Gattaz : Ils sont inquiets et mécontents.

F. M. : Encore !

Y. G. : Oui. Inquiets, car la France, vous le savez, décroche actuellement du peloton de tête des nations industrielles pour la croissance, pour l'investissement et pour l'emploi, trois critères essentiels. Et mécontents car 1983 a été pour eux l'année des promesses gouvernementales non tenues : promesse de liberté des prix, promesse d'allégement des charges, promesse de suppression des contraintes. Or, les entreprises ne vivent pas de promesses et la divergence s'accentue entre intentions affichées et actions réalisées.

F. M. : Les chefs d'entreprise devraient être plus patients. Reconnaissez que le langage des gouvernants de ce pays a sensiblement changé. Nous faisons tout ce que nous pouvons pour les entreprises, plus que n'ont jamais fait les gouvernements de droite. Je finirais par croire que, même si les entreprises étaient prospères, le président du CNPF continuerait à réclamer puisque c'est sa fonction.

Y. G. : Permettez-moi de vous dire, monsieur le Président, que ce n'est pas exact. Je passe pour être un optimiste, et croyez bien que j'applaudirai lorsque des mesures vraiment bénéfiques aux entreprises seront enfin prises.

F. M. : Eh bien, passons les problèmes en revue. Tout d'abord les prix. Admettez qu'à ce jour 35 % des prix industriels ont déjà été libérés, et je peux vous assurer que ce sera 80 % à la fin de l'année 1984. Mais ne me demandez pas de libérer totalement les prix des services et de la distribution, qui ont été gravement responsables de l'inflation en 1983. Il faut que, dans ce domaine, nous restions d'une grande sévérité et même que nous renforcions encore nos contrôles [1].

Y. G. : Au total, la vraie liberté des prix semble bien éloignée. Je le regrette. Pour les salaires, qui sont liés aux prix, vous avez vu que le CNPF a pris des positions courageuses en donnant des instructions sévères aux entreprises et en leur demandant de ne faire aucun rattrapage sur les salaires de 1983, ce qui m'a valu des volées de bois vert de beaucoup d'observateurs politiques, surtout de gauche.

F. M. : Je l'ai remarqué, en effet !

Y. G. : Nous n'avons pas fait ces recommandations pour faire plaisir au gouvernement, bien sûr, mais pour rompre le cycle infernal prix-salaires-prix.

F. M. : C'était indispensable, et croyez bien que le gouvernement lui-même se montre sévère avec ses propres alliés sur ce point. Nous allons donner des consignes strictes aux entreprises nationalisées. Quant aux fonctionnaires, nous serons obligés de respecter la clause de sauvegarde des salaires qui avait été signée. Nous ne pouvons renier notre parole, mais nous ferons en sorte que ce rattrapage soit le plus faible possible.

Y. G. : Alors que les entreprises, et surtout les salariés du privé, vont faire un effort considérable pour lutter contre l'infla-

1. Le chef de l'État persiste à croire que le contrôle des prix est un moyen efficace de lutte contre l'inflation

tion des salaires, nous craignons que M. Le Pors[1] ne lâche trop aux fonctionnaires lors de la réunion du 20 janvier prochain.

F. M. : J'y veillerai moi-même car c'est important. Je voudrais aussi vous parler de ce conflit aux usines Talbot qui devient inquiétant.

Y. G. : C'est notre avis. Mais j'ai appris avec plaisir qu'hier M. Bérégovoy avait affirmé sur RMC que si le droit de grève était reconnu dans la Constitution, la liberté du travail devait être, elle aussi, garantie. Ce qui n'est pas le cas, vous le savez, à Poissy.

F. M. : Mais comprenez que l'entreprise a commis des erreurs graves depuis longtemps et que le climat social y est exécrable.

Y. G. : Les grévistes empêchent les non-grévistes de travailler, et les syndicats commettent des abus et des actes délictueux.

F. M. : Peut-être, mais les plus graves erreurs sont commises par la direction. Le gouvernement a été raisonnable en accordant 1 900 licenciements sur 2 900 demandés, et ceci dans les délais normaux de six mois.

Y. G. : Pas du tout, monsieur le Président. Ces 2 900 licenciements demandés étaient nécessaires pour cette entreprise à qui le gouvernement avait proposé tout d'abord 1 000 licenciements seulement. De plus, ce délai de six mois est très coûteux pour l'entreprise qui va payer des sureffectifs pendant cette période.

F. M. : Mais sur le plan social, les licenciements sont d'une extrême gravité, et nous sommes obligés de les freiner au maximum pour tenir nos propres engagements.

Y. G. : Le maintien de sureffectifs n'a jamais été une bonne méthode pour la santé de nos entreprises. Il faut autoriser les licenciements justifiés.

F. M. : Non, ce n'est pas possible. Nous continuerons à les freiner.

Y. G. : Eh bien, c'est l'économie tout entière qui en supportera les conséquences. Les derniers chiffres donnent pour douze mois une baisse de 2,9 % des effectifs totaux et, pire, une baisse

1. À l'époque, Anicet Le Pors était ministre de la Fonction publique et des Réformes administratives.

de 37,4 % des offres d'emplois. Voulez-vous, monsieur le Président, que nous recherchions en toute objectivité les différentes solutions au dramatique problème du chômage ?

F. M. : Dites vos propositions.

Y. G. : Éliminons tout d'abord les mauvaises : la diminution du temps de travail est coûteuse et sans efficacité. Le gouvernement l'a implicitement reconnu le 16 avril 1982 en bloquant à 39 heures la diminution programmée vers les 35 heures hebdomadaires. De même, la mise en préretraite est très coûteuse à moyen terme, car elle laisse sur le bord du chemin des hommes très qualifiés, souvent indispensables à l'entreprise. Reste l'insertion des jeunes, qui est la vraie bonne formule. Malheureusement, l'article 37 de la loi Rigout[1] gêne considérablement l'insertion des 300 000 jeunes promise par le CNPF, comme nous l'avons écrit le 26 décembre 1983 à M. Mauroy pour demander la suppression de cet article.

F. M. : Vous m'étonnez, car j'ai une haute estime pour Rigout qui est un homme compétent. Envoyez-moi une copie de votre lettre à Mauroy et j'en parlerai moi-même à Rigout.

Y. G. : Une autre méthode efficace pour l'emploi est la flexibilité, puisque le mot commence peu à peu à être accepté. Tous les grands pays l'ont adoptée. La France devra s'y mettre, d'abord pour l'efficacité et la compétitivité de ses entreprises, et aussi pour l'emploi lui-même.

F. M. : Peut-être. On verra.

Y. G. : On a déjà perdu beaucoup de temps !

F. M. : Parlons maintenant de la loi de finances 1984 qui a été votée. Qu'en pensez-vous ?

Y. G. : Elle n'apporte rien de vraiment positif aux entreprises. Il faudrait ajouter un correctif au moins pour favoriser l'investissement en 1984, comme c'est expliqué dans cette note[2] que je

---

1. L'amendement gouvernemental du projet de loi sur la formation professionnelle continue par alternance ne reprend pas, loin de là, les termes de l'accord signé entre le CNPF et quatre syndicats le 26 octobre 1983.

2. Cette note du CNPF préconise un crédit d'impôt-investissement sur le modèle du crédit d'impôt-recherche créé depuis un an, permettant une remise d'impôt sur les sociétés de 50 % de l'accroissement des investissements d'une année sur l'autre.

vous remets, monsieur le Président.

F. M. : Je vais la lire attentivement. Et quel en est le coût pour le Trésor ?

Y. G. : Nous ne l'avons pas encore calculé, mais je vous l'indiquerai dans les jours prochains.

F. M. : On m'a informé que lors de votre récente assemblée générale du 13 décembre a été utilisé un langage très politique, un langage d'opposition. Vous avez, paraît-il, lancé une campagne pour les libertés ; ce n'est pas là un thème économique, c'est un thème très politique !

Y. G. : Il s'agissait des libertés dans l'entreprise, c'est-à-dire des flexibilités dont nous venons de parler.

F. M. : Je sais que vous vous inquiétez aussi du projet de loi sur l'enseignement.

Y. G. : Ah[1] ?

F. M. : Je vous rappellerai que ce problème de l'enseignement laïco-religieux remonte à la Révolution et à l'Empire. C'est d'ailleurs sous la IIe République, en 1849, que le clergé catholique a opéré une mainmise complète sur l'enseignement et, depuis, cela n'a fait que s'accentuer. On ne peut me prêter d'intention malveillante puisque je suis un enfant de l'école libre, que je sors d'un collège d'éducation chrétienne, et que c'est toujours avec plaisir que je retourne dans ce collège de province pour rencontrer ceux de mes vieux maîtres qui n'ont pas disparu. Vous le voyez, on ne peut me faire aucun procès sur ce point.

Y. G. : C'est exact, mais pourquoi a été lancée en France cette pomme de discorde entre enseignement privé et enseignement laïque ?

F. M. : Il était impossible de faire autrement, car la loi Guermeur n'était pas acceptée par tout le monde. Quand je suis arrivé à la présidence, il y avait deux camps opposés : ceux qui soutenaient la loi Guermeur et ceux qui la combattaient. J'ai dû

---

1. Yvon Gattaz avait fait, devant l'assemblée générale du CNPF en décembre 1983, dans deux courtes incidentes, allusion à la liberté de l'enseignement et à la liberté de la presse. Il est surpris que ces quelques mots soient arrivés jusqu'à l'oreille présidentielle.

m'en mêler et tenter d'arbitrer, ce qui n'était pas facile. J'ai de bons rapports avec les archevêques Lustiger, Etchegaray et Vilnet, et je suis sûr qu'ils ont bien compris ma position. Je regrette que d'autres n'y mettent aucune bonne volonté et cherchent à dramatiser le problème.

Y. G. : Assurément, ce sujet n'est pas de la compétence du CNPF, mais il nous intéresse tous à titre familial et privé.

F. M. : Je voudrais aussi vous parler du statut de la presse française. Comprenez qu'on ne peut laisser un groupe de presse strictement politique détenir 20 % de la presse française, et souvent dans des conditions d'une telle complexité qu'on ne sait même pas qui est propriétaire de tel ou tel titre. Prenez l'exemple du *Midi libre* dont personne ne connaît réellement les propriétaires. Il faut casser ce monopole, et nous sommes en train de le faire dans un souci de justice et d'équité.

Y. G. : Je profite de ce sujet qui sort un peu de nos conversations économiques habituelles pour vous rappeler que je suis très souvent accusé par les chefs d'entreprise de n'entretenir des rapports qu'avec le gouvernement socialiste et de refuser tout rapport avec les membres de l'opposition, ce qui, reconnaissez-le, ne serait pas très sain, puisque vous-même affirmez que le président de la République est celui de tous les Français et que les entreprises doivent aujourd'hui être réhabilitées, elles aussi, auprès de tous les Français. D'ailleurs, le CNPF va entreprendre la formation de parlementaires de tous bords aux notions d'entreprise.

F. M. : Je suis d'accord, et je vous remercie de m'en avoir prévenu le premier.

Y. G. : Je reviens des États-Unis, et je voudrais vous dire combien j'ai été surpris par le sursaut économique américain de 1983, après l'effondrement de 1981 et 1982. Les recettes sont simples : 1) Allégement massif des charges des entreprises pour qu'elles se refassent une santé financière et puissent retrouver leurs capacités d'autofinancement et d'investissement; 2) Maximum de souplesse et de liberté de gestion pour les prix, les salaires et les licenciements, ce qui a permis à ces entreprises d'ajuster leurs effectifs à leur activité et leur donne aujourd'hui la possibilité de réembaucher de façon massive. Les résultats sont parlants : 3 millions de chômeurs en moins en douze mois. Ce qui a été fait aux États-Unis doit pouvoir être appliqué en France, et je me permets d'insister, monsieur le Président, pour que vous appliquiez ces deux méthodes pour rétablir la situation économique de la France.

À ce propos, puisque vous vous rendez dans la deuxième quinzaine de mars aux États-Unis, permettez-moi de vous transmettre l'invitation de Richard Lesher, président de la Chambre de commerce des États-Unis à une réception et un déjeuner auxquels participeraient des chefs d'entreprise américains et français.

F. M. : Cette invitation m'intéresse. Je vous remercie [1]. Je dois vous dire, pour terminer cet entretien, que je n'apprécie guère la présence de tant de journalistes à chacune de vos sorties de l'Élysée.

Y. G. : Ils considèrent sans doute que c'est un événement !

F. M. : Sûrement, mais ils interprètent parfois vos paroles un peu librement. Ne serait-il pas préférable que nous nous rencontrions plus discrètement, le soir par exemple, dans l'incognito ?

Y. G. : Monsieur le Président, je crains que ce ne soit pire, car si les journalistes l'apprennent, nous passerons tous les deux, vis-à-vis de nos amis, pour des conspirateurs.

F. M. : Vous savez, s'ils l'apprennent quinze jours plus tard, ce ne sera pas grave.

À l'issue de son entretien avec le chef de l'État, Yvon Gattaz déclare aux journalistes : « Nous, chefs d'entreprise, sommes inquiets parce que la France risque de décrocher du peloton de tête des entreprises mondiales dans les pays modernes et nous sommes mécontents parce qu'il y a un certain nombre de pro-

1. En fait, François Mitterrand ne pourra pas assister à cette réception offerte par la Chambre de commerce à New York, en raison d'un emploi du temps trop chargé.

messes non tenues sur la liberté des prix, ou l'allégement des charges et des contraintes.» Et d'ajouter : «Si le langage du pouvoir a changé, malheureusement ses actes ne sont pas conformes aux paroles et les actions ne sont pas conformes aux intentions.»

Ce même 6 janvier, le quotidien *Les Échos*, citant des propos de François Mitterrand au Conseil des ministres du 4 janvier, confirme l'évolution de son attitude sur les problèmes économiques et sociaux : «On ne fait pas marcher l'économie avec des règlements et des contraintes administratives [si] le gouvernement fixe les grandes lignes de la stratégie économique et industrielle», c'est bien «l'initiative des entrepreneurs, des industriels et des créateurs d'entreprises qui est décisive» [...] «Ce ne sont pas les fonctionnaires qui font l'économie.» Et le journal ajoute ce commentaire : «Pour peu — mais c'est l'essentiel — que cette doctrine se traduise dans les faits, Yvon Gattaz pourra se montrer bien satisfait d'avoir maintenu le dialogue avec les pouvoirs publics.»

Le 18 janvier, Yvon Gattaz est reçu à Matignon. Il fait des propositions au Premier ministre pour sauver ou créer des emplois : «Si un allégement réel des charges des entreprises était décidé, déclare-t-il à la presse, 500000 emplois seraient sauvés ou créés.»

François Mitterrand déjeune discrètement le 23 janvier avec Margaret Thatcher à Marly pour tenter de régler le problème du chèque britannique.

Au *Forum* de Radio Monte-Carlo, le 29 janvier, Jacques Delors déclare : «Je ne suis pas partisan, et personne dans le gouvernement n'est partisan de changer les règles de représentation des salariés dans l'entreprise.» Le ministre de l'Économie et des Finances accuse le président du CNPF de se livrer à un «chantage» sur cette question.

Le 3 février, l'État accorde 4 milliards de francs à la papeterie de La Chapelle-Darblay (Seine-Maritime). Laurent Fabius, ministre de l'Industrie, dont la circonscription est dans le même département, n'est évidemment pas étranger à cette subvention. Chaque emploi préservé coûte ainsi à l'État 3 millions de francs. Un record !

12 février : Jean-Marie Le Pen est invité pour la première fois à l'émission de François-Henri de Virieu, *L'Heure de vérité*, diffusée sur une chaîne publique.

15 février : Commence une grève des routiers qui va durer neuf jours et paralyser le pays.

18 février : 400 000 personnes dans la rue à Rennes manifestent pour l'enseignement privé.

Rencontre du 24 février 1984

Mitterrand : « J'ai la force pour moi. »

Pour cette nouvelle rencontre à l'Élysée, vendredi 24 février, Yvon Gattaz a été convié à 11 heures 30. Auparavant, il avait tenu un bureau des vice-présidents du CNPF à partir de 8 heures. Commencée le 15 février, la grève des routiers en est à son neuvième jour. Elle se termine enfin, après avoir causé de très grands troubles dans l'économie et dans la vie quotidienne. Quelques agités avaient conseillé au président du CNPF de ne pas intervenir pour mettre le gouvernement en difficulté — conseil qu'Yvon Gattaz a rejeté comme on va le voir. Il n'est pas impossible que les protagonistes du conflit, à commencer par François Mitterrand lui-même[1], aient eu en tête, tout au long de la crise, le rôle crucial qu'avait joué la grève des routiers au Chili dans le processus de destitution du président Salvador Allende.

1. On verra que François Mitterrand prétendait le contraire.

Le chef de l'État est pâle. Il semble amaigri et fatigué, comme lors de l'entretien du 30 août 1983, ce qui confirme son interlocuteur dans l'idée qu'il est plus gravement malade qu'on ne le dit[1]. L'accueil est froid car François Mitterrand soupçonne le président du CNPF de ne pas avoir tout fait pour régler le conflit des routiers, qui engageait aussi bien les patrons transporteurs que les chauffeurs salariés.

Yvon Gattaz : Je crois, monsieur le Président, que nous pouvons commencer notre entretien par le conflit des routiers.

François Mitterrand : Certes ! Je suis très préoccupé. Expliquez-moi donc comment des patrons peuvent faire grève !

Y. G. : Une grève de patrons est pour moi inadmissible. La grève est l'arme des salariés. Une arme redoutable. Mais les patrons devraient avoir d'autres moyens d'expression, comme je l'explique sans cesse au président de la Fédération nationale des transporteurs routiers, Maurice Voiron.

F. M. : Je le connais bien car nos parents habitaient dans le même immeuble, et je l'ai connu tout enfant. J'ai d'ailleurs été reçu par lui en tant que maire de Jarnac l'année dernière, et cette rencontre s'est fort bien passée. Je n'ai pas de préventions particulières contre l'homme lui-même, mais cette grève est intolérable.

Y. G. : C'est bien mon avis, et je suis intervenu avec force, vous disais-je, auprès de Maurice Voiron, mais aussi auprès de Jean Devay, président de l'Unostra[2] ; ils n'ont pas entre eux des

1. Vadim Zagladine, observateur des affaires françaises pour le comité central du PC soviétique dans les années 1970 et 1980, avant de conseiller Mikhaïl Gorbatchev, sera reçu fin juillet 1984 à Latché. François Mitterrand lui aurait alors déclaré : « Je suis malade. Je vous le dis parce que vous êtes un ami, mais n'en parlez à personne ! Je vais m'y efforcer, mais je ne suis pas sûr de pouvoir tenir jusqu'à la fin de mon mandat. » « Je peux le dire à Gorbatchev ? » aurait demandé Zagladine. « Oui, mais à lui seul », aurait répondu François Mitterrand (*Le Monde*, 16 janvier 1999).

2. L'Union nationale des organisations syndicales de transporteurs routiers automobiles (8 000 entreprises de petite taille), rattachée à la CGPME, est moins importante que la FNTR (23 000 entreprises), rattachée au CNPF. Les deux fédérations représentent ainsi 31 000 entreprises, dont 28 000 pour le transport des seules marchandises et 180 000 salariés. L'ensemble des routiers est composé de 35 % de patrons routiers et de 65 % de chauffeurs salariés.

relations très chaleureuses.

F. M. : Que s'est-il passé au juste ?

Y. G. : Comme vous le savez, ces manifestations de routiers ont commencé au tunnel du Mont-Blanc, le 15 février, à la suite de brimades imposées, paraît-il, par les douaniers.

La revendication des douaniers français pour l'aménagement de guérites semble disproportionnée avec les perturbations qu'elle crée chez les routiers. Ceux-ci prétendent que les douaniers traînent volontairement pour donner les coups de tampon, que la libre entreprise est sans défense devant des fonctionnaires imbus de leurs prérogatives et de leur immunité. Enfin ils disent, en guise de plaisanterie, que l'administration mène les transporteurs routiers en bateau. Mais ils sont très mécontents et, croyez-moi, ils sont décidés à ne pas disparaître en silence. Voilà pourquoi ils font tant de bruit. D'où le blocage des routes de montagnes, le vendredi et le week-end derniers au moment des départs en vacances de neige. Le discours du ministre des Transports, M. Fiterman, samedi a mis le feu aux poudres. Avec l'ancien président de la FNTR, M. Rateau, nous avons essayé de ramener les dirigeants au calme. La négociation avec M. Fiterman, mardi dernier, n'a rien donné malgré quelques concessions légères accordées aux routiers sur les procédures de transit, les conditions de passage en douane et la levée de certaines interdictions de circulation le samedi et le dimanche.

F. M. : Mais que veulent-ils enfin ?

Y.G. (*lisant ses notes*) **:** Leur situation économique est difficile. Un camion coûte environ 600 000 francs et ils sont très endettés. La conjoncture s'étant retournée, ils ont de la peine à honorer leurs traites. Ils veulent d'abord une amélioration des procédures douanières pour le transit, une harmonisation des conditions d'abonnement des tunnels de Fréjus et du Mont-Blanc, une amélioration de l'entretien hivernal du souterrain d'accès aux tunnels, la restructuration des services douaniers du Mont-Blanc. Je crois qu'ils veulent aussi une détaxation plus rapide du gas-oil pour utilisation en France. Elle est actuellement de 30 % et elle doit passer à 40 % en novembre prochain, et à 50 % en novembre 1985. Ils veulent aussi un allégement des contraintes pesant sur le travail des routiers. C'est une demande conjointe des patrons et des salariés. Une tel front commun est rare. Ils souhaitent la déductibilité de la taxe d'assurance qui vient de doubler. Enfin, ils veulent faire avancer la réunion prévue avec le gouvernement pour le 1er mars [1].

F. M. : Tout ceci a peu d'intérêt. Nous n'avons pas l'intention de céder. Nous en verrons d'autres. J'ai la force pour moi, et les vingt-neuf sorties de Paris sont protégées [2].

Y. G. : Oui je sais, monsieur le Président. Mais le gouvernement, avec justesse, a tenu au début du conflit un langage de fermeté qui n'a pas calmé les esprits. Puis il a joué, semble-t-il, sur quelques routiers indépendants, comme Michel Vasseur en Maurienne, contre les fédérations organisées, mais sans succès. En région Rhône-Alpes, nous avons vu apparaître 250 barrages de camions. Le risque était que le conflit s'étende à d'autres professions comme les taxis, les ambulances, les conducteurs d'engins de travaux publics, etc. Hier matin, je suis allé voir Jacques Delors [3].

F. M. : Mais le ministre des Transports est présent, lui.

Y. G. : Oui, mais les transporteurs, devant l'échec de leurs négociations avec M. Fiterman, souhaitaient rencontrer le chef du gouvernement, même par intérim. Jacques Delors a fait de grands efforts, il faut le reconnaître, pour régler cette difficile affaire, sans empiéter sur les prérogatives de son collègue des Transports. Je lui ai déconseillé d'employer la force, car cela ne ferait qu'aggraver la situation, mais Jacques Delors ne pouvait pas recevoir lui-même M. Voiron. Il a fallu que je joue les bons offices entre eux deux, non sans difficultés. La courte intervention de Jacques Delors, hier à midi à la télévision, a été jugée très

1. Yvon Gattaz connaît tous ces détails, car il vient de passer plusieurs heures à tenter de régler le conflit en tant que médiateur.
2. Toujours le complexe Allende.
3. Le ministre de l'Économie fait office de Premier ministre pendant le voyage de Pierre Mauroy en Autriche.

insuffisante pour arrêter le conflit, et j'ai beaucoup insisté pour qu'il reprenne la parole le soir à 20 heures, ce qu'il a fait sur Antenne 2, en rendant hommage à une profession honorable, en promettant une détaxation plus rapide, et un assouplissement des règles pesant sur les conditions du travail.

F. M. : Tout était réglé alors ?

Y. G. : Pas tout à fait, car il fallait l'accord simultané de la FNTR et de l'Unostra pour la levée des barrages. Je tenais moi-même à ce que cette libération s'effectue sans faute aujourd'hui pour éviter un second blocage catastrophique pour ce week-end de retour de vacances scolaires.

F. M. : Avez-vous été entendu ?

Y. G. : Ils ont négocié toute la nuit, et ce n'est que ce matin à l'aube qu'ils m'ont appelé chez moi pour me donner leur accord. Je leur ai demandé d'alerter immédiatement les radios pour que tous les camionneurs soient prévenus dans l'instant. Ce qu'ils ont fait, enfin. Et les barrages ont été levés peu à peu depuis ce matin. À cette heure-ci je pense que tout est terminé, mais j'ai passé une très mauvaise nuit.

F. M. : Vous me rassurez, car je craignais que certains membres du CNPF aient eu quelques mauvaises pensées.

Y. G. : Monsieur le Président, si en décembre 1981, lorsque j'ai été élu, j'ai interdit à quelques boutefeux inconscients de déclencher une grève absurde des investissements et des emplois, ce n'était pas pour permettre une grève des patrons routiers. Je le leur ai dit avec force, en leur expliquant qu'ils risquaient une impopularité durable. De plus, vous savez que je suis un adversaire irréductible des grèves, quelles qu'elles soient, d'où qu'elles viennent. Ce sont des armes terriblement meurtrières, déclenchées parfois pour des causes minimes et par des agitateurs irresponsables.

F. M. : Quelle autorité avez-vous sur une fédération professionnelle ?

Y. G. : Elle n'est aucunement hiérarchique. Les professions sont indépendantes, et le CNPF n'a pas à intervenir dans leurs affaires. Disons que, dans ce conflit, mon autorité a été morale, et je pense que ces deux fédérations ont été heureuses d'avoir un arbitre bénévole. Je dois dire que Jacques Delors et son directeur de cabinet, Philippe Lagayette, ont joué un rôle déterminant dans ce règlement.

F. M. : Je m'en réjouis. Voilà une page que j'espère tournée. Quels sont vos autres problèmes ?

Y. G. : Je n'ose vous parler encore une fois de notre fiscalité française qui est à la fois contraignante, soupçonneuse, paralysante et répressive, donc démotivante pour l'acte d'entreprendre.

F. M. : Mais comment est-elle ailleurs ?

Y. G. : Elle est souvent incitative. Aux États-Unis, par exemple.

F. M. : Oui, je crois qu'il est important d'effectuer une vaste réforme en profondeur de la fiscalité française.

Y. G. : C'est un travail difficile qu'il faudra bien entreprendre un jour. Je vous rappelle ma proposition récente d'un crédit d'impôt-investissement qui fonctionnerait comme le crédit impôt-recherche qui se révèle efficace.

F. M. : On me dit que le coût en serait de l'ordre de 10 milliards, ce qui est élevé [1].

Y. G. : Il arrive au gouvernement de faire des largesses pour sauver quelques emplois, comme à la papeterie de La Chapelle-Darblay.

F. M. : Je vous signale que ce n'est pas Laurent Fabius qui a décidé ces dépenses, et de plus, il était indispensable de sauver cette branche d'industrie.

Y. G. : Pour vous montrer combien nos chefs d'entreprise attendent avec impatience des mesures correctrices, voici la lettre d'une femme PDG d'une entreprise de services qui me dit : quelle aide m'apportez-vous ? C'est bien beau de militer, mais il faut de temps en temps des récompenses. Bref, vous le voyez,

1. Cette remarque montre que François Mitterrand avait retenu la proposition d'Yvon Gattaz et l'avait fait chiffrer.

ces allégements fiscaux sont très attendus.

F. M. : Je sais, je sais.

Y. G. : À propos, lors de l'entretien télévisé que vous avez accordé à *Sept sur sept*, vous avez accusé les entreprises de ne pas investir suffisamment. Certes, les investissements sont insuffisants, mais ce n'est pas par mauvaise volonté. Nos entreprises ont un fort endettement et une faible capacité d'autofinancement. C'est donc un problème de moyens financiers, comme nous l'expliquons dans cette plaquette *Cartes sur table* que vient de réaliser notre service économique et que je vous remets.

F. M. : Je vais la lire attentivement. Vous savez par ailleurs que le gouvernement veut faire de l'année 1984 l'année de l'emploi.

Y. G. : Nous sommes prêts à y contribuer, comme nous nous y étions engagés lors des États généraux de Villepinte. Nous avons des propositions précises à faire sur ce sujet. Je les ai faites le 7 février à M. Mauroy en lui proposant des emplois nouveaux à contraintes allégées, les ENCA, car nous sommes persuadés que l'allégement des contraintes des entreprises est la meilleure incitation à créer de nouveaux emplois. Par exemple, les seuils de 10 et 50 salariés ont créé ce que nous appelons le Club des 9 et le Club des 49 [1]. Ces entreprises bloquent leurs effectifs de façon malthusienne, quitte à refuser des commandes. C'est le comble de l'absurde. Je vais vous en donner un exemple. L'autre jour, j'ai remis la Légion d'honneur à un dirigeant d'une entreprise de 49 salariés qui refuse de passer à 50. Je lui ai demandé comment il faisait pour répondre à une augmentation de commandes. Il m'a répondu qu'il les renvoyait à une entreprise espagnole, qui était pourtant un concurrent. Il clamait haut et fort son appartenance au Club des 49, ainsi que son intention d'en rester membre !

F. M. : C'est incroyable !

Y. G. : Il en va de même pour les délais de licenciements.

---

1. À partir de 10 salariés, les employés ont droit à un délégué du personnel, et à partir de 50 salariés, à un comité d'entreprise.

F. M. : J'ai dit publiquement que ces délais étaient trop longs.

Y. G. : Je vous en remercie. Voici un tableau qui indique les délais totaux en cas de licenciements économiques. Vous voyez que pour des entreprises de plus de 300 salariés, c'est-à-dire les grandes et une partie importante des moyennes entreprises, ces délais sont au total de cinq mois au minimum, car les syndicats organisent souvent des manœuvres de retardement.

F. M. : Mais vous m'avez dit vous-même que les syndicats connaissaient une forte perte d'audience.

Y. G. : Plutôt une perte d'adhérents, car leur influence sur le gouvernement n'a pas diminué. Pour en revenir aux ENCA [1], auxquels nous croyons beaucoup, il faudrait surtout, malgré l'opposition farouche des syndicats, supprimer l'autorisation administrative de licenciement qui freine psychologiquement les embauches. Les petites entreprises surtout craignent de ne pouvoir se séparer plus tard de salariés qu'elles embaucheraient pour une activité dont on ne peut prévoir exactement la durée.

F. M. : Mais cette autorisation a été instituée par M. Chirac en 1975 avec l'assentiment probable de votre prédécesseur au CNPF.

Y. G. : Sans doute, mais c'est une mesure dramatiquement néfaste à l'emploi qu'elle prétend protéger. Sur ce point, nous sommes formels. C'est un véritable désastre pour l'emploi.

F. M. : Il faudrait sans doute des études plus poussées pour connaître l'influence positive ou négative de cette autorisation sur l'emploi.

Y. G. : Une étude est en cours et je vous la communiquerai. Avant de vous quitter, je voudrais vous poser encore deux questions, si vous le permettez. La première porte sur la réforme que vous souhaitez apporter au Conseil économique et social.

F. M. : Ne vous inquiétez pas trop. Nous augmenterons peut-être le nombre des membres avec quelques socioculturels, mais nous ne réduirons pas le nombre des chefs d'entreprise.

---

1. Emplois nouveaux à contraintes allégées.

Y. G. : Merci de cette réponse. Ma deuxième question porte sur la troisième voie de l'Ena dont nous avons déjà parlé, et qui est inaccessible aux chefs d'entreprise.

F. M. : Vous me voyez surpris car le système fonctionne bien avec les maires et les adjoints de municipalités, même de l'opposition. Nous pourrons en reparler pour les chefs d'entreprise.

Je suis heureux des tours d'horizon assez vastes que nous faisons ensemble. Comme je vous l'ai dit lors de notre dernière rencontre, il me semble qu'il serait préférable que nous nous rencontrions plus discrètement le soir [1].

Samedi 25 février : 300 000 manifestants à Lille pour l'école libre.

Dimanche 4 mars : 800 000 personnes manifestent à Versailles pour la même cause. « On ne transige pas sur un droit », proclame Mgr Lustiger.

19 mars : Conseil européen à Bruxelles. La discussion se centre sur le chèque britannique.

21-28 mars : François Mitterrand est aux États-Unis en visite officielle.

4 avril : Le chef de l'État, au cours d'une conférence de presse, annonce qu'il nomme Laurent Fabius, ministre du Redéploiement industriel, avec des pouvoirs exceptionnels. À l'intention des communistes, il déclare : « Dans l'intérêt de la majorité comme de chacun de ceux qui y participe, je pense que le temps est venu de mettre les choses au net [2]. »

Au cours d'une conférence de presse tenue le 11 avril, Yvon Gattaz préconise le passage de « la défensive par l'austérité à l'offensive par la reprise ». Il réclame une relance par l'investissement ainsi qu'une mobilisation contre le chômage, notamment

1. À l'évidence l'insistance de François Mitterrand sur ce point montre qu'il recevait de nombreux reproches de son entourage pour recevoir si souvent le président du CNPF, que certains lui présentaient comme un membre actif de l'opposition.

2. Les jours de l'Union de la gauche sont désormais comptés.

par la création d'« emplois nouveaux à contraintes allégées ». Ces ENCA ne seraient pas comptabilisés dans les effectifs (afin de contourner les contraintes nées du franchissement de certains seuils), bénéficieraient d'une exonération de l'impôt assis sur les salaires (formation, transports), et seraient dispensés de l'autorisation préalable de l'inspection du travail en cas de licenciement économique. Ces trois dispositions devraient permettre de créer 400 000 emplois en cinq ans, affirme le président du CNPF.

Les propositions du président du CNPF rencontrent immédiatement l'hostilité des syndicats. Louis Viannet, secrétaire général de la CGT, y voit pour le patronat « un formidable point d'appui pour peser sur la situation de l'ensemble des salariés et progresser vers la remise en cause de l'ensemble de la protection sociale ». Jean Kaspar (CFDT) s'interroge : « À qui va-t-on faire croire que cette nouvelle forme de précarité de l'emploi, présentée habilement comme temporaire, est de nature à sortir le pays de la crise ? »

Le 10 mai, *Libération* publie une interview de François Mitterrand dans laquelle ce dernier vante les mérites d'une « société d'économie mixte ».

Le 18 mai, le gouvernement décide de refuser « pour l'instant » les licenciements chez Citroën, annonce Pierre Bérégovoy. La veille, sur TF1, Yvon Gattaz avait apporté un « soutien total » à la direction de la firme automobile. Ce même jour, Edmond Maire affirme que le discours du président du CNPF sur les 35 heures « était d'une indigence rare et désolante », ajoutant « que la violence et l'archaïsme du président du CNPF sont un défi à l'intelligence et à l'esprit d'initiative ».

Le 24 mai 1984, dans une lettre envoyée à Pierre Mauroy, Premier ministre, mais aussi aux ministres Fabius, Delors, Bérégovoy, Ralite et Le Garrec, Yvon Gattaz propose de nouveau au gouvernement, qui s'apprête à réunir un séminaire sur l'emploi, la création d'« emplois nouveaux à contraintes allégées ». Le président du CNPF vient de recevoir l'étude qu'il avait commandée au cabinet Pragma pour prendre la mesure des effets, en matière de création d'emplois, de la levée de trois contraintes : les seuils d'effectifs, l'autorisation administrative de licenciement, certaines charges sur salaires. Il affirme que les ENCA sont bien des emplois supplémentaires et qu'il lui « paraîtrait inexplicable que le gouvernement ne prenne pas en considération [ce premier résultat] à un moment où rien ne doit être négligé de ce qui peut contribuer à créer des emplois ».

Sommet franco-allemand à Paris : le problème du chèque britannique polarise toujours l'attention.

Le vendredi 30 mai, Didier Pineau-Valencienne, président de Creusot-Loire, demande un rendez-vous à Yvon Gattaz pour lui expliquer la situation dans laquelle se trouve son entreprise, confrontée à des pertes dramatiques dans des activités sidérurgiques ne bénéficiant d'aucune aide publique. Les négociations avec les syndicats et les pouvoirs publics sont engagées, sans succès, depuis avril 1983. Un rapport, dit rapport Schulz, a été remis le 22 mars 1984 aux pouvoirs publics qui n'ont pas donné suite à l'appel aux subventions. La situation devient inquiétante, et Didier Pineau-Valencienne sollicite l'appui du CNPF auprès du gouvernement. Yvon Gattaz accepte de jouer encore une fois les intermédiaires, comme il l'avait fait quelques mois plus tôt dans le conflit des transporteurs routiers. En fait, comme il l'a dit lui-même, il a plutôt joué à l'escarpolette financière entre deux adversaires.

Le ministre de l'Industrie, Laurent Fabius, lui demande de venir le voir pour discuter de l'affaire le vendredi 15 juin. Il lui explique clairement que le gouvernement n'accordera aucune subvention. Le ministre regrette que la consolidation financière soit réclamée au niveau de Creusot-Loire et non pas au niveau de la maison mère Schneider Industrie, qui a des activités rentables. Il affirme en effet que les véritables actionnaires sont cachés et qu'il est anormal qu'on demande tout à la fois la nationalisation de la société la plus perdante et le maintien dans le privé de la société amont. Ce qui reviendrait, d'après lui, à une nationalisation des pertes et une privatisation des profits. De plus, il ne comprend pas pourquoi la participation de l'affaire américaine Phenix Steel, qui est déficitaire, est descendue du niveau Schneider au niveau Creusot-Loire en accumulant ainsi à cet étage les entreprises les plus perdantes. Le ministre refuse de recevoir lui-même Didier Pineau-Valencienne, et souhaite que Yvon Gattaz puisse régler ce problème pendant le week-end.

Le samedi 16 avril, le président du CNPF échange plusieurs coups de téléphone avec les deux interlocuteurs, sans succès. Didier Pineau-Valencienne le prévient que le tribunal jugera lundi 18 avril et prononcera sans doute le règlement judiciaire. Il insiste pour que le gouvernement prenne ses responsabilités avant. Laurent Fabius reste ferme lui aussi, mais souhaite qu'une décision positive soit trouvée d'ici là. Il va jusqu'à donner son numéro de téléphone personnel du week-end au président du CNPF dans l'espoir que Didier Pineau-Valencienne fera des contre-propositions de dernière minute, ce qui ne sera pas le cas.

La suite est connue : le dépôt de bilan de Creusot-Loire a fait grand bruit. On a certes évité la liquidation de biens, mais l'inquiétude est grande chez les salariés et les sous-traitants. Ces derniers sont efficacement pris en charge par la Fédération des industries mécaniques et le CNPF lui-même pour retrouver d'autres clients et éviter les faillites en cascade, fréquentes dans ces gros naufrages qui entraînent les plus petites barques dans leur tourbillon.

Le 2 juillet, interrogé sur Europe 1, Yvon Gattaz déclare :

« Il faut cesser de parler de l'affaire Creusot-Loire en terme de règlement de comptes [...]. On décourage les clients, et en particulier les clients étrangers [...]. Nous avons une industrie lourde très performante [...]. Les dirigeants de cette entreprise ont fait des efforts considérables pour sauver les meubles. Ils ont été courageux dans cette affaire [...]. Et le gouvernement a fait ce qu'il a pu pour essayer de rafistoler [...]. »

Une page difficile de la sidérurgie française est tournée.

Rencontre du 4 juin 1984

Mitterrand : « Ceux qui ne paieront pas leur taxe iront en prison. »

Le chef de l'État paraît en très bonne forme et très déterminé sur la plupart des sujets.

Yvon Gattaz : Vous revenez d'un voyage aux États-Unis, un voyage important puisque vous avez pu voir sur place cette surprenante reprise de l'économie des États-Unis qui s'est accompagnée d'une baisse du chômage. Cette visite a été une réussite, permettez-moi de vous le dire, et je pense qu'elle a calmé les inquiétudes des hommes politiques et des chefs d'entreprise américains vis-à-vis de la politique actuelle de la France [1].

François Mitterrand : Je reconnais que ce voyage m'a apporté beaucoup de satisfactions. J'ai rencontré en effet des patrons américains, en particulier à New York.

Y. G. : Nous en avions parlé avant votre départ. N'est-ce pas que le dynamisme retrouvé des entreprises américaines et leur confiance dans leur gouvernement sont étonnants ?

F. M. : Et vos patrons, retrouvent-ils la confiance ?

Y. G. : Ils ne baissent pas les bras, mais ils s'inquiètent beaucoup de l'augmentation probable de cette néfaste taxe professionnelle, qui pourrait atteindre 18 %.

F. M. : Le ministère des Finances dit 15 %.

Y. G. : Il faudrait une mesure d'atténuation pour rapprocher cette hausse de celle des prix, comme en 1982 et 1983, à la suite de nos accords de Matignon du 16 avril 1982.

F. M. : Je vous fais remarquer qu'il ne s'agit pas d'une augmentation volontaire des charges. C'est tout simplement le résul-

1. Au cours d'un voyage récent aux États-Unis, Yvon Gattaz avait pu prendre la mesure de l'inquiétude des milieux d'affaires américains quant à la politique française.

tat mécanique des lois en vigueur. Or, nous n'avons plus d'argent pour diminuer la taxe professionnelle [1].

Y. G. : Il faut que l'augmentation de cette taxe reste voisine de l'inflation.

F. M. : Toutes les entreprises ne sont pas de cet avis puisque les chambres de commerce sont contre la suppression de la taxe professionnelle.

Y. G. : Bien sûr ! elles en touchent une partie ! Il faudrait effectivement compenser pour elles ce manque à gagner si on supprimait enfin cette taxe anti-économique. Je vous remets la lettre du président de notre Union patronale de Charente-Maritime, région que vous connaissez bien. Elle est toute récente puisqu'elle date du 30 mai. Vous voyez que la colère monte à cause de cette taxe et que nos unions ne sont pas sûres de pouvoir la contenir.

(François Mitterrand lit attentivement la lettre de Pierre Brênuchot.)

F. M. : Je vous rends cette lettre pour ne pas vous gêner.

Y. G. : Vous voyez dans quel état d'esprit...

F. M. : Ceux qui ne paieront pas leur taxe iront en prison.

Y. G. : Mais, monsieur le Président...

F. M. : Quant au dernier passage de cette lettre sur la taxe d'apprentissage, on ne m'a pas encore parlé de cette réforme [2]. Le CNPF attise le feu, ou cherche-t-il à le calmer ?

Y. G. : Vous le savez, nous sommes toujours des modérateurs. Mais dans ce cas, il n'est pas sûr que nous puissions contenir les mécontents.

(Le chef de l'État fronce les sourcils. Il paraît inquiet. Il se demande si le président du CNPF n'est pas entré dans une opposition active.)

Y. G. : Monsieur le Président, vous avez dit que vous souhai-

---

1. Contrairement à ce que pense le président de la République, la taxe 1984 sera prise partiellement en compte par le budget de l'État, comme les années précédentes, et cette pratique se perpétuera jusqu'à nos jours, alors que les accords d'avril 1982 ne prévoyaient de réduction que pour deux ans.

2. Le bruit courait à l'époque que le gouvernement souhaitait retirer l'apprentissage aux entreprises pour le confier à l'Éducation nationale.

tiez faire baisser en 1985 les prélèvements obligatoires de 1 %. Pourra-t-on y arriver ?

F. M. : Le ministère des Finances me dit que c'est impossible[1], mais je ne lâcherai pas. Comprenez-moi : 1 % représente 45 milliards, auxquels il faut ajouter la dérive déjà amorcée de 15 milliards, soit 60 milliards. J'ai quelque idée des endroits où on peut trouver les grandes masses d'économies budgétaires.

Y. G. : Lesquelles ?

F. M. : Vous verrez bien.

Y. G. : Je vous rappelle que sur les 44,5 % actuels de prélèvements obligatoires, les entreprises participent pour 17,4 %, soit 40 % du total des prélèvements. Sur les 60 milliards que vous voulez économisez, il faudra donc accorder 24 milliards d'allégement aux entreprises, et si ces 24 milliards étaient consacrés à la taxe professionnelle, ce serait déjà substantiel et ça calmerait les esprits.

F. M. : Vous m'avez déjà dit que vous voulez faire reporter cette taxe sur la TVA.

Y. G. : Oui, partiellement, et cette opération serait neutre pour le Trésor, sinon pour le consommateur. Une telle mesure favoriserait les exportations, alors que la TVA les freine. Elle remplacerait en quelque sorte une éventuelle dévaluation qui est une opération chirurgicale délicate à n'employer qu'après l'administration des médicaments classiques.

F. M. : Vous savez, à propos de dévaluation, j'aurais pu facilement en mai 1981 dévaluer le franc de 25 %, ce qui aurait permis de tout reporter sur mes prédécesseurs. J'ai refusé, car une dévaluation n'est jamais saine et doit être évitée au maximum.

Y. G. : En fait, c'est prendre l'argent aux épargnants pour le donner aux endettés.

F. M. : Parmi lesquels figurent beaucoup d'entreprises. D'ailleurs, une telle dévaluation en 1981 aurait soulevé un tollé à droite.

---

1. François Mitterrand marque ici son désaccord avec Jacques Delors.

Y. G. : Le 6 janvier dernier, je vous ai remis une note traitant de l'incitation à l'investissement des entreprises, au moyen d'un crédit-entreprise dont le mécanisme est voisin du crédit-recherche.

F. M. : Bon. Nous en reparlerons. Je vous signale au passage que nous augmenterons les tarifs des services publics (électricité, téléphone, etc.) autant qu'il le faudra pour la vérité des prix, car il vaut mieux des prix réels que des subventions.

Y. G. : Vous savez que je verrai demain Jean-Louis Bianco et Jacques Attali pour traiter les sujets européens. Mais je souhaiterais, si vous le voulez bien, que nous abordions maintenant les problèmes sociaux.

F. M. : Bien sûr.

Y. G. : Le chômage des jeunes nous préoccupe beaucoup.

F. M. : Nous aussi.

Y. G. : Alors pourquoi ne pas en faire un sujet européen dans les jours qui viennent ? En réalité, sur le plan national, le chômage est considéré comme un problème social et l'emploi comme un problème économique, alors que ce sont les deux faces d'un même problème, mais traitées souvent différemment par des instances différentes.

F. M. : Quelles sont vos solutions ?

Y. G. : La vraie recette, c'est la croissance qui ne se décrète pas et qu'on ne peut pas créer artificiellement, on l'a vu. Il faut donc lever les rigidités qui freinent l'emploi, et elles sont nombreuses.

F. M. : Lesquelles ?

Y. G. : Tout d'abord ne pas freiner le travail à temps partiel demandé par les entreprises et par les salariés. En le facilitant au maximum, on peut créer beaucoup d'emplois. À titre d'exemple, je vous dirai que notre entreprise, Radiall, a tenté il y a plus de dix ans de créer un secrétariat commercial avec deux équipes de femmes à mi-temps, une équipe le matin, et une autre le soir, car il y avait tout près de notre siège social beaucoup de mères de famille qui, ayant élevé leurs enfants, souhaitaient travailler à mi-temps. Eh bien, nous avons dû arrêter l'expérience au bout d'un an.

F. M. : Tiens ! Pourquoi donc ?

Y. G. : Parce que les contraintes étaient plus lourdes qu'avec une seule équipe : salaires totaux plus élevés, effectifs plus nombreux et décomptés comme tels pour la représentation des salariés, charges plus lourdes, et à la fin ces employées ne voulaient plus travailler dans les mêmes bureaux parce qu'elles laissaient leurs affaires personnelles dans les tiroirs. Nous aurions dû doubler la surface. Une expérience manquée !

F. M. : C'est dommage. Mais je suis prêt à faciliter le rétablissement du temps partiel dans les entreprises.

Y. G. : Et puis il y a nos ENCA.

F. M. : Rappelez-moi ce que cela signifie.

Y. G. : Ce sont nos « emplois nouveaux à contraintes allégées ».

F. M. : Ah oui ! je vois. On me dit qu'il y aurait même des opposants à vos ENCA au CNPF.

Y. G. : Vous êtes bien renseigné, monsieur le Président. Il s'agit tout simplement d'experts des problèmes sociaux ou ceux qui se prétendent tels, et qui n'ont pas été consultés pour le lancement de cette formule nouvelle. D'où chez eux une certaine frustration. Elle s'atténuera bien vite [1].

Le mécanisme en est simple. On décide que les emplois nouveaux créés pendant trois ou cinq ans ne déclenchent pas les rigidités habituelles : effet de seuils, autorisation administrative de licenciement, charges sociales. Ces allégements déclencheraient des embauches en masse [2]. Nous venons juste de recevoir l'étude du cabinet Pragma, indépendant du CNPF. L'étude date du 31 mai dernier. On peut, monsieur le Président, si vous le per-

1. Yvon Gattaz est bien optimiste sur ce point. Si le directeur général des affaires sociales au CNPF a été étroitement associé à cette étude, d'autres membres de la commission sociale se sont sentis frustrés et se sont opposés aux ENCA.

2. Le 30 mai, à l'Assemblée nationale, Francis Collomb, député, a obtenu une réponse écrite dilatoire du ministre de l'Économie, des Finances et du Budget, à propos des ENCA proposés par le CNPF. Selon le ministre, l'article 104, qui atténue pour les entreprises dépassant le seuil de 10 salariés le paiement de la taxe sur la construction et la formation professionnelle, répond à la préoccupation du député.

mettez, la résumer de la façon suivante sur dix-huit mois : suppression des effets de seuil : 85 000 embauches environ ; suppression de l'autorisation de licenciement : 370 000 embauches nouvelles environ ; allégement de charges : 15 000 embauches nouvelles environ. Vous voyez que la mesure la plus efficace est bien la suppression de l'autorisation de licenciement qui créerait ou sauverait quelque 370 000 emplois en dix-huit mois.

F. M. : Ces chiffres sont impressionnants.

Y. G. : Le cabinet qui a fait cette étude est très sérieux, et l'on peut se fier à ses calculs. Ces mesures présentent un autre avantage pour le gouvernement : elles sont peu ou pas coûteuses.

F. M. : Ah, bon. Mais attention, les syndicats ne seront sûrement pas d'accord avec ces propositions qui remettent en cause des avantages acquis…

Y. G. : …qui sont en fait des rigidités freinant l'emploi. Mais je vous l'ai dit, monsieur le Président, les syndicats représentent de moins en moins les salariés eux-mêmes. Ils ne sont vraiment actifs et représentatifs que dans le secteur public ou para-public. Il ne faut pas confondre salariés et syndicats…

F. M. : Vous confondez bien vous-même entreprises et CNPF.

Y. G. : Il y a une différence de taille. Les syndicalistes font carrière dans le syndicalisme et s'éloignent de ce fait des salariés eux-mêmes. Les présidents des unions patronales, des fédérations professionnelles et des commissions du CNPF sont des chefs d'entreprise que nous avons beaucoup de peine à convaincre d'assumer ces fonctions, souvent peu compatibles avec l'exercice de leurs responsabilités professionnelles.

F. M. : Je me suis laissé dire que le CNPF avait beaucoup contribué à la montée en puissance des syndicats.

Y. G. : Ce n'est pas faux. Il y a encore au CNPF quelques personnes qui ne sont pas de vrais chefs d'entreprise et qui persistent à croire que la fonction essentielle du CNPF est la négociation au sommet avec les centrales syndicales.

F. M. : Alors que vous prônez l'inverse, hein !

Y. G. : Tout à fait. Je crois à la décentralisation des négociations vers les fédérations et même vers les entreprises, ce qui irrite nos conservateurs et fait hurler les syndicats [1]. Connaissant bien les entreprises — j'ai passé ma vie en entreprise —, j'ai constaté une étonnante prise de conscience des problèmes économiques et sociaux de la part des salariés eux-mêmes, quel que soit leur échelon. Nous sommes loin de l'ouvriérisme du siècle dernier.

F. M. : Mais à cette époque, les patrons ont commis des abus.

Y. G. : Admettons qu'il y ait eu des abus au XIXe siècle. Mais nous ne sommes plus au XIXe. Et je pourrais vous donner des exemples d'erreurs syndicales aujourd'hui.

F. M. : Allez-y !

Y. G. : Au début des années 1970, nous étions quelques entreprises françaises à tenter de mettre en place des horaires variables pour faciliter la vie des salariés. Expériences difficiles et coûteuses pour les entreprises. Eh bien, nous nous sommes heurtés à l'opposition de tous les syndicats français pour deux raisons, strictement corporatistes. Tout d'abord, le progrès social ne peut être déclenché que par les syndicats et pas par les patrons. Chacun son métier, disent-ils. Deuxièmement, les horaires flexibles qui, selon nous, amélioreraient considérablement la vie de famille des salariés, empêcheraient la réunion de portail à heure fixe. Il faut savoir que cette réunion de portail, comme ils disent, permet aux syndicalistes de distribuer leurs tracts, sans rester eux-mêmes trop longtemps dehors sous la pluie. Cette erreur impardonnable a déclenché, me semble-t-il, la décadence syndicale dans notre pays. Décadence qui me paraît irréversible.

F. M. : Votre constat est sévère.

Y. G. : Il n'est pas sévère, il dit la réalité. Regardez l'attitude des syndicats dans les conflits sociaux actuels : ils jettent de l'huile sur le feu.

---

1. Les mérites de la décentralisation des négociations sociales sont aujourd'hui admis par presque tout le monde.

F. M. : Je vous ai dit ce que nous pensions de l'affaire Peugeot-Citroën.

Y. G. : À ce sujet, l'opposition totale de M. Bérégovoy au plan de licenciement de Citroën a été mal reçue par les chefs d'entreprise et il n'est pas impossible que l'attitude du ministre ait fait obstacle à l'embauche de milliers de personnes dans d'autres entreprises.

F. M. : Pourtant, Bérégovoy est un homme raisonnable.

Y. G. : Il a quelques progrès à faire, si j'ose dire, dans la connaissance des entreprises, mais nos rapports sont très courtois.

F. M. : Avant de nous quitter, je voudrais vous dire deux mots de l'enseignement privé dont nous avons parlé la dernière fois. Je trouve la campagne de la droite inadmissible puisque le projet Savary prévoit de subventionner des écoles primaires d'enseignement privé par les collectivités locales, relayées par l'État, alors que ces établissements ne recevaient jusqu'à maintenant aucune subvention. On se plaint que cette subvention ne soit établie que pour onze ans : c'est très curieux[1].

Eh bien, nous avons fait un tour d'horizon intéressant. Je souhaiterais vous revoir en août, car ce mois-là, je serai ici tous les mercredis et tous les jeudis. À la sortie de l'Élysée, dites bien aux journalistes qui vous attendent sur le perron que cet entretien était prévu depuis longtemps et qu'il n'est pas du même ordre que ceux que je vais accorder ces jours-ci aux leaders politiques pour préparer les prochains sommets européens de Londres et de Fontainebleau au mois de juin.

Sur le perron de l'Élysée, Yvon Gattaz, comme d'habitude, est immédiatement harcelé par une meute de journalistes. Il déclare

1. Surprenante analyse de François Mitterrand à quelques jours du défilé du 14 juin pour l'école libre, qui rassemblera des centaines de milliers de personnes. Le chanoine Guiberteau est l'un des leaders du mouvement. Cette manifestation sera considérée comme un second avertissement solennel lancé au gouvernement, après celui des États généraux de Villepinte. On a pu dire à l'époque : « Guiberteau et Gattaz ont ébranlé le pouvoir socialiste. »

sur un ton particulièrement ferme [1] :

« 1) L'économie française est atteinte d'une anémie pernicieuse, elle prend du retard sur les autres pays. Des mesures pour les entreprises s'imposent donc en priorité. 2) Le gouvernement a promis que les charges des entreprises ne seraient pas augmentées, or la taxe professionnelle, cette taxe imbécile, comme vous le savez, risque d'augmenter de quelque 18 % en 1984. Je prédis pour novembre prochain une explosion de mécontentement dont le gouvernement ne soupçonne pas l'ampleur. »

Un journaliste : Vous prévoyez l'explosion ou vous la préparez ?

Y. G. : Nous ne la préparons sûrement pas, nous la subirons.

Question : Vous ne la préparez pas ?

Y. G. : Sûrement pas, nous la subirons tous, et je crains que nous ne puissions pas, ni les uns ni les autres, la contrôler, ça se passera en novembre 1984.

Question : Pourquoi novembre 1984 ?

Y. G. : Parce que c'est le moment où on paie la taxe professionnelle et où elle est connue. Le CNPF a toujours essayé de calmer ses troupes, mais il y a des moments où ça n'est pas possible de les calmer, et je crois que je comprendrai sûrement leur mécontentement dans une telle circonstance.

Puis, reprenant le fil de son propos, le président du CNPF déclare :

« 3) Le chômage est un fléau national, il mérite des mesures exceptionnelles. Nous avons proposé plus de 400 000 emplois nouveaux si les contraintes des entreprises étaient allégées. Mais je dois dire que nous n'avons pas de réponse à nos propositions concrètes. »

Un journaliste : Le chef de l'État partage-t-il vos inquiétudes ?

---

1. Comme Yvon Gattaz l'explique par ailleurs, le président du CNPF, dans les déclarations qu'il faisait à la suite de ses rencontres avec le chef de l'État, devait tenir compte de l'exaspération croissante de ses adhérents de plus en plus mécontents et inquiets. Cette déclaration-ci, en quatre points, avait été préparée à l'avance. Mais cette fois, aux yeux de François Mitterrand, la goutte a fait déborder le vase.

Y. G. : Seuls les actes du gouvernement diront si j'ai été aujourd'hui entendu.

Achevant son propos :

« 4) Si le chômage est un problème social, l'emploi lui est un problème économique. Nous pensons qu'il faut prendre des mesures incitatives pour l'investissement productif et rentable. »

Ce même 4 juin, Jacques Attali commente le dialogue d'Yvon Gattaz avec les journalistes en ces termes : « Cette fois, à sa sortie, le président du CNPF se laisse aller à des déclarations particulièrement négatives et agressives. Il demande une baisse des impôts. Il laisse prévoir, s'il n'est pas entendu, une "explosion de mécontentement" des chefs d'entreprise. Il ne sera plus reçu avant longtemps [1]. »

Après sa tentative avortée le jour de son élection, le 15 décembre 1981, pour changer le nom du CNPF et remplacer le mot « patronat », par « entreprises », Yvon Gattaz a créé un groupe de travail sur ce sujet et a réuni, le 26 juin, dix délégués généraux d'unions patronales à Jouy-en-Josas, et, le lendemain 27 juin, cinq présidents de grandes entreprises au siège du CNPF [2].

Les arguments avancés pour le changement de sigle sont nombreux : Le N de national est redondant avec le F de français. Patronat fait écho à syndicat. Vieillot par ses connotations paternalistes, le terme n'est pas sans ambiguïté. Désigne-t-il le propriétaire de l'entreprise, son directeur, l'ensemble du management, ou encore un ensemble comprenant actionnaires et dirigeants ? Enfin, le C donne cours à toutes sortes d'interprétations : confédération, commission, centrale. Conseil, qui est le signifié, conviendrait mieux à un consultant qu'à une organisation d'entreprises.

---

1. Jacques Attali, *Verbatim*, Paris, Fayard, t. 1, 1993, p. 643.

2. MM. Boutet (Primistère), Clerc (CDME), Maillet (Intertechnique), Mulliez (Auchan), Pasquet (Télémécanique).

En dépit de ces arguments, les conseillers demandent au président du CNPF de conserver le sigle tel quel. Il faudra encore attendre quatorze ans avant qu'il soit modifié en Medef (Mouvement des entreprises de France).

Le 7 juin, Guy Brana présente à la presse un volumineux rapport sur les aides de l'État aux entreprises. En effet, la commission mixte mise en place par Laurent Fabius n'a pu aboutir à aucun résultat, tant sont grands les désaccords entre experts du CNPF et ceux du gouvernement.

Le rapport présenté par Guy Brana démythifie la question. Les aides aux entreprises du secteur concurrentiel s'avèrent beaucoup moins importantes qu'on le croyait généralement. Elles représentent 15 milliards de francs, concernant huit grands domaines d'intervention de l'État : aménagement du territoire, création d'entreprises, économie d'énergie, certains soutiens à l'exportation, recherche, investissement, entreprises en difficulté, formation et emploi. Elles se décomposent en une centaine de procédures émanant de plusieurs dizaines d'officines ministérielles et administratives. Ces procédures sont complexes, sélectives et souvent inaccessibles aux petites entreprises. Elles constituent un système pervers de relations entre l'État et les entreprises : l'État impose des charges insupportables aux entreprises, aggravées encore par un contrôle sur les prix ; ensuite il décide d'atténuer par des aides l'effet négatif de ces charges et de ces contraintes. Ce qu'il accorde ainsi en se constituant au passage une clientèle au sens romain du terme, c'est une partie seulement de ce qu'il a prélevé !

La présentation unilatérale de ce rapport par le CNPF ne suscite aucune réaction de la part du gouvernement qui préfère garder le silence sur ces curieux procédés d'aides aux entreprises.

Le 17 juillet, Pierre Mauroy présente sa démission. Le Premier ministre, usé par trois années de pouvoir, sait bien qu'il ne peut rester à Matignon après le formidable échec de la tentative de réforme de l'Éducation nationale. François Mitterrand l'accepte et nomme Laurent Fabius Premier ministre. Jean-Pierre Chevènement est nommé à l'Éducation nationale, Pierre Bérégovoy à l'Économie, Georgina Dufoix aux Affaires sociales. Claude Cheysson reste au Quai d'Orsay.

Le 24 juillet, quelques membres du bureau du CNPF notoirement engagés à droite font transmettre oralement à Yvon Gattaz en forme d'avertissement, l'étrange message suivant : « Il ne faudrait pas obtenir d'un gouvernement de gauche trop de mesures favorables aux entreprises. Vous ne devriez plus rien demander. Si vous obtenez ce que vous demandez, vous allez promouvoir le socialisme. »

Le 27 juillet, Yvon Gattaz demande un entretien au président de la République pour le mois d'août, conformément à ce qui avait été convenu lors de la précédente rencontre. Mais en raison de ses déclarations sur le perron de l'Élysée le 4 juin dernier, François Mitterrand décline la proposition. Il demande à ses collaborateurs, Jean-Louis Bianco, secrétaire général de l'Élysée et Jacques Attali, son conseiller spécial, de recevoir à sa place le président du CNPF.

En conséquence, le président du CNPF, lui-même retenu par ses propres adhérents qui sentent tourner le vent politique, ne sollicitera plus d'audience auprès du chef de l'État jusqu'à la fin de son mandat.

Dès le 2 août, Laurent Fabius a tenu à recevoir une délégation du CNPF. Il souhaite avoir avec l'organisation des relations « loyales et bonnes ». Un premier tour d'horizon fait apparaître l'origine des trous de recettes dans le budget 1985 : moins 10 milliards sur l'impôt sur le revenu ; moins 10 milliards sur la taxe professionnelle ; moins 10 milliards sur les cotisations sociales. « Nous allons connaître une période difficile, avec 83 milliards de dettes publiques. Il faut un coup d'arrêt », déclare d'emblée le tout nouveau Premier ministre. Et quand Yvon

Gattaz lui propose de relancer les investissements, Laurent Fabius répond : « L'État n'a pas d'argent. »

Le président du CNPF explique au Premier ministre le fonctionnement des ENCA à propos desquels, explique-t-il, le CNPF se trouve « devant une coalition du silence ». Avant de se prononcer, Laurent Fabius souhaite attendre le résultat des négociations du CNPF avec les syndicats, à la fin octobre.

À propos de la taxe professionnelle et de ses dérapages, le Premier ministre reconnaît qu'il a confirmation de ce phénomène dans sa région, mais affirme à nouveau « qu'il n'a pas d'argent ».

Ce premier entretien avec le Premier ministre a démontré au moins trois points importants : 1) Il souhaite que s'instaurent de nouvelles relations entre le gouvernement et le CNPF ; 2) Il n'a pas d'argent du fait de la dette extérieure très importante ; 3) Il souhaite infléchir la politique gouvernementale sans trop heurter la majorité politique : « Pas d'effets d'annonces. » « Attention aux grands symboles », explique-t-il volontiers.

Au même moment, sur les marchés des changes, le franc est attaqué. On s'attend à une nouvelle dévaluation.

Le 21 août, Jean-Pierre Chevènement reçoit une délégation du CNPF. Le nouveau ministre de l'Éducation nationale est conscient de l'énormité de l'administration qu'il dirige : plus d'un million de fonctionnaires, « la plus grande entreprise du monde après l'armée soviétique », lui fait remarquer Yvon Gattaz.

Son propre père ayant été instituteur, le ministre connaît bien l'école. Il pense qu'on lui demande trop. Son programme d'action pour la formation des maîtres et l'ouverture sur l'environnement devra s'inscrire « dans une durée de dix à quinze ans ». Il est bien conscient qu'il faudrait faire tomber les murs, comme le demande Yvon Gattaz, entre enseignants et entrepreneurs. À son avis, si un bon tiers des universitaires entretenaient de bonnes relations avec l'industrie, ce ne serait pas un mauvais résultat.

Yvon Gattaz demande l'appui du ministre pour que la formule

crédit-recherche qui fonctionne bien soit étendue à tous les investissements. Une demande qu'il a déjà formulée devant le chef de l'État. Jean-Pierre Chevènement déclare avoir deux préoccupations majeures : apprendre à lire, écrire et compter aux « petits Français » ; développer une formation professionnelle adaptée à une économie moderne en mutation. Il pense que cette impulsion nouvelle ne peut être donnée que sous forme d'assises par académie.

Le ministre annonce à ses visiteurs une autre initiative : la réunion d'une commission sur les rapports entre université et industrie pour laquelle il demande un représentant qualifié du CNPF[1].

Yvon Gattaz demande au ministre ce qu'il pense de la loi Savary. Jean-Pierre Chevènement s'en tire par une pirouette en répondant qu'on n'a pas le temps de se quereller. « Le prochain système laïque devra combattre l'ignorance, alors que le système actuel fabrique des analphabètes », déclare-t-il. À quoi le président du CNPF réplique : « Nous vous souhaitons surtout de ne plus être le ministre des enseignants, mais de devenir enfin celui des enseignés[2]. »

Du 29 août au 1er septembre, François Mitterrand se rend en voyage privé au Maroc.

Le 5 septembre, invité de *L'Heure de vérité*, Laurent Fabius, à propos de ses rapports avec François Mitterrand, lance la fameuse formule : « Lui, c'est lui, et moi, c'est moi. »

Au cours d'une conférence de presse de rentrée, Yvon Gattaz déclare le 10 septembre que « si le gouvernement n'agit pas, il se condamne à ne pas réussir ». Or agir, c'est « libérer immédiatement les prix des produits et des services industriels, s'engager dans un processus de libération progressive des prix et des

1. Comme dans tous les cas semblables au cours de cette période, aucun des noms proposés par le CNPF ne sera retenu par le gouvernement.
2. La formule était de Christian Beullac, ministre de l'Éducation nationale dans le gouvernement Barre.

marges des commerces et services, desserrer puis supprimer le contrôle des changes». Les journalistes remarquent qu'Yvon Gattaz est seul face à la presse. Il n'en faut pas plus pour déclencher de nouvelles rumeurs sur des «tensions» à la tête du CNPF.

Le 12 septembre 1984, la commission économique du CNPF publie un communiqué à propos du projet de loi de finances pour 1985 :

> Dans le budget 1985, il y a du bon et du mauvais :
>
> 1. Le bon : c'est la prise en compte de l'absolue nécessité de freiner les dépenses publiques pour abaisser le niveau des prélèvements obligatoires qui est, en France, le plus élevé des grands pays développés.
>
> 2. Le mauvais : malgré les intentions affichées, le gouvernement n'a pas parié vraiment sur les entreprises, puisque l'allégement de 10 milliards sur la taxe professionnelle sera compensé par l'augmentation de la taxe intérieure des produits pétroliers, suppression probable de la provision pour investissement au titre de la participation des salariés, augmentation sensible des tarifs du téléphone (4 milliards supportés en grande partie par les entreprises).
>
> *In fine*, ces choix budgétaires ne permettent pas d'espérer une amélioration réelle ni de la situation économique, ni du commerce extérieur, ni de l'emploi.

La tension reste vive en septembre dans les usines de la Régie Renault de Douai et de Sandouville. En visite au Havre, Yvon Gattaz trouve «lamentable de sacrifier l'avantage pris par la France dans le secteur automobile pour des problèmes pseudo-politiques».

22 septembre : devant l'ossuaire de Verdun, François Mitterrand prend la main de Helmut Kohl.

Le 25 octobre 1984, des tensions se confirment au sein du conseil exécutif du CNPF.

Le climat politique a changé depuis le milieu de l'année 1984. La nervosité du gouvernement s'accentue en dépit de l'arrivée à Matignon de Laurent Fabius, qui a la réputation d'être plus ouvert, plus moderne. Les extrémistes reprochent à François Mitterrand et au gouvernement de trop dialoguer avec Yvon Gattaz, et surtout de trop lui accorder de « cadeaux ».

A contrario, dans l'opposition, et également au CNPF, quelques opportunistes sentent le vent tourner et il n'est pas besoin d'avoir l'ouïe très fine pour entendre « le bruissement soyeux des vestes qui se retournent ». Yvon Gattaz est de plus en plus attaqué pour « son attitude de dialogue continu » avec les pouvoirs publics. Le 25 octobre, devant l'inquiétude de ceux qui craignent qu'il ne reconduise pas le mandat de ses cinq vice-présidents nommés par lui au conseil exécutif du CNPF, il croit bon, pour calmer les esprits, de publier un communiqué confirmant qu'il gardera bien auprès de lui Yvon Chotard, que l'on croyait déjà sur la « charrette », ainsi que Guy Brana et Michel Maury-Laribière, dont la collaboration est pour lui « indispensable » et le dévouement « indéfectible ».

Ce même 25 octobre 1984, Yvon Gattaz est reçu par le Premier ministre à Matignon. L'accueil de Laurent Fabius est cordial. Le président du CNPF n'en dénonce pas moins la « véritable transfusion » de 8 à 10 milliards que l'on est en train d'opérer, faisant allusion aux avances de trésorerie des entreprises à la Sécurité sociale. Puis Yvon Gattaz revient sur la taxe professionnelle dont les chefs d'entreprise du Nord lui ont parlé la veille à Lille : des instructions d'aménagement devaient être données par Pierre Bérégovoy aux trésoriers payeurs généraux, mais il semblerait que rien n'ait été fait[1].

Abordant enfin la question des investissements, Yvon Gattaz

1. Pierre Bérégovoy, le lendemain 26 octobre, confirmera à Yvon Gattaz que les trésoriers payeurs généraux seront bien alertés dans le sens de la clémence.

fait remarquer qu'en 1985, d'après les dernières prévisions, la France risque de décrocher. En effet les taux de croissance des investissements prévus sont : + 15 % aux États-Unis ; + 12 % au Japon ; + 10 % en Grande-Bretagne ; + 10 % en Allemagne fédérale ; + 3,5 % en France. Il y a donc lieu, dit-il, de regretter que les nombreuses propositions du CNPF pour un crédit-investissement n'aient pas été suivies. Sur la question des prix, Laurent Fabius craint qu'une libéralisation trop rapide n'entraîne un « phénomène d'accordéon » sur les salaires.

Yvon Gattaz plaide ensuite longuement pour les ENCA qui, seuls, à son avis, peuvent endiguer rapidement la montée du chômage. « Il vaudrait mieux que le gouvernement discute de ce problème avec les employeurs eux-mêmes plutôt qu'avec des syndicats ou des fonctionnaires », estime le président du CNPF. Laurent Fabius approuve sans s'engager toutefois, les ENCA étant devenus autant de chiffons rouges pour les syndicats.

L. F. : Reconnaissez que, depuis le premier choc pétrolier, les gouvernements de droite ont finalement fait payer la note aux entreprises elles-mêmes en avantageant les particuliers et que, pendant cette période, le CNPF est resté silencieux.

Y. G. : Je n'étais pas président de l'organisation à l'époque.

L. F. : Je le sais bien. Mais aujourd'hui, le gouvernement donne la priorité aux entreprises et il devrait avoir droit, sinon à la reconnaissance, au moins à la compréhension du CNPF, qui continue à faire de la sinistrose permanente. Il nous semble que vous découragez de ce fait les entreprises au lieu de les encourager.

À ce moment, l'entretien est interrompu par la nouvelle de la libération du journaliste français Jacques Abouchard d'Antenne 2, prisonnier depuis six semaines des Soviétiques en Afghanistan. Le Premier ministre donne immédiatement des instructions téléphoniques à Claude Cheysson, ministre des Affaires étrangères pour qu'on envoie sur l'heure un avion [1].

1. L'avion partit trop rapidement, sans autorisation internationale, et dut faire demi-tour par suite du refus de l'Union soviétique de voir survoler son territoire.

Au terme de cet entretien quelque peu mouvementé, Yvon Gattaz donne quelques chiffres sur la loi de finances 1985 en cours de vote au Parlement : l'allégement des charges des entreprises serait de 10 milliards, et l'alourdissement de 15 milliards, donc une charge supplémentaire finale de 5 milliards ; l'accroissement de la taxe professionnelle par rapport à l'inflation depuis quatre ans révèle une dérive totale de quelque 14 milliards. Le Premier ministre se propose de faire vérifier ces chiffres qui lui semblent élevés.

Le 4 novembre, sur TF 1, à l'émission *Midi Presse*, Yvon Gattaz déclare qu'il est favorable aux dénationalisations. Toutefois, le président du CNPF précise sa pensée en ces termes : « Pendant l'année où a duré le débat sur les nationalisations en 1981-1982, les entreprises concernées ont été déstabilisées. Je ne voudrais pas qu'aujourd'hui un débat sur les dénationalisations les paralyse à nouveau pendant dix-huit mois. » Et il ajoute même : « Elles sont bien dirigées, elles respectent l'économie de marché [...] elles sont gérées pratiquement comme si c'étaient des entreprises privées. » Invité à commenter le programme RPR affiché dans un livre (*Libres et responsables*) qui doit sortir en librairie, Yvon Gattaz « se réjouit très sincèrement de la demande de liberté totale des prix et des changes qu'il réclame sans cesse lui-même ». Selon le président du CNPF, il faudrait revenir sur les ordonnances de début 1982 concernant le travail à temps partiel, le travail intérimaire et les contrats à durée déterminée, sur les lois Auroux en partie, sans toucher à l'expression des salariés, revenir à la liberté totale des prix et des changes et à une privatisation au moins partielle du crédit. « Le chômage ne peut que s'aggraver en 1985 à moins qu'on ne prenne des mesures de flexibilité », prévoit-il.

Ces déclarations soulèvent un tollé dans la presse du lendemain 5 novembre. Les échéances électorales se rapprochent, et la moindre déclaration, fût-elle conforme au discours habituel de celui qui la prononce, est interprétée dans cette perspective. Le président du CNPF, qui se voulait apolitique, n'est-il pas en train de faire prématurément allégeance au RPR ? s'interroge-t-on. Certains esprits s'enflamment. Claire Chazal, à l'époque journaliste au *Quotidien de Paris*, se demande : «Pourquoi un couplet politique aussi soudain et inattendu de la part du patron des patrons ?» Et de répondre elle-même : «Peut-être parce qu'après tout, l'approche d'une possible victoire de l'opposition en 1986 laisse les coudées plus franches à des chefs d'entreprise terrorisés, il y a trois ans, par les cris de haine poussés par certains militants socialistes. Mais peut-être surtout parce qu'Yvon Gattaz tient à aborder le prochain renouvellement de son conseil exécutif (en décembre) en maître absolu. Or, ne dit-on pas depuis quelque temps Yvon Gattaz débordé sur sa droite par des fédérations plus "énergiques" et par des personnalités "irréductibles" ?» *L'Humanité*, quant à elle, titre sur la satisfaction éprouvée par Yvon Gattaz à la lecture du programme du RPR.

Le 7 novembre, Pierre Bérégovoy qualifie de «fâcheuse» l'attitude du président du CNPF. «Depuis dimanche dernier, déclare le ministre des Affaires sociales, M. Gattaz a choisi son camp de façon très claire, oubliant que, dans sa fonction, mieux vaut ne pas mélanger la politique aux responsabilités syndicales.»

Du coup, certaines officines gouvernementales recommandent aux responsables des entreprises nationalisées de manifester leur indignation par écrit au président du CNPF. Trois d'entre eux seulement obéissent aux ordres :

Alain Gomez, PDG de Thomson écrit à Yvon Gattaz : «Il ne me semble pas opportun que le président du Conseil national du patronat français, prenne position publique dans un débat de nature politique.»

Le président de la Compagnie générale d'électricité, quant à lui, fait signer sa missive par un directeur général qui croit observer une «contradiction dans les propos qui [lui] ont été prêtés, entre l'affirmation d'un souhait de privatisation des entreprises nationalisées et celle de la crainte de déstabilisation que pourrait entraîner la réouverture d'un débat sur ce sujet».

Jean Dromer, président de l'Association française de banque, et PDG de la banque BIAO (Banque internationale pour l'Afrique occidentale) nationalisée, joue de la menace après huit jours de réflexion : « Nous vous demandons de bien vouloir éviter toute équivoque à ce sujet car nous ne voulons pas la concevoir dans notre esprit comme une remise en cause de notre appartenance au CNPF. »

Jean Peyrelevade, président de la Compagnie financière de Suez, déclare quant à lui dans *Le Matin* du 8 novembre qu'Yvon Gattaz « est sorti de son rôle et nous cause un dommage sérieux en laissant croire que les établissements financiers nationalisés sont frappés d'incompétence, d'immobilisme et d'incapacité ».

Devant ces remous, le président du CNPF croit bon de publier un communiqué :

> Le rôle du CNPF n'est pas de faire de la politique. Dans l'ambiance d'agitation politique préélectorale qui commence à se faire sentir, nombreux sont ceux qui souhaiteraient que le CNPF prenne parti pour les uns ou pour les autres, exprime des préférences politiques pour tel ou tel parti ou pour telle ou telle personnalité.
>
> Yvon Gattaz, président du CNPF, tient à rappeler que, depuis trois ans, il a obtenu de ses instances dirigeantes que son organisation ne s'implique aucunement dans les luttes politiques. Lors des États généraux de 1982, il avait été clairement démontré que le seul parti du CNPF était le « parti de l'entreprise ».
>
> Yvon Gattaz tient à maintenir strictement cette stratégie qu'il a lui-même initiée.
>
> Le CNPF continuera donc à jouer son rôle strictement économique et social, qui consiste à défendre l'entreprise, à combattre avec vigueur les mesures qui compromettent le succès, et parfois

même la survie, des entreprises, à négocier avec les partenaires sociaux une politique contractuelle, à proposer au gouvernement des mesures d'incitations et la levée de contraintes inhibitrices, à effectuer la promotion de l'entreprise de demain, et à inciter les chefs d'entreprise à une gestion toujours plus performante.

Malgré les suppositions, les pressions ou les procès d'intention, le CNPF ne changera pas la ligne de conduite qu'il suit depuis trois ans, et continuera à défendre les entreprises françaises avec la même énergie impartiale, loin de tout état d'âme partisan.

Le 15 novembre, François Mitterrand part en Crète rencontrer Kadhafi.

Le 22 novembre, le chef de l'État, en visite à Strasbourg, confirme le durcissement des relations entre le gouvernement et les chefs d'entreprise, lorsqu'il déclare : « Quand j'entends la somme de doléances et parfois de gémissements qui m'entourent, eh bien, je dis : regardez-vous, que faites-vous, vous-même ? comment agissez-vous ? qu'avez-vous apporté à l'édifice national ? qui donc baisse les bras ? Eh bien, moi je vous dis, ce ne sont pas les travailleurs de France. Ils ne demandent que cela, du travail et de la réussite. Il s'agit donc d'une défaillance de ceux qui, responsables de la marche générale de notre économie, qui l'ont laissé tomber, ou bien ont vendu à l'étranger, bout par bout, certaines de nos industries parmi les plus nécessaires. »

Le CNPF répond qu'il ne se sent aucunement concerné par ces attaques.

Du 26 au 28 novembre, François Mitterrand est en Syrie. Long tête à tête avec le président Assad.

Le 3 décembre, la négociation sur la flexibilité de l'emploi touche à sa fin après six mois de tractations. Une douzième séance de travail se tient au siège du CNPF, avenue Pierre-Ier-de-

Serbie. Du côté du CNPF, la délégation conduite par Yvon Chotard a cru bon de renoncer aux ENCA devant le refus catégorique et constant des syndicats de voir mettre en cause l'autorisation administrative de licenciement. En face, quatre syndicats (CFDT, FO, CFTC et CGC) entrevoient la possibilité d'un accord sur les autres thèmes de la négociation : conséquences des nouvelles technologies [1], travail « différencié » (expression qui signifie à l'époque contrat à durée déterminée, emplois intérimaires ou à temps partiel). Jean Kaspar (CFDT), dont l'attitude paraît déterminante, déclare qu'il faut « tout faire pour l'emploi », « tout tenter pour que les négociations aboutissent ». « Nous avons la volonté d'aller jusqu'au bout », déclarent pareillement les représentants CFTC, FO et CGC. Mais la CGT a maintenant une tout autre idée des choses. Et tandis que la négociation se déroule à l'intérieur de l'immeuble de l'avenue Pierre-Ier-de-Serbie, 400 manifestants cégétistes font le siège à l'extérieur. Ce qui fait dire à Yvon Chotard : « On doit choisir, ou bien on manifeste, ou bien on négocie. » Louis Viannet, à la tête de la délégation CGT, déclare, en sortant subrepticement de la salle de négociation, que le CNPF « ne renonce à rien » et que l'objectif patronal, malgré le retrait des ENCA, est bien l'établissement d'un « code d'insécurité pour les travailleurs ».

À l'issue de cette séance mouvementée, Yvon Chotard déclare espérer « raisonnablement » qu'un accord pourra sortir des délibérations puisqu'un « espace de négociation a été trouvé ».

3-4 décembre : sommet européen à Dublin. L'adhésion de l'Espagne et du Portugal est confirmée.

7 décembre : Roland Dumas remplace Claude Cheysson au Quai d'Orsay.

8-12 décembre : François Mitterrand se rend au Zaïre et au Rwanda.

1. Ce thème, imposé par les syndicats, est resté assez flou.

Après vingt et une heure d'une négociation commencée le 15 décembre au matin et conclue le lendemain à 6 heures 30, un protocole d'accord est établi. Le bureau national de la CFDT, réuni dimanche en milieu de journée, a fait connaître le 17 décembre son « avis favorable » — non sans annoncer une consultation de l'ensemble de ses syndicats, ce qui lui permet de reporter sa réponse définitive au 26 décembre. La CGC, la CFTC et FO sont apparemment sur la même longueur d'onde. La CGT accuse les « quatre » de vouloir signer à tout prix, fustigeant le « mauvais coup du patronat ». Louis Viannet s'en va partout répétant : « Les travailleurs sauront à qui ils doivent les conséquences de ce qu'ils auront à subir. »

Le 18 décembre devant l'assemblée générale du CNPF réunie à Paris, Yvon Gattaz déclare que les deux priorités pour 1985 seront la productivité et l'emploi. Le président de l'organisation patronale demande aussi une redéfinition des rapports entre les entreprises et l'État, une véritable libération des prix, la simplification des procédures et notamment « la transformation d'une partie des aides publiques existantes, dispensées selon une centaine de procédures par des dizaines d'administrations, en une incitation fiscale à l'investissement générale, automatique, contrôlée *a posteriori* et inspirée de ce qui existe déjà à l'étranger ».

De son côté, Yvon Chotard répète devant l'Assemblée générale les déclarations optimistes qu'il a faites à la presse : l'accord avec les syndicats est « presque signé ». Ce qui lui vaut maintes félicitations, et un portrait télévisé en compagnie de sa famille sur TF1. Pour le président de la commission sociale, qui pratique la négociation syndicale depuis neuf ans (dont six sous la présidence Ceyrac), cet accord pourrait être une sorte de couronnement

Ce même jour, à la Maison de la radio, après une émission à laquelle il participait, Yvon Gattaz est approché par un technicien qui lui glisse : « Je suis un responsable FO et je puis vous dire que nous ne signerons pas. »

Le 28 décembre, coup de théâtre : tous les syndicats, après consultation de leur base, disent non au protocole qui leur a été présenté par le CNPF. La CGT s'en réjouit. Mais pas question pour autant de « baisser la garde ou de considérer que cette première grande victoire suffit pour nous protéger définitivement des objectifs du CNPF ». Chez les autres syndicats, on déclare qu'on était arrivé à la limite des concessions possibles.

La réaction de la presse est sévère. Elle y voit un « grave échec » pour le CNPF. « Là s'achève sans doute l'ère Chotard », écrira *Le Nouvel Économiste*, dans son édition du 3 janvier 1985.

1985-1986
L'Élysée ne répond plus

Après l'échec retentissant de la négociation sur la flexibilité de l'emploi qui a terminé l'année 1984, le nouvel an débute sous des augures menaçants. Le contact ayant été rompu avec le président de la République, le président du CNPF ne peut que tenter de continuer le dialogue avec son Premier ministre, Laurent Fabius, et le tout nouveau ministre de l'Économie et des Finances, Pierre Bérégovoy.

Philippe Simonnot : Était-il possible de recoller la vaisselle cassée à la fin de décembre 1995 ?

Yvon Gattaz : Non, et j'ai tout de suite déclaré [1] que le protocole d'accord auquel nous étions parvenus le 16 décembre 1984 n'était pas renégociable.

Ph. S. : Qui étaient, selon vous, les grands perdants de cet échec ?

Y. G. : Je l'ai dit aussi tout de suite. C'étaient les chômeurs. D'ailleurs, l'un des grands acteurs de cette affaire était en train de sortir de la scène française : Jacques Delors, nommé président de la Commission des Communautés européennes à Bruxelles. Il fut remplacé par Pierre Bérégovoy. Bien que ministre de l'Économie, Jacques Delors était très préoccupé par les problèmes sociaux. Bérégovoy venant du ministère des Affaires sociales, nous nous attendions au pire. En tout cas, nous étions dans l'expectative.

Ph. S. : En même temps que Bérégovoy arrivait rue de Rivoli — alors siège du ministère de l'Économie et des Finances —

1. Sur Antenne 2 le 4 janvier 1985.

Jean-Claude Trichet était nommé directeur du Trésor. Une politique du « franc fort » allait être mise en œuvre.

Y. G. : Personne n'en parlait encore. Quant à moi, n'étant plus reçu à l'Élysée pour les raisons que nous avons dites…

Ph. S. : Vous le regrettiez ?

Y. G. : Un peu. Quant à moi, donc, j'avais l'impression que François Mitterrand n'était plus dans le coup, qu'il était affaibli au point de n'être plus le maître dans sa propre maison. Alors je préférais m'adresser à ses saints plutôt qu'à Dieu et je demandai un entretien au Premier ministre, Laurent Fabius, qui me reçut le 11 janvier. Il était lui-même très désireux de me rencontrer après l'échec des négociations sur la flexibilité et mon refus de reprendre langue avec les syndicats.

Ph. S. : Vous a-t-il demandé des explications ?

Y. G. : Je lui racontai ce qui s'était passé. Et j'insistai pour que le gouvernement prenne clairement des mesures en faveur de la flexibilité. Il m'a opposé un refus courtois, mais ferme. À un moment de la discussion, il a levé les bras au ciel et dit : « Puisqu'il n'y a rien à faire, laissons tomber la flexibilité. » Je lui proposai alors de lancer une enquête pour établir les liens entre flexibilité et emploi. Il me répondit qu'il se méfiait de ce genre d'enquêtes par lesquelles on faisait dire ce qu'on voulait aux chiffres et qui seraient perçues comme une « magouille ». Je lui rappelai alors la proposition de Paul Marchelli [1] de réglementer les licenciements par la loi, proposition qui semblait avoir été acceptée par tous les négociateurs et qui fut refusée par le gouvernement à cause de l'opposition de Bergeron à qui Fabius avait téléphoné.

Ph. S. : Bergeron avait une grande influence ?

Y. G. : Énorme, hélas ! et pas seulement sur les socialistes, nous le verrons. Ce jour-là, c'est après avoir évoqué le nom du dirigeant de FO que Fabius me déclara : « Le président du CNPF

1. Président de la Confédération générale des cadres.

s'honorerait de décréter qu'il relance la négociation. » C'était un indice que Bergeron faisait pression dans ce sens. Mais je restai ferme sur mes positions. On est passé à autre chose. Le Premier ministre s'inquiétait qu'un petit nombre seulement de contrats de formation alternée pour les jeunes aient été signés. Il n'y en avait que 10000. Or, on en avait promis 300000 pour l'ensemble de l'année. Il fallait absolument, insistait-il, que le CNPF tînt ses engagements dans ce domaine. Je lui expliquai que certaines commissions d'agrément locales mettaient beaucoup de temps à donner leur accord. D'un autre côté, mon interlocuteur était très satisfait des TUC (travaux d'utilité collective), puisque 100000 avaient déjà été créés.

Nous avons aussi abordé le problème des investissements. Ceux-ci diminuaient dangereusement. J'essayai de lui faire prendre conscience de la gravité de la situation. Enfin, je revins sur l'irritant problème de la liberté des prix, toujours promise pour plus tard. De fait, tous les prix ne seront pas libérés avant la fin de la législature. Pour obtenir gain de cause, il faudra menacer d'attaquer le gouvernement devant le Conseil d'État et même devant de la Cour de justice des Communautés européennes. Finalement, Laurent Fabius a promis de libérer les prix discrètement en accord avec Pierre Bérégovoy, qui préparait un train de mesures de libéralisation pour les jours prochains.

Ph. S. : Il faut se rappeler que l'ambiance, en ce mois de janvier, est assez lourde. Le 17, François Mitterrand est à Nouméa où la révolte gronde. Et le 25, le général Audran est assassiné par un commando.

Y. G. : À cette époque — on l'a oublié — la menace terroriste était permanente. J'étais moi-même protégé par des gardes de corps. C'est une surveillance très pénible à supporter, mais on finit par s'y faire.

Ph. S. : Le 1er février, François Mitterrand est à Rennes. Il y prononce un discours qui retient l'attention des communistes.

Y. G. : Oui, je me souviens d'un éditorial de Roland Leroy dans *L'Humanité* où étaient pointées « des correspondances entre les vues de M. Yvon Gattaz et certains propos tenus par le chef de l'État. [...] Des deux côtés on cherche à faire accepter l'austérité, les sacrifices, le chômage.» Des articles de ce genre n'étaient pas faits pour me faire inviter à l'Élysée.

Ph. S. : Fin février, Jean Riboud publie deux grands articles dans *Le Monde*[1]. L'idée d'une «autre politique» n'était pas morte ?

Y. G. : Si, elle l'était.

Ph. S. : Les communistes, eux, continuaient à y croire non ?

Y. G. : J'étais devenu leur bête noire. Début mars, j'ai même reçu une lettre de menace d'un «comité national CGT en faveur des chômeurs». Cette lettre m'accusait d'être l'organisateur de la grève des investissements et le principal responsable de l'accroissement du chômage. De toute façon, on était déjà entré dans une période préélectorale, l'échéance la plus proche étant celle des cantonales de mars.

Ph. S. : À la mi-mars, vous entreprenez un voyage aux États-Unis. C'est alors que derrière votre dos, à Paris, on commence à aiguiser les couteaux.

Y. G. : Je vous l'ai dit, à mesure que les échéances électorales se rapprochaient, les esprits s'échauffaient. Cette fois, c'est le président de l'Association des industries agroalimentaires, en même temps vice-président du CNPF, qui s'est manifesté. Il envoie une lettre sévère à Guy Brana, mon fidèle second, reprochant au CNPF de «manquer de fermeté».

Ph. S. : Tout de même ! Qui aurait pu imaginer cela de la part de vos pairs au CNPF ?

Y. G. : Et ce n'était pas fini. Le 11 mars, dans *Le Canard enchaîné*, paraît un entrefilet ainsi titré : «Le CNPF s'en va de la caisse». La source citée est la Fédération des travaux publics — on l'aurait deviné étant donné la qualité de mes relations avec Giral, le président de cette fédération —, mais aussi la Fédération du commerce — ce qui était plus étrange et encore plus inquié-

1. *Le Monde* des 26 et 27 février 1985.

tant, puisque le président de cette fédération était en même temps vice-président trésorier du CNPF...

Ph. S. : La coalition anti-Gattaz prenait de l'ampleur...

Y. G. : Dès que je m'absentais...

Ph. S. : Les fédérations dissidentes avaient-elles des moyens de pression sur la présidence du CNPF ? Par exemple en cessant de verser leurs cotisations ?

Y. G. : Certes. D'autant que les cotisations, en général, sont versées chaque trimestre.

Ph. S. : De telles menaces avaient-elles été proférées ?

Y. G. : Il est de fait qu'en 1984, la Fédération des travaux publics avait fait des difficultés pour payer sa cotisation. Elle en avait, unilatéralement, réduit le montant de 31 % par rapport à 1983. Il avait fallu que le CNPF fasse des relances. Ce n'était pas vraiment agréable.

Ph. S. : Donc, de telles menaces pouvaient être réellement dangereuses pour la présidence du CNPF.

Y. G. : Il est sûr que si plusieurs grandes fédérations avaient suspendu leurs cotisations, la situation serait devenue intenable. Mais ça n'a jamais été le cas.

Ph. S. : Le premier tour des élections cantonales, le 7 mars, n'est pas trop mauvais, mais le second tour, le 14, est désastreux pour le pouvoir. La droite obtient 53 % des voix. Le 3 avril, Michel Rocard, hostile au projet de loi sur la proportionnelle, démissionne. Il ne tarde pas à utiliser la liberté de parole qu'il a retrouvée en n'étant plus ministre. Le 10 du même mois, il déclare ainsi : « La discipline budgétaire imposée par les Allemands et acceptée par les Français est une erreur. »

Y. G. : C'était une confirmation de l'affaiblissement de Mitterrand.

Ph. S. : Les 7 et 10 mai, vous recevez deux appels téléphoniques de Loïc Le Floch-Prigent, alors PDG de Rhône-Poulenc.

Y. G. : Très virulent, il prétendait que l'Union des industries chimiques (à laquelle appartenait son groupe Rhône-Poulenc) défendait mal les intérêts de ses entreprises adhérentes. Les cadres de Rhône-Poulenc le soutenaient, disait-il, dans sa démarche. Il annonçait sur un ton menaçant sa prochaine démission de l'UIC. Fort de son expérience à la direction du cabinet du ministre de l'Industrie de 1981, Le Floch s'autorisait de tels propos, quand les autres présidents d'entreprise nationalisée se conduisaient, au CNPF, comme n'importe quel président d'entreprise privée.

Ph. S. : Il a donc quitté le CNPF…

Y. G. : Bien sûr que non ! Il s'agissait seulement pour lui de m'intimider. Il pensait peut-être que la faiblesse de Mitterrand affaiblirait ma propre autorité au CNPF.

Ph. S. : Le 15 mai, vous allez rendre visite au nouveau ministre de l'Économie et des Finances, Pierre Bérégovoy.

Y. G. : Ce fut une grande surprise pour moi. L'homme n'était plus le même. Le dévot de la lutte des classes qui avait officié à l'Élysée, le ministre des Affaires sociales qui, quelques mois plus tôt, fustigeait les « employeurs abusifs », s'était mué en professeur d'économie qui voulait donner des leçons au président du CNPF. Et il ne s'agissait pas d'économie marxiste ! Le premier souci du nouveau ministre est tout à fait classique. L'inflation est encore trop forte, mais il pense parvenir à la calmer avant la fin de l'année.

Ph. S. : Nous l'avons dit, Jean-Claude Trichet était derrière.

Y. G. : Sans doute, mais la transformation était tout de même fascinante. À ma demande de liberté totale des prix, il répondit en promettant un « gros paquet » de libéralisation à l'automne, y compris, précisa-t-il, dans les services et la distribution, réputés inflationnistes. Il s'enorgueillissait d'avoir baissé les taux d'intérêt d'un point et espérait bien poursuivre dans cette voie. Il comptait aussi prendre des mesures pour encourager l'investissement, par exemple en défiscalisant en partie les bénéfices réinvestis. En ce qui concerne le contrôle des changes, curieusement, il renvoyait la balle dans le camp du Premier ministre.

Ph. S. : Pour quelle raison ?

Y. G. : Je n'en sais rien. D'autre part, comme je protestai vigoureusement contre les descentes de police chez les distributeurs, il eut cette formule surprenante : « Le CNPF doit être satisfait : nous agissons pour l'industrie contre le commerce. » J'ai dû lui expliquer que l'organisation patronale avait vocation à représenter l'ensemble des activités économiques.

Ph. S. : Le 21 mai, devant l'assemblée permanente du CNPF, vous dites que les problèmes politiques deviennent « de plus en plus obsédants ».

Y. G. : J'essayais de calmer les esprits. Nous avions encore au moins un an à vivre sous un gouvernement de gauche, et de toute façon il n'était pas dans notre rôle de faire de la politique. Je mettais donc en garde les présidents des fédérations et des unions interprofessionnelles contre la tentation de la politique.

Ph. S. : Et vous rencontrez de nouveau Fabius le 31 mai.

Y. G. : Il fallait bien suivre les dossiers, pousser à la roue ! Et comme l'Élysée ne répondait plus, le point d'appui, c'était Matignon, même si la conversion de Bérégovoy était de bon augure.

Ph. S. : Que demandez-vous au Premier ministre ?

Y. G. : Encore et toujours la libération des prix. Laurent Fabius voulait bien libérer les prix, mais pour des raisons politiques il n'accepterait de le faire que si les salaires augmentaient. Ce dont je m'indignai. Alors, il promit d'aborder le sujet lors du Conseil des ministres du 12 juin suivant, et me demanda d'envoyer d'ici là une note à Pierre Bérégovoy. Je lui posai alors la question de la transmission des entreprises personnelles et familiales, totalement bloquée par la fiscalité, et lui remis une note à ce sujet. Après en avoir pris connaissance, il reconnut l'importance du problème. Puis il revint, comme il l'avait fait le 11 janvier, sur les contrats en alternance car il était très mécontent des résultats, insuffisants à cette date, et demanda que le CNPF s'engage très fortement sur ce point.

Ph. S. : N'aviez-vous pas l'impression de tourner en rond ?

Y. G. : J'avais l'habitude !

Ph.S : Vous ne saviez évidemment pas qu'au même moment

le drame du sang contaminé était en train de se nouer ?

Y. G. : Comment aurais-je pu m'en douter ?

Ph. S. : Le 1er juin, un congrès extraordinaire du RPR se tient à Versailles : dix priorités d'inspiration libérale sont adoptées. Parmi elles, l'abrogation de l'autorisation administrative de licenciement. Vous êtes satisfait ?

Y. G. : C'était encourageant, même si on se rappelait que cette autorisation avait été instaurée par Chirac lui-même, quand il était le Premier ministre de Giscard en 1975.

Ph. S. : Alors vous décidez de rencontrer le président du RPR. Pour en avoir le cœur net ?

Y. G. : Il était normal que je rencontre Chirac puisqu'il y avait quelque chance qu'il se retrouve prochainement au pouvoir. Et puis je voulais éclaircir certains malentendus que nos entourages respectifs cultivaient comme à plaisir.

Ph. S. : Quel genre de malentendus ?

Y.G : Les uns et les autres disaient que j'avais de mauvaises relations avec Jacques Chirac. Quand il me reçut le 4 juin, dans son bureau de l'Hôtel de Ville, il déploya des trésors d'amabilité. Il me conseilla de ne pas prêter attention aux rumeurs. « Travaillons ensemble pour le futur sans regarder constamment dans le rétroviseur », tels furent ses propres mots. J'insistai pour lui dire qu'il était dans mon rôle de président du CNPF de travailler avec le gouvernement en place quel qu'il soit. Il en était tout à fait d'accord. Je lui rappelai enfin un élément auquel je pensais qu'il serait sensible, à savoir que le CNPF parle au nom de 148 unions patronales qui couvrent tout le territoire et qui, elles, s'intéressent inévitablement à la politique locale. Mais je réaffirmai avec force que l'action du président du CNPF devait être irréductiblement apolitique. Il eut cette phrase : « Je l'ai très bien compris et je ne pense pas que vous soyez devenu socialiste. »

Le maire de Paris me parla ensuite du chômage, qui augmentait de manière inquiétante. Je lui dis que nous n'avions pas de panacée à lui proposer, seulement des mesures partielles qu'il faudrait utiliser toutes ensemble car les mesurettes homéopathique étaient sans effet. Les mesures que nous préconisions étaient l'abaissement des charges et la levée des contraintes sur les entreprises pour les pousser à embaucher, et notamment la suppression de l'autorisation administrative de licenciement. Il me fit remarquer que cette suppression faisait partie du programme du RPR. À la fin de l'entretien, je lui montrai la photocopie que je lui avais apportée d'un manuscrit autographe de Colbert que je possède dans mes collections, faisant allusion à la RPR qui signifiait à l'époque : religion prétendue réformée. Il s'en amusa et me remercia, tout en me confirmant sa prochaine visite au CNPF.

Ph. S. : Le 7 juin, Chirac se rend donc avenue Pierre-Ier-de Serbie.

Y. G. : Je l'ai reçu en compagnie de François Ceyrac. Les deux hommes — tous deux corréziens — sont tombés dans les bras l'un de l'autre. Au cours de sa conférence devant des chefs d'entreprise, Jacques Chirac annonça que si son parti était élu, une politique économique libérale serait mise en œuvre, puis il répondit avec simplicité aux questions posées, même aux plus délicates. Sa prestation fut dans l'ensemble très appréciée.

Ph. S. : Il y avait eu un nouveau Bérégovoy. Il y avait maintenant un nouveau Chirac.

Y. G. : Et aussi un nouveau Rocard…

Ph. S. : Rocard annonce en effet sur TF1, le 13 juin, qu'il sera candidat aux présidentielles de 1988. Un signe supplémentaire de l'affaiblissement de Mitterrand. Mais ce nouveau Rocard-là ne tiendra pas longtemps !

Le 15 juin, SOS Racisme rassemble 300 000 personnes à la Concorde. Vous sentez-vous concerné ?

Y. G. : Absolument pas. Quand on connaît les entreprises, la vie de ateliers, des usines, on sait qu'il n'y a pas de racisme chez nous.

Ph. S. : À la même date, vous vous lancez dans une campagne contre les droits de succession dans le domaine entrepreneurial.

Y. G. : J'en avais parlé à Bérégovoy, puis à Fabius. Il fallait maintenant saisir l'opinion publique pour faire avancer ce dossier capital. Malheureusement, je dois reconnaître que je ne suis arrivé à rien.

Ph. S. : Le 18 juin, devant l'assemblée permanente du CNPF, vous lancez un nouvel appel, mais cette fois pour la signature de contrats de formation en alternance.

Y. G. : Ces contrats, qui avaient été promis par le CNPF, ne démarraient pas. Il est vrai que les trois types de conventions prévus dans l'accord de novembre 1983 avaient été bloqués un an et demi par l'opposition de la CGT non signataire. L'assemblée constata, par ailleurs, que les programmes de l'opposition politique s'inspiraient beaucoup des thèses du CNPF, mais elle demanda que notre organisation résiste à toute entreprise de récupération. Je fus très heureux de cette manifestation spontanée de neutralité politique

Ph. S. : Le 24 juin, les négociations sur les contrats de formation sont rompues entre le CNPF et les syndicats.

Y. G. : On continue de patiner. En fait, il n'y avait plus d'impulsion du pouvoir politique. Je ne voyais plus Mitterrand, et apparemment le chef de l'État avait d'autres chats à fouetter.

Ph. S. : Il y avait pourtant encore neuf mois jusqu'aux élections législatives de mars 1986...

Y. G. : L'attentisme régnant était véritablement dramatique. C'est pourquoi, à un journaliste du *Club de la presse* d'Europe 1 [1] qui me demandait : « Le CNPF pourra-t-il continuer à travailler pendant neuf mois encore avec le gouvernement actuel ? », je répondis de toutes mes forces : « La France ne va pas s'arrêter de vivre parce que nous sommes en période prétendue électorale. La France ne va pas être tétanisée. On peut retenir son souffle pendant une ou deux minutes, mais les entreprises ne peuvent pas retenir leur souffle pendant neuf mois. »

1. Le 25 juin 1985.

Ph. S. : Et puis, la politique dite de rigueur commençait à peser sur les entreprises.

Y. G. : Au cours de cette même émission radiophonique, je dis : « On a mis un garrot pour arrêter l'hémorragie. Mais lorsqu'on laisse en place un garrot trop longtemps, on risque la gangrène. Le tissu économique de la France risque de se nécroser. Quant à ceux qui disent que les clignotants sont aujourd'hui au vert, ils sont ou bien de mauvaise foi, ou bien daltoniens... En 1980, nous avions 10,4 % du marché mondial des produits manufacturés, en 1984, 8,5 %. Nous avons 25 000 faillites et nous perdons 200 000 emplois par an...

Ph. S. : Il fallait bien sortir de l'inflation !

Y. G. : Sans doute, mais en donnant plus de liberté aux entreprises, avec davantage de concurrence, et en baissant les impôts sur les sociétés, comme cela avait déjà été fait aux États-Unis et en Grande-Bretagne [1]. Message à l'époque difficile à faire passer à droite comme à gauche !

Ph. S. : Ce même 25 juin, à Orléans, vous déclarez que l'idée selon laquelle le CNPF attendrait des jours politiques meilleurs fait peser un « soupçon intolérable ».

Y. G. : Il fallait absolument enfoncer le clou.

Ph. S. : Le 10 juillet, le *Rainbow Warrior* est coulé dans le port d'Auckland. Vous rendiez-vous compte de la gravité des faits ?

Y. G. : Mitterrand ne pouvait qu'en être davantage affaibli, et l'alternance de plus en plus probable. Et le plus curieux, c'est que la perspective de nouvelles libertés économiques inquiétait certains membres du CNPF.

Ph. S. : Comment cela ?

Y. G. : Au cours d'une réunion restreinte qui se tint à cette époque [2], les responsables du CNPF se demandèrent quel serait

1. Margaret Thatcher a ramené l'impôt sur les sociétés de 52 % à 35 % et Ronald Reagan de 48 % à 33 %. On verra que Pierre Bérégovoy suivra ces conseils.
2. Le 15 juillet 1985.

exactement le rôle de l'organisation patronale sous le nouveau gouvernement dont l'arrivée pour mars 1986 devenait de plus en plus évidente. Certains craignaient qu'une plus grande liberté économique ne réduisît le rôle de l'organisation patronale. Ne considéraient-ils pas leur organisation comme un relais des pouvoirs publics, un agent de répartition de la pénurie, et un frein discret à l'hégémonie totale des syndicats ? Ils étaient loin, en tout cas, de l'entreprise et des entrepreneurs. Il faudrait donc que les fédérations s'adaptent à la liberté des prix et admettent que les conventions soient de moins en moins collectives (phrase que je répétais sans cesse dans l'incompréhension ou l'ironie générale), et qu'elles s'organisent pour les innombrables missions authentiquement économiques qu'elles pouvaient utilement remplir. Vraiment, les inquiétudes que suscitait chez les représentants du monde entrepreneurial le début pourtant timide d'une libéralisation de l'administration colbertiste étaient pour le moins excessives.

Ph. S. : Le 20 juillet, on procède à un nouveau réalignement des parités au sein du SME. Seule la lire est dévaluée.

Y. G. : La politique du « franc fort » remporte sa première victoire.

Ph. S. : Le 26 août est publié le rapport Tricot sur l'affaire du *Rainbow Warrior*, dégageant totalement la responsabilité des services français. Y croyez-vous ?

Y. G. : Personne n'y a cru.

Ph. S. : Le 29, vous jubilez, *L'Usine nouvelle* titre en une « Le triomphe de Gattaz ». Le numéro consacre une dizaine de pages au CNPF, avec des sous-titres éloquents : « Les Français comprennent mieux l'entreprise, celle-ci n'a pas péri sous les charges », « Yvon Gattaz a été un artisan patient mais acharné de ce succès. Aujourd'hui conquise, l'opinion publique le plébiscite », etc.

Y. G. : Je ne peux pas dire que ça ne m'a pas fait plaisir. Mais comme je proposai de diffuser largement ce document, l'un de mes collaborateurs me mit en garde : « Vos adversaires vont voir rouge ! » Douche froide.

Ph. S. : Comment ? Il se trouvait au CNPF des gens qui ne se réjouissaient pas de l'accroissement d'audience de l'institution ?

Y. G. : Malheureusement la prédiction se révéla exacte, puisque des conspirateurs allaient bientôt redoubler de hargne. La courbe de notoriété était montée trop haut. Il fallait la faire descendre.

Ph. S. : Le 19 septembre, Charles Hernu, ministre de la Défense, démissionne. L'amiral Lacoste est limogé. Cette fois, la crise est ouverte.

Y. G. : Il valait mieux que cet abcès fût crevé. Mais enfin, tout cela sentait la fin de règne !

Ph. S. : Un mois plus tard [1], c'est le face-à-face Fabius-Chirac sur TF1.

Y. G. : La défaite de Fabius était évidente.

Ph. S. : Et Chirac d'autant plus sûr de lui-même.

Y. G. : C'est à cette époque que se produit un incident désagréable avec les milieux politiques. Fin octobre, j'ai reçu le coup de téléphone d'un chef d'entreprise du Nord qui me dit : « Cela m'ennuie beaucoup que vous me demandiez de l'argent pour la droite politique. » Je tombai des nues. Après enquête, on découvrit que cet entrepreneur n'était pas un cas isolé et que des démarcheurs en publicité disposant d'une lettre d'accréditation du président du CNPF pour *La Revue des entreprises* en profitaient pour demander de l'argent afin d'aider les partis politiques d'opposition. Ces démarcheurs indélicats furent renvoyés, et le scandale étouffé. Le rapprochement des échéances politiques donnait des ailes aux imaginations les plus diverses…

Ph. S. : À la fin de ce même mois, vous vous absentez de nouveau de Paris pour un voyage au Japon, et ça ne manque pas…

Y. G. : En effet, profitant de mon absence, Giral, qui était l'inspirateur de la sédition au CNPF, donne sa démission de vice-président au prétexte que le document économique rédigé par les

1. Le 27 octobre 1985.

services de Guy Brana était «politiquement mou», ce qui soulève l'étonnement au sein du CNPF puisque ce document avait fait l'objet d'une concertation exceptionnelle auprès des membres du conseil exécutif (35 membres), et d'une présentation à l'assemblée permanente (250 membres) qui l'avait adopté avec enthousiasme…

Ph. S. : Mais quel pouvait être le sens d'une telle démission ?

Y. G. : Montrer que l'actuel président du CNPF était un homme isolé et préparer les esprits à changer de président. Giral pensait avoir l'oreille de Chirac, car il avait fait construire une école des travaux publics à Égletons, en Corrèze. Et puis ce n'est pas la peine de vous rappeler que sa fédération avait de puissants moyens de persuasion, notamment par ses cotisations au CNPF, comme je vous l'ai dit. Il avait pris mon ami Brana comme tête de Turc. Dans ses bureaux, il projetait un film montrant celui-ci en train de commettre un lapsus lors d'une émission nocturne de télévision.

Ph. S. : Le 21 novembre, François Mitterrand tient une conférence de presse. En retenez-vous quelque chose ?

Y. G. : Non ! Il y est surtout question de la Cinq, attribuée à Berlusconi ! Sur les autres questions économiques, le pouvoir continue à piétiner.

Ph. S. : Le 2 décembre, lors du sommet européen à Luxembourg, François Mitterrand annonce à un journaliste de l'AFP qu'il recevra Jaruzelski à Paris. Fureur de Fabius qui n'en savait rien. La visite du dictateur polonais à l'Élysée a lieu le 4 décembre. Puis François Mitterrand s'envole pour un voyage officiel aux Antilles. À l'Assemblée nationale, Fabius se déclare «personnellement troublé» par la visite du général polonais. Mitterrand en est personnellement blessé. Vous vous attendiez à un tel coup d'éclat du Premier ministre ?

Y. G. : À plusieurs reprises, François Mitterrand m'avait vanté les mérites de Fabius, souvenez-vous. Et voilà qu'il se sentait trahi par le plus cher de ses «fils». J'étais confirmé dans l'idée d'un formidable affaiblissement du chef de l'État. Il est clair que le Premier ministre n'aurait jamais osé un tel coup d'éclat si le Président avait été au faîte de sa puissance et de sa popularité.

Ph. S. : Le 16 décembre, devant l'assemblée générale du CNPF, vous vous placez dans la perspective d'un changement de gouvernement.

Y. G. : Il était difficile de faire autrement.

Ph. S. : Vous déclarez : « Demain, l'immense majorité des chefs d'entreprise se réjouira de voir arriver un gouvernement qui appliquera nos idées libérales et permettra une économie de libertés. Mais ce sont des réalistes qui ne doivent pas rêver "mars 1986" comme les salariés ont rêvé "mai 1981", en termes de révolution et encore moins de revanche. Ils ne tomberont pas dans le piège de n'apparaître rassemblés que lorsqu'ils sont "contre" et de se diviser dès qu'ils sont "pour". »

Y. G. : Il ne fallait pas nourrir trop d'illusions.

Ph. S. : Cette fois, il ne reste plus que trois mois au pouvoir en place. C'est clair pour tout le monde.

Y. G. : Sans doute, mais je n'en rappelle pas moins au conseil exécutif du CNPF[1] que la stratégie générale ne dépend pas du gouvernement, qu'il faut maintenir fermement les demandes de libéralisation des entreprises.

Ph. S. : De nouveau les terroristes frappent. Le 3 février, attentat à l'explosif dans la galerie Claridge des Champs-Élysées, et le lendemain, même chose à la librairie Gibert-Jeune.

Y. G. : Des morts ont été évités de justesse. La pression ne semblait pas se relâcher.

Ph. S. : Vous renouvelez vos avertissements aux pouvoirs publics. Le 5 février à Blois, vous leur demandez de laisser du miel aux entreprises-abeilles, selon votre expression, pour qu'elles puissent en fabriquer encore plus pour le plus grand bien de la communauté. Le 14 février, dans *Paris-Match*, vous affirmez que la France est comparable à une formule 1 qui roulerait tous freins serrés. Le 28 février, sur Antenne 2, vous déclarez que

1. Conseil du 17 février 1986.

vous ne voyez pas « ce qui pourrait inciter les fédérations professionnelles à négocier sur l'aménagement du temps de travail ». Pourquoi cette déclaration ?

Y. G. : Une telle négociation me paraissait particulièrement inopportune dans le contexte du moment.

Ph. S. : Tout de même, peu après vous publiez dans *Le Monde*[1] — ce qui n'est pas dans vos habitudes — un article intitulé : « L'emploi, l'emploi, l'emploi ». Et vous réclamez ce que vous appelez la réforme des trois F…

Y. G. : Formation, Fiscalité, Flexibilité.

Ph. S. : Pourquoi à cette date ?

Y. G. : C'était un avertissement sans frais au nouveau gouvernement.

Ph. S. : En même temps vous demandez à voir Charles Pasqua !

Y. G. : À l'époque, c'était un personnage essentiel du RPR, et l'on m'avait dit qu'il était pour moi un ennemi irréductible.

Ph. S. : Vous cherchiez des assurances ?

Y. G. : Pas du tout ! Je voulais simplement dissiper des malentendus. Des comploteurs au CNPF prétendaient que je ne serais plus l'homme de la situation en cas de changement de gouvernement. Eh bien ! on allait voir ce qu'on allait voir !

Ph. S. : Donc, le 7 mars, Charles Pasqua vous invite à prendre le petit déjeuner avec lui.

Y. G. : Son accueil est très cordial. Il confirme qu'au pouvoir il soutiendrait les entreprises privées « sans lesquelles il n'y a pas d'économie prospère », de même que l'école privée. Puis, il me demande, à titre de réciprocité, un soutien moral du gouvernement par le CNPF.

Ph. S. : Ah ! il ne perdait pas le nord !

Y. G. : J'ai dû expliquer une nouvelle fois que le CNPF ne pouvait intervenir politiquement et que sa mission était strictement économique et sociale. Pasqua a très bien compris, résu-

1. *Le Monde* du 5 mars 1986.

mant lui-même la position : « vigilance et soutien ».

Ph. S. : Dimanche 16 mars, la gauche est défaite. Il devient évident que Jacques Chirac sera bientôt Premier ministre. Et dès le lendemain, Yvon Chotard se démasque. Il ne perd pas de temps !

Y. G. : En effet, lundi 17 mars, à la fin du conseil exécutif du CNPF, de façon délibérément théâtrale, Chotard, vice-président de l'organisation et président de la commission sociale, lit la lettre de démission qu'il dit m'avoir envoyée le jour même.

Ph. S. : Pourquoi démissionner ? et pourquoi si vite ?

Y. G. : Il ne fallait pas perdre une minute, et il fallait démontrer toujours la même chose, à savoir que j'étais un homme isolé, que je n'étais plus en mesure de diriger l'organisation. Bref, il s'agissait pour eux de déclencher une crise au CNPF de façon à provoquer le plus rapidement possible l'élection d'un nouveau président. Tous ces braves gens pensaient avoir l'appui de Chirac…

Ph. S. : Avez-vous été surpris par la démission de Chotard ?

Y. G. : Je dois reconnaître que je ne m'y attendais pas. Il avait assisté normalement à toute la séance du conseil exécutif et, à la dernière minute, il se lève pour lire sa lettre de démission. C'était un peu ridicule. J'ai immédiatement convoqué un conseil exécutif exceptionnel pour le lendemain, afin qu'il se tienne avant l'assemblée permanente.

Ph. S. : Vous étiez inquiet ?

Y. G. : Oui, bien sûr. Qui ne l'aurait pas été ? Mais j'ai été vite rassuré. Le lendemain matin, le conseil exécutif exceptionnel a pris acte de la démission du président de la commission sociale. Je remplirai sa fonction dans l'attente de la désignation (par moi) d'un nouveau président. Ensuite, à 10 heures, à mon arrivée dans la grande salle, les 250 membres de l'assemblée permanente se lèvent comme un seul homme pour me faire une ovation. Il n'y aura pas de putsch ! Les troupes restent légitimistes, réalistes. Elles apprécient le travail et les résultats de leur président. Elles comptent sur lui pour gérer au mieux les rapports avec un gouvernement de droite comme il l'a fait avec des gouvernements de gauche.

Ph. S. : Je ne comprends toujours pas cet acharnement. Après tout, vous étiez à la fin de votre mandat : il suffisait d'attendre tranquillement que le temps passe...

Y. G. : Oui, mais les putschistes étaient pressés.

Ph. S. : La presse vous était-elle favorable ?

Y. G. : Dans l'ensemble, elle l'était. Dans le *Figaro Magazine*[1], Pierre Meutey remarquera : « L'assemblée permanente du CNPF [affirme] la nécessité de ne pas changer de politique et de maintenir l'entreprise au-dessus des partis et le plus loin possible des mains du pouvoir. Un triomphe — Applaudi — Félicité — "Continuez". »

Ph. S. : Il fallait battre le fer quand il était chaud...

Y. G. : Précisément, dès le 8 avril je fis devant la presse quatre propositions pour améliorer la formation en alternance.

Ph. S. : Le complot était terminé ?

Y. G. : Pas tout à fait. Le 10 avril, Yvon Chotard félicite le Premier ministre Jacques Chirac pour sa déclaration de politique générale à l'Assemblée nationale, ce qui montre qu'il n'avait pas perdu tout espoir de se faire bien voir du nouveau pouvoir. Et le 12, les cinq soi-disant RPR du conseil exécutif sont reçus par Jacques Chirac à Matignon. Celui-ci, contrairement à leur attente, ne les encourage nullement à la sédition et les pousse au calme « dans le cadre des institutions du CNPF ». À l'évidence, le Premier ministre tient à entretenir des rapports confiants avec le CNPF et ne veut pas soutenir une poignée de putschistes qui ont déjà perdu la partie. Le 14, Jean-Claude Achille est nommé président de la commission sociale du CNPF. Ce même jour, après un débat serré, le conseil exécutif adopte une motion capitale votée par 20 voix pour, 8 contre, 3 bulletins blancs, 1 nul. Je vous la lis :

1. Édition du 22 mars.

Membres du conseil exécutif du CNPF, ayant reçu mandat de son assemblée générale, notre première responsabilité est de veiller au fonctionnement normal du CNPF tel qu'il a été défini par ses statuts pour servir les entreprises.

Deux d'entre nous [Giral et Chotard] ont démissionné du poste de vice-président tout en restant membres du conseil exécutif. L'annonce de ces décisions, quelques mois avant, puis le lendemain même des élections législatives et régionales, pourrait laisser croire que la structure dirigeante du CNPF peut être remise en question à l'occasion d'échéances politiques. Il n'en a jamais été ainsi et nous affirmons qu'il ne doit pas en être ainsi.

Nous rappelons qu'en application des statuts, c'est deux mois avant l'assemblée générale annuelle, soit le 16 octobre pour le 16 décembre, que doivent être déposées les candidatures à la présidence. Il ne faut pas que l'élection de la fin de l'année interfère dans le fonctionnement de notre conseil ou dans l'exercice normal des responsabilités du président élu le 15 décembre 1981 pour cinq ans.

Notre volonté très ferme est d'assurer, comme nous en avons reçu le mandat, la continuité et l'efficacité du CNPF pour la promotion des entreprises et le progrès économique et social de la France.

En conséquence, sur chacune des décisions que le président et les vice-présidents chargés de fonction ont à soumettre au conseil en application de nos statuts et pour lesquelles l'unanimité ne pourrait se faire, le conseil devra, à l'initiative du président, se prononcer à la majorité.

Ph. S. : En quoi cette motion était-elle si importante ?

Y. G. : Elle change une fois pour toutes les règles du jeu du

CNPF. Elle confirmait définitivement la neutralité politique que j'avais pratiquée depuis cinq ans. Elle fait entrer le vote démocratique à la majorité des voix pour les décisions importantes, quels que soient l'influence de telle fédération et le montant de ses cotisations. Le président de la Fédération des travaux publics, qui avait démissionné de la vice-présidence en 1985 tout en restant au chaud au conseil exécutif, ne pourrait plus faire (comme chaque mois) le chantage au non-paiement de la cotisation de sa fédération pour cause de susceptibilité personnelle. Ainsi, les entreprises prenaient-elles l'avantage sur les fédérations. Cela signifiait un recul du corporatisme. Ce texte est vraiment l'un des plus importants de mon mandat, et je le dis d'autant plus volontiers que je n'en suis pas l'auteur.

Ph. S. : Et c'est le lendemain que le vice-président est visé par une tentative d'assassinat.

Y. G. : Le 15 avril, à 7 heures 15 du matin, alors que Guy Brana quitte son domicile du Vésinet, dans les Yvelines, pour se rendre au petit déjeuner du bureau du CNPF qui précédait traditionnellement l'assemblée permanente, sa voiture est balayée par une rafale de mitraillette. Ces terroristes étaient membres d'Action directe, organisation qui avait mitraillé la façade du CNPF le 1er mai 1979, qui avait participé sans doute à l'assassinat en janvier 1985 du général Audran... et qui me menaçait sans cesse[1]. Par miracle, Guy Brana échappa à l'attentat, seul son chauffeur fut légèrement blessé.

Ph. S. : Vous reprenez alors contact avec Jacques Chirac ?

Y. G. : Dès le 22 avril, je me rends à Matignon, accompagné de Guy Brana et Michel Maury-Laribière. Le Premier ministre est lui-même entouré de Philippe Séguin, Jacques Friedman, et Marie-Hélène Bérard[2].

Ph. S. : Quelle est l'ambiance ?

1. C'est ainsi qu'en mai 1985, Nathalie Ménigon, membre d'Action directe, était venue avenue Marceau pour repérer de façon précise le domicile d'Yvon Gattaz. Elle avait interrogé à travers la porte Mme Gattaz avant de disparaître subrepticement.

2. Conseillers à Matignon.

Y. G. : Assez étrange, je dois l'avouer. Jacques Chirac était très préoccupé, il avait l'air soucieux. Il était nerveux. Il recevait des coups de fil, il parlait à voix basse avec ses conseillers, il prenait des notes fiévreusement sur un petit carnet — des notes qui n'avaient sans doute rien à voir avec notre conversation. Bref, il était ailleurs.

Ph. S. : Ce devait être assez désagréable.

Y. G. : Bon ! on a fait le tour des questions habituelles. Et on en est venu assez vite à un point qui, à nous, au CNPF, paraissait crucial : la suppression de l'autorisation administrative de licenciement. Jacques Chirac commence à nous dire que l'idée de la suppression, qui figurait, rappelons-le, dans le programme du RPR, rencontrait beaucoup d'oppositions, ce qui était malheureusement exact. S'ensuivit ce dialogue que j'ai reconstitué d'après mes notes.

Yvon Gattaz : Opposition de la part des syndicats, bien sûr ?

Jacques Chirac : Pas simplement, même si Bergeron explique partout que ce serait une grave erreur. Mais il y a aussi les prévisions pessimistes de l'Insee et de l'OFCE [1], prétendant que ça pourrait augmenter le chômage de 15 000 à 20 000 personnes.

Y. G. : Non, monsieur le Premier ministre, nous restons formels et nous nous engageons à sauver ou créer quelque 350 000 emplois en dix-huit mois.

J. C. : N'y aurait-il pas de nombreux litiges soumis aux prud'hommes si on déclenchait une vague de licenciement ?

Y. G. : Mais cette vague n'aura pas lieu [2].

J. C. : Je ne demande qu'à vous croire, mais nous sommes un peu inquiets.

Y. G. : Et pourtant, il s'agit d'une de vos promesses électorales fortes.

1. Observatoire français de conjoncture économique.

2. Effectivement, après le 1er juillet 1986, il y eut un fort mouvement d'embauches sans vague de licenciements et les prud'hommes eurent à connaître moins de litiges en 1986 qu'en 1985.

J. C. : Bien entendu, nous tiendrons notre parole. Mais je compte sur l'appui actif du CNPF pour pousser les entreprises à embaucher.

Y. G. : Vous le pouvez.

J. C. : Il faudra également négocier avec les syndicats les détails de procédure

Y. G. : Oui, bien sûr, mais lorsque la décision de principe de la suppression sera acquise par la loi.

Ph. S. : Vous sortez de cette réunion à moitié rassuré, non ?

Y. G. : À moitié est beaucoup dire. Mais j'avais rendez-vous le lendemain avec Édouard Balladur. Le ministre de l'Économie et des Finances était installé un peu à l'étroit et pas très confortablement dans les locaux provisoires du ministère des Finances, boulevard Saint-Germain, puisque Pierre Bérégovoy avait fait entreprendre des travaux de démolition rue de Rivoli avant même que le bâtiment de Bercy ne soit achevé. Édouard Balladur m'indique les mesures qu'il est en train de prendre pour libérer et dynamiser l'économie. Il insiste pour que les entreprises le soutiennent dans son action en investissant et en embauchant.

Pour ma part, je résume à son intention l'entretien de la veille à Matignon et fais part de mes craintes de ne pas obtenir la suppression (tant attendue) de l'autorisation de licenciement — suppression qui, précisé-je, n'est apparemment pas de ses compétences. Alors là, il a pris la mouche. « Dois-je vous rappeler, a-t-il dit, que je suis ministre d'État ? »

Ph. S. : La gaffe !

Y. G. : Très profitable gaffe ! Car du coup, il s'est beaucoup intéressé à la question. Quant à moi, je me suis engagé personnellement à sauver ou à créer 350 000 emplois en dix-huit mois grâce à cette mesure. Alors il m'a dit qu'il allait s'en occuper. Et il a tenu parole.

Deux jours plus tard, à son initiative, se réunissait à Matignon sous l'égide du Premier ministre un groupe restreint constitué de Philippe Séguin, Jacques Friedman, et Marie-Hélène Bérard pour régler le problème. Je me suis laissé dire que la discussion avait été difficile, que Jacques Chirac et Philippe Séguin avaient exprimé beaucoup de réserves, mais que finalement Édouard Balladur avait emporté la décision. Par la suite, Séguin en fera le reproche à Balladur. Le 24 avril, donc, fut annoncée l'abrogation de l'autorisation administrative de licenciement.

Ph. S. : Décision incroyablement rapide !

Y. G. : Si rapide que Philippe Séguin reçut le lendemain d'André Bergeron une lettre lui demandant de ne pas abroger purement et simplement l'autorisation et de provoquer plutôt des « négociations patronat-syndicats sur ce sujet ». Il m'écrivit également pour que je m'engage à ouvrir des négociations sur les procédures lorsque le principe de suppression de cette autorisation serait définitivement acquis. « Chantage ! Grosse ficelle ! » hurlèrent les syndicats. Mais ces deux lettres arrivaient trop tard !

Ph. S. : Le 8 mai, lors de la cérémonie de la Victoire à l'Arc de triomphe, Jacques Chirac quitte le cortège officiel, se dirige vers vous pour un aparté. Cela ne passe pas inaperçu.

Y. G. : Certes. Le Premier ministre faisait ce geste pour signifier définitivement à mes opposants qu'ils ne pourraient compter sur lui.

Ph. S. : Peut-être leur avait-il auparavant prêté une oreille attentive ?

Y. G. : En tout cas, maintenant, c'était fini.

Ph. S. : Quant à Édouard Balladur, on peut dire qu'il n'a pas tardé à vous demander de lui renvoyer l'ascenseur.

Y. G. : C'est votre interprétation !

Ph. S. : Ne vous a-t-il pas joué un tour télévisé de sa façon ?

Y. G. : Il se trouve que le 11 mai, je m'en souviens très bien, c'était un dimanche, j'ai reçu à mon domicile un coup de téléphone du cabinet du ministre d'État me demandant si je pouvais me rendre de bonne heure le lendemain matin, boulevard Saint-Germain pour y rencontrer le ministre. J'acceptai bien volontiers compte tenu des nombreux dossiers en instance entre le gouvernement et le CNPF.

Je me rends donc chez le ministre sans me douter de rien et je me retrouve dans son bureau encombré par les caméras et les opérateurs de télévision. Le ministre s'excuse : après l'entretien en tête à tête, il a souhaité que chacun de nous puisse s'exprimer sur les ondes. Je fus bien obligé d'accepter ce marché, mais j'étais inquiet de la tournure qu'allait prendre l'entretien. De fait, Édouard Balladur se montra sévère : à son retour d'un voyage officiel à Tokyo, Jacques Chirac avait trouvé sur son bureau une note de synthèse pessimiste sur la situation économique, le gros point noir semblant être « le refus des entreprises à investir et à se moderniser ». Ce qui, d'après ces experts, faisait perdre à la France des parts de marché, empêchait de relancer la croissance qui stagnerait à 2 ou 2,5 % en 1986 et ferait obstacle à la diminution du chômage. L'Insee estimait que les investissements n'augmenteraient que de 2 % et que le nombre de demandeurs d'emploi, de son côté, augmenterait de 160 000 à 200 000 dans l'année 1986.

Ph. S. : Pensez-vous que le gouvernement avait peur que François Mitterrand fasse son miel des ces déboires économiques ?

Y. G. : Bien sûr. On disait déjà que le chef de l'État attendait son heure.

Ph. S. : Donc, c'est une volée de bois vert que vous administre le ministre de l'Économie.

Y. G. : Il ne manque pas de me rappeler les mesures déjà prises : liberté des prix, liberté des changes, maîtrise annoncée des dépenses publiques, première tranche de privatisation, baisse générale de l'impôt sur les bénéfices des entreprises de 50 à 45 %, unification des abattements fiscaux sur les actions et les obligations, réaménagement monétaire. Et il déclare ne pas comprendre que les entreprises ne saisissent pas la balle au bond pour investir et pour embaucher. Le CNPF les incitait-il à le faire avec suffisamment de conviction ?

Ph. S. : Ce discours vous rappelait quelque chose…

Y. G. : Bien sûr, j'avais déjà entendu ça de la bouche des socialistes pendant cinq ans ! Mais j'attendais une meilleure compréhension de l'économie des nouveaux responsables. Je dus donc assurer le ministre que les entreprises ne traînaient pas les pieds, que tout ne pouvait pas repartir sur un coup de sifflet, que beaucoup de mesures nouvelles n'étaient pas encore opérationnelles, telle la suppression de l'autorisation de licenciement qui n'avait pas encore été votée. À l'impatience compréhensible du gouvernement de voir repartir rapidement l'économie, j'opposais l'impatience symétrique des entreprises que certaines mesures urgentes fussent enfin prises. Et lui d'insister : « Que les chefs d'entreprise ne se complaisent pas dans une attitude d'attentisme. »

Ph. S. : Un vrai sermon !

Y. G. : À l'issue duquel le ministre d'État m'invita à passer dans le petit jardin du ministère pour répondre aux questions des journalistes devant les caméras. Nous avions bonne mine ! Le résultat suscita beaucoup d'interrogations de la part des observateurs, renforçant chez certains le sentiment que le CNPF ne s'entendait pas tellement mieux avec le gouvernement Chirac qu'avec les gouvernements socialistes précédents.

Ph. S. : Il n'empêche que le 14 mai le Conseil des ministres étudie le projet de loi sur l'abrogation de l'autorisation administrative de licenciement.

Y. G. : Ce même jour, André Bergeron m'écrivit encore une fois pour me demander « l'ouverture immédiate de négociations, suite à la décision de principe du gouvernement de supprimer l'autorisation administrative de licenciement ». Il refusait que les négociations ne s'engagent qu'après le vote de la loi comme je l'exigeais. Il terminait par une menace : « Je ne sais pas ce qu'il résultera de la suppression de l'autorisation administrative de licenciement. Je ne sais pas si, comme vous l'avez affirmé, il en résultera des créations d'emplois supplémentaires. Je sais, en tout cas, ce qui se produirait pour vous si les résultats escomptés ne sont pas à la hauteur de vos affirmations. » Faisait-il allusion à un éventuel de soulèvement de troupes syndicales ? à la séquestration du président du CNPF ? à sa traduction devant un tribunal ? ou encore à son renvoi honteux du CNPF par les quelques amis de FO au CNPF ?

Ph. S. : C'est que vous allez aggraver votre cas le 26 mai en rédigeant une lettre que vous envoyez, comme à votre habitude, à des dizaines de milliers de chefs d'entreprise, en insistant sur l'importance des mesures obtenues.

Y. G. : Il faut citer longuement cette lettre, car elle a donné lieu à un honteux caviardage. En voici le texte :

> Ces mesures étaient nécessaires pour l'économie française et elles doivent permettre à nos entreprises de réagir sur les points essentiels que sont l'investissement, l'exportation et surtout l'emploi.
>
> Ainsi, avec 4 milliards de crédits nouveaux, le plan pour l'emploi des jeunes, l'exonération directe de 25 % des charges sociales pour les moins de 25 ans dès le 1er mai, et la formation en alternance dont nous avons obtenu le maintien.
>
> Ainsi, la suppression de l'autorisation administrative de licenciement, dont la première étape est désormais acquise, puisque le projet de loi qui supprime le contrôle du bien-fondé économique par l'inspecteur du travail a été adopté par le Conseil des ministres du 14 mai et que cette loi votée, je l'espère, dans quelques jours, permettra aux entreprises de licencier jusqu'à 10 personnes par mois et par établissement sans autorisation et dans les conditions de procédure beaucoup plus simple du licenciement individuel.
>
> Ainsi, l'assouplissement annoncé des seuils sociaux et, déjà, du seuil fiscal de 10.
>
> Ainsi, l'aménagement du temps de travail (flexibilité) qui sera réglé par ordonnance.
>
> Grâce à tout cela, des portes s'ouvrent. À nous

> de les franchir.
>
> Embaucher ! Voilà le maître mot.
>
> Investissons, exportons et surtout embauchons autant que nous le pouvons.
>
> Nous avons commencé un « Tour de France de l'emploi » pour faire connaître les mesures nouvelles et inciter les chefs d'entreprise à se mobiliser.
>
> Et de conclure :
>
> La marche vers le libéralisme économique est commencée. Nous devons tout mettre en œuvre pour qu'elle aboutisse et pour que la France gagne la bataille de l'emploi.

Ph. S. : En effet, le 5 juin, le journal *Le Matin*, par des citations tronquées, tente de faire croire que vous poussez au licenciement par « paquets de 10 salariés ». Cela souleva un tollé chez les syndicats.

Y. G. : J'ai répliqué que je n'avais pas à rougir de cette lettre, et j'ai obtenu du *Matin* qu'elle soit entièrement citée.

Ph. S. : Le 9, la loi sur l'abrogation de l'autorisation administrative de licenciement est votée. Vraiment, vous n'aviez pas à vous plaindre. Le processus avait été d'une rapidité remarquable. Et le 11, dans *L'Humanité*, Georges Marchais affirme que « Gattaz vit un conte de fées ».

Y. G. : La hargne des communistes venait se joindre à celle de mes ennemis intérieurs !

Ph. S. : Le conte de fées, si conte il y avait, allait bientôt prendre fin puisque, un mois plus tard, vous annoncez que vous ne demanderez pas le renouvellement de votre mandat à la tête du CNPF. N'avez-vous jamais pensé à vous représenter ?

Y. G. : Jamais.

Ph. S. : Vraiment jamais ?

Y. G. : Je vous l'assure. Mon frère était furieux de mon absence de l'entreprise familiale. Ma femme en avait plus qu'assez. Je n'avais qu'une hâte, c'était de retrouver mon poste et mes responsabilités à Radiall. Tout cela n'avait que trop duré.

Ph. S. : Peut-être avait-on réussi à vous écœurer ?

Y. G. : Il est sûr qu'un second mandat n'aurait pas fait plaisir à tout le monde. Mais, encore une fois, même sans les incidents qui ont émaillé la fin de ma présidence, je ne me serais pas représenté. Jamais cette idée ne m'a traversé l'esprit une seconde.

Ph. S. : Après cette annonce, que se passe-t-il ?

Y. G. : C'est la fin du LTS.

Ph. S. : Du quoi ?

Y. G. : C'est une maladie éminemment transmissible que le Lumbago du Trou de la Serrure. Quand un fauteuil présidentiel n'est pas vide, beaucoup de gens se penchent pour voir par le trou de la serrure dans quel état se trouve l'occupant. Mais dès que vous avez abandonné la partie, cette gymnastique n'est plus nécessaire. Donc tout le monde est redevenu très gentil avec moi. Et j'ai passé six derniers mois délicieux avenue Pierre-Ier-de Serbie !

Ph. S. : Quand, le 21 septembre, Yvon Chotard annonce qu'il sera candidat à votre fauteuil, vous n'êtes pas surpris.

Y. G. : C'était dans la logique de son comportement, mais le putsch raté avait laissé un mauvais souvenir, et finalement c'est François Périgot qui sera élu.

13 mai 1987
Le dernier entretien

Mitterrand : « Je prévois un krach avant la fin de l'année. »

Depuis le début de l'année, Yvon Gattaz, qui a quitté la présidence du CNPF, a retrouvé ses occupations de chef d'entreprise.

Le 29 avril se tient à Paris l'inauguration du Salon des industries aéronautiques et spatiales. La manifestation est présidée par François Mitterrand. Invité, Yvon Gattaz déambule d'un stand à l'autre quand il croise le cortège présidentiel. Dès qu'il l'aperçoit, le chef de l'État quitte les officiels et se dirige vers l'ancien président du CNPF.

F. M. : Je suis content de vous revoir, comment se fait-il que nous ne nous voyions plus ?

Y. G. : Mais, monsieur le Président, vous savez bien que je ne suis plus à la tête du CNPF.

F. M. : Qu'à cela ne tienne. Voulez-vous venir me voir ?

Y. G. : Très volontiers

F. M. : Alors, soyez gentil de prendre rendez-vous avec mon cabinet.

Et c'est ainsi que, le 13 mai 1987, Yvon Gattaz reprend le chemin de l'Élysée. L'accueil du président de la République est particulièrement cordial et chaleureux.

F. M. : Dites-moi ce que vous devenez.

Y. G. : Mon emploi du temps est chargé. Tout d'abord, Radiall avait besoin de retrouver son PDG absent depuis cinq ans, car la présidence du CNPF est un emploi à plein temps et même plus.

F. M. : L'entreprise a pu résister ?

Y. G. : Nous venons de faire les calculs. Son bénéfice net a baissé régulièrement de 0,75 % par an pendant cinq ans ! Il était temps, je pense, que je revienne, bien que mon frère et le directeur général adjoint aient géré l'affaire au mieux.

F. M. : Et comment voyez-vous l'avenir de votre entreprise ?

Y. G. : Avec optimisme, grâce au développement international.

F. M. : Avez-vous la taille pour un tel développement ?

Y. G. : Mais oui, il y a longtemps que nous sommes sortis de l'Hexagone. Dès 1967, nous avons créé une filiale commerciale à Londres, puis, en 1969, une autre à Francfort.

F. M. : C'était risqué

Y. G. : Certainement, mais, vous le savez bien, l'entreprise est une succession de paris qu'il faut gagner.

F. M. : Votre cas m'intéresse, car il me semble que les entreprises françaises dans leur ensemble sont très timorées à l'exportation. Ne manquent-elles pas de dynamisme ?

Y. G. : Je ne crois pas, mais l'internationalisation est une aventure qui demande à être bien préparée. Là encore on fait une erreur en confondant petites et moyennes entreprises, si différentes les unes et les autres. Il faut pousser les moyennes entreprises à exporter, mais il faut être prudent avec les petites qui souvent n'ont ni les moyens ni les structures. Je suis sûr que les mentalités changent actuellement. Par exemple, nos jeunes ingénieurs parlent tous l'anglais et aiment les voyages, ce qui les rend aptes à appréhender les marchés internationaux et leur permet de mieux comprendre les clients étrangers

F. M. : En parlez-vous aux jeunes ?

Y. G. : J'ai une seconde occupation : l'association Jeunesse et Entreprises qui milite avec des bénévoles, surtout des dirigeants retraités, pour l'information, la formation et l'insertion des jeunes dans la vie professionnelle. Beaucoup de ces jeunes sont mal informés sur les métiers et les carrières possibles, et nous tentons de les aider.

F. M. : Il faut s'occuper de l'avenir des entreprises, et je trouve que l'actuel Premier ministre donne trop d'importance à l'agriculture. Voyez-vous, à ce qu'il me semble, monsieur Chirac est trop indulgent avec les agriculteurs. Il leur maintient des avantages qu'il faudrait faire disparaître. C'est ainsi que j'ai dû m'occuper personnellement des quotas laitiers ! Je ne crois pas, entre nous, que ce soit le rôle du chef de l'État. Du reste, je trouve irréaliste qu'on cède des produits agricoles à bas prix aux pays du tiers-monde qui les acceptent mal. Il vaudrait mieux les aider à développer leur propre agriculture par des produits typiquement nationaux.

Y. G. : Je me garderais bien d'avoir une opinion à ce sujet. L'agriculture n'est pas mon domaine.

F. M. : En revanche, vous connaissez bien l'industrie ?

Y. G. : Oui, un peu.

F. M. : Eh bien, la situation de l'industrie française, à ce jour, est critique puisque notre balance industrielle est devenue négative. C'est un problème majeur, et je m'en soucie.

Y. G. : Je recours volontiers à une expression : le noyau et la mousse.

F.M : Encore une de vos métaphores !

Y. G. : Oui, pour moi, le noyau c'est la production manufacturière, et la mousse, le tertiaire qui l'entoure.

F. M. : Eh bien, on ne pourra pas avoir la mousse de la spéculation sans le noyau de la production. La spéculation m'a toujours inquiété, vous le savez bien.

Y. G. : Il n'y a pas que vous, monsieur le Président.

F. M. : Cette spéculation s'intensifie de façon tout à fait inquiétante et je prévois un krach financier avant la fin de 1987[1]. Maintenant, si nous faisons tous les deux aujourd'hui, avec un peu de recul, l'historique de ces six ans sur le plan économique, et je sais que vous ne serez pas de mon avis, je confirme qu'en 1981 il nous était impossible de ne pas donner des avantages sociaux à une partie de la population qui nous faisait confiance.

1. Cette prévision étonnante de François Mitterrand s'est réalisée le 16 octobre 1987.

Y. G. : Je ne vous surprendrais pas si je vous dis que je continue de penser que vous êtes allé trop loin.

F. M. : Je reconnais là votre entêtement, mais je le répète, nous ne pouvions pas faire moins. Ni faire plus, d'ailleurs. J'ai fait ce que j'ai pu pour rectifier le tir au bon moment. Du reste, relancer la consommation est indispensable pour relancer l'économie.

Y. G. : Je trouve pour ma part que pousser les Français à consommer, à consommer encore plus, est un peu indécent. On tend à les gaver comme des oies.

F. M. : Vous exagérez.

Y. G. : Pas tellement. À l'hymne « Consommez, consommez », je préfère l'incitation à épargner.

F. M. : Mais certains affirment que c'est économiquement stérile.

Y. G. : C'est, croyez-moi, une erreur. Il n'y a pas de vraie croissance sans investissement. Or, seule l'épargne permet d'investir ; par exemple, pour un ménage, l'investissement immobilier. Et vous savez combien les Français aiment être propriétaires de leur toit ! Et pour les entreprises, l'épargne permet les investissements techniques qui améliorent la productivité, donc la compétitivité avec les pays étrangers, et permettent de développer le chiffre d'affaires. Toutes ces théories sur ces épargnes gelées qui ne serviraient à rien sont absurdes. En fait, l'argent épargné s'accumule pour mieux servir le jour où on en a besoin. L'expérience montre que ceux qui dépensent au jour le jour sont incapables d'investir, ou bien s'ils le font, ils sont obligés de s'endetter pour compenser leur impécuniosité.

F. M. : Pourtant, j'ai souvent entendu dire que l'endettement était plus efficace que l'épargne.

Y. G. : Dans les périodes de forte inflation, on peut en effet payer ses dettes en monnaie de singe. Mais cela finit mal en général. En période de stabilité des prix, on constate que les meilleures entreprises ne pratiquent pas la fuite en avant et sont prudentes dans leur politique financière.

F. M. : Reconnaissez que nous n'avons jamais prôné la prodigalité irréfléchie. Au contraire, nous avons prêché la rigueur !

Y. G. : Je vous en donne acte bien volontiers.

F. M. : Je regrette de ne plus avoir avec le CNPF les relations fréquentes que j'avais avec vous. Est-ce que ceux qui veulent céder à toutes les pressions ne sont pas condamnés à l'immobilisme ?

Y. G. : Je pense que les conditions sont fort différentes de celles de 1981.

F. M. : Sans doute. (*Après un temps.*) Figurez-vous que certains de mes amis se sont mis dans la tête de me pousser à me représenter aux présidentielles de 1988. Ils oublient que j'ai 71 ans. Et n'être pas candidat est une position avantageuse pour conserver une totale liberté d'esprit et exprimer des opinions personnelles. Qu'en pensez-vous comme observateur extérieur ?

Y. G. : Je ne vois pas comment je pourrais vous donner le moindre conseil dans ce domaine, monsieur le Président.

F. M. : Allons ! allons ! dites-moi ce que vous en pensez.

Y. G. : Je suis honoré de votre confiance, et je vais donc vous répondre avec une totale franchise

F. M. : J'y compte bien.

Y. G. : Je suis persuadé qu'il vaut mieux partir après un mandat honorablement rempli que de se soumettre aux intrigues de ceux qui veulent votre place. J'ai ressenti moi-même ce sentiment au CNPF lorsque certains craignaient que je me représente pour un deuxième mandat dont, pourtant, je n'avais jamais parlé et que je ne souhaitais aucunement. Le tissu d'intrigues était insoutenable. Je crois sincèrement que vos qualités d'homme de lettres vous permettraient d'écrire des livres passionnants sur vos expériences si riches et exceptionnelles. De plus, quand on se retire honorablement, on devient une référence très recherchée. En somme, on a les honneurs sans les responsabilités.

F. M. : Voilà des conseils tout à fait précis qui vont dans le sens dans ce que je pense moi-même.

On connaît la suite.

Postface

Le prix de l'illusion

Ce Prince qui a régné sur la France pendant quatorze ans, le voici donc livré à nous sans masque. Non dans l'intimité qu'il a lui-même dévoilée peu avant l'ultime échéance, comme pour jouer un dernier rôle, mais dans un secret plus intime encore, celui de sa propre pensée au moment crucial où il ne s'agit plus de conquérir le pouvoir, mais de le conserver. Moment proprement racinien où le chef de parti se mue en homme d'État. Moment de vérité s'il en est.

L'histoire peu ordinaire que l'on vient de lire au travers de ces entretiens inédits contient quelques révélations. L'une d'entre elles est que Mitterrand, au moins jusqu'en 1983, est hanté par la crainte de ne pas terminer son septennat. Non seulement parce qu'il se sait gravement malade, mais aussi parce qu'il prend conscience que les résultats économiques de la gestion de son gouvernement sont désastreux. Et il lui paraît évident — il le dit lui-même dès sa première rencontre avec le patronat — qu'il n'en fera pas un second à la tête de l'État.

D'autre part, on apprend ici que le nouvel hôte de l'Élysée n'a pas compris immédiatement le grand, le précieux confort que lui apportait la Constitution de la Ve République. Par une de ces ruses dont l'Histoire a le secret, Charles de Gaulle a donné à l'homme politique français qu'il détestait le plus l'opportunité à terme de s'asseoir sur le fauteuil d'un monarque. Sous la IVe République, sans doute, les hommes du Programme commun de la gauche ne seraient pas restés plus longtemps dans les palais ministériels que ceux du Front populaire sous la Troisième. La conquête du pouvoir a été si longue, si hasardeuse, si tortueuse qu'enfin arrivé au sommet de l'État, Mitterrand pendant les premiers mois doute encore de sa bonne fortune alors qu'en face on va jusqu'à mettre en cause la légitimité de son pouvoir.

Observons-le une fois encore dans sa toute neuve majesté recevoir en janvier 1982 le bureau du CNPF au grand complet, venu, dirait-on, comme les bourgeois de Calais, la corde au cou. La fatigue du pouvoir et la maladie ont déjà désempâté le visage du *condottiere*; elles ont tiré les traits, aiguisé le regard qui perce à travers le papillotement mieux maîtrisé des paupières; elles alourdissent la lèvre inférieure pour une moue qui se veut impériale, et sculptent par avance un profil de médaille. Le monarque républicain, certes, fait encore bonne figure. Pourtant, le franc a été dévalué une première fois, la spéculation continue de s'acharner, une seconde dévalorisation de la monnaie se profile à l'horizon. Il paraît déjà évident que l'économie répond par la négative aux ordres du nouveau pouvoir.

De la lutte des classes à la collaboration de classes

Le chef de l'État va-t-il essayer d'amadouer, sinon de charmer ces représentants du grand capital ou qu'il croit tels ? Nenni ! Il leur sert sur un ton tranquille, presque *mezza voce*, une espèce de cours flamboyant d'économie marxiste dont le motcur est la lutte des classes et où ils apparaissent comme des exploiteurs. Mais lui, nouveau Lénine, il va mettre fin à cette situation tout en rétablissant la confiance comme l'ont fait avant lui Poincaré, qui n'était peut-être qu'un « crétin », ou Pinay, qui ne valait guère mieux. Mais à peine la séance est-elle terminée qu'il attire à lui Yvon Gattaz. « Voyons-nous sans témoin... » Le double jeu peut commencer.

À vrai dire, il a déjà commencé. Car si l'on écoute bien les propos tenus ce jour-là par l'auguste personnage devant un CNPF proprement médusé, on entend un étrange discours : nous sommes ici par la volonté du peuple qui a une logique qui n'est pas la vôtre ; attention, s'il n'est pas obéi il peut se montrer violent ; nous sommes un rempart contre cette violence, alors ne nous mettez pas de bâtons dans les roues. Un bourgeois s'adresse à d'autres bourgeois pour leur dire que lui, il connaît le peuple, et qu'il faut le laisser faire. De la lutte des classes à la collaboration de classes, il y a un pas vite franchi. Et pas seulement par Mitterrand. On trouve dans la bouche de Pierre Mauroy des propos similaires. Si Giscard d'Estaing était resté, ç'aurait été l'explosion sociale ; nous avons fait ce que nous avons fait pour éviter ce malheur, etc. L'ambiguïté d'une telle rhétorique donne *a posteriori* raison aux communistes lorsqu'ils prétendent que si on laisse les socialistes seuls face à l'ennemi de classe, ils trahissent. Merveilleux Bérégovoy — paix à son âme — qui croit encore en 1982 que Gattaz est l'ennemi de Mitterrand !

Il lui suffit de faire peur

Sans doute le Florentin, comme on l'appelait alors, avait-il lu Machiavel et savait-il qu'on ne peut asseoir durablement l'obéissance sur la force pure. Il lui fallait donc rechercher le consentement de l'ensemble de ses sujets, et pas seulement du peuple de gauche. Mais de quelle manière ? On sait que dans *Le Prince*, la question est posée de savoir si, pour un gouvernement, il est « meilleur d'être aimé ou craint, ou l'inverse ». Et le conseiller du Médicis répond « qu'il faudrait être l'un et l'autre ; mais comme il est bien difficile de les manier ensemble, il est beaucoup plus sûr de se faire craindre qu'aimer, s'il faut qu'il y ait seulement l'un des deux [1] ». Être aimé expose le Prince au risque de ne plus l'être demain ou après-demain. L'opinion est changeante et le peuple ingrat, c'est bien connu. La crainte offre de plus grands avantages, car il dépend entièrement du Prince de la maintenir. La première séance avec le patronat obéit à ce principe : François le Magnifique n'a pas besoin d'être aimé, il lui suffit de faire peur.

Voilà pour le génie politique tant vanté, tant célébré. *Quid* de l'économie ?

L'économie selon Mitterrand

On a souvent prétendu que l'ancien chef de l'État n'y entendait pas grand-chose. Les entretiens qu'on a lus démontrent qu'il n'en est rien. Le dernier montre une étonnante prescience dans un domaine (la Bourse) où l'on n'attendait pas de sa part une telle clairvoyance. Pour le reste, plût au ciel que l'élu du peuple de gauche eût été vraiment ignorant en la matière ! Hélas ! son esprit était encombré d'improbables notions néo-marxo-keynésiennes ingurgitées lors des interminables négociations qui ont conduit à la signature du Programme commun de la gauche, ou auparavant, pour payer le prix d'entrée dans un parti socialiste reconstitué. À force de baragouiner à longueur de journées et de veilles et de nuits les versets de la vulgate socialo-communiste devant les « camarades », il en reste quelque chose. Surtout si, une fois parvenu au pouvoir, on n'a plus le temps de se recycler.

Maintenant, grâce aux confidences faites au président du CNPF, nous sommes en mesure de reconstituer avec précision l'économie telle que la pensait Mitterrand : cette économie se conçoit au niveau de la nation ; c'est une sorte de grande machine que l'on peut faire fonctionner avec quelques manettes : les taux d'intérêt, le taux de change, le déficit budgétaire, les droits de douane, l'investissement public, le contrôle des prix, des salaires,

1. Machiavel (1469-1527), *Le Prince*, XVI.

et même des changes en cas de besoin. En appuyant avec intelligence sur tel ou tel bouton, on peut encourager l'investissement, créer des emplois, conquérir des marchés, ralentir la hausse des prix, à condition bien sûr que le patronat ne fasse pas obstacle à l'action gouvernementale pour des raisons inavouées de revanche politique. Malheureusement, la méga-machine ne peut pas fonctionner sans produire des inégalités et des injustices, c'est le vice propre au capitalisme, et il revient au gouvernement de le corriger. Comme le moteur a des ratés à cause de la sous-consommation des couches populaires du fait même des bas salaires, la réduction des inégalités, non seulement fait œuvre de justice, mais encore relance l'économie. Car, toute seule, elle n'y arriverait évidemment pas. Pour la plupart, les chefs d'entreprise français sont non seulement des exploiteurs, mais aussi des incapables et des incultes ; ils n'investissent pas assez, ils sont nuls à l'exportation, ils licencient tant qu'ils peuvent, et ils amassent dans leurs comptes d'énormes magots dans lesquels il est donc légitime de puiser par toutes sortes d'impôts. Quant aux banques, ce sont des sortes de vampires qui sucent le sang des entreprises (la contradiction entre cette proposition et celle qui la précède est passée sous silence) et qui ne pensent qu'à spéculer. La spéculation est la preuve même que le capitalisme est incapable de se gouverner lui-même et qu'il faut que l'État domestique ce monstre. En nationalisant les grandes entreprises et l'ensemble du système bancaire, en installant la démocratie dans les bureaux et les usines — ce dernier objectif était visé par les lois Auroux, mais qui s'en souvient aujourd'hui et qu'en reste-t-il ? —, on instaurera une nouvelle ère, on partira tout à la fois à la reconquête du marché intérieur et à l'assaut des marchés extérieurs. Il n'y a pas de raison que la France ne comble pas son écart industriel avec le Japon (un modèle à cette époque). Quant au marché international, c'est une foire d'empoigne où tous les coups sont permis. Il serait bien naïf de céder aux sirènes du libre-échangisme.

Pour être complet sur le mitterrandisme tel qu'il apparaît à travers ces entretiens, il faudrait ajouter quelques naïvetés sur la sous-exploitation de la forêt française, le progrès technique, etc.; enluminées de références historiques étonnamment précises, mais limitées à la monarchie et à la révolution de Juillet! Curieusement, le Front populaire n'est *jamais* cité comme référence par celui qui est tout de même le successeur de Léon Blum à la tête des socialistes.

En ce qui concerne l'analyse économique, il n'est pas sûr que Mitterrand ait été tout à fait conscient qu'il reprenait à son compte, pour l'essentiel, l'enseignement de cette Ena qu'il détestait, tout en utilisant les services de quelques anciens de ses élèves. À vrai dire, le discours énarchique de gauche ressemblait beaucoup à celui de droite. Confronté en 1986 à Édouard Balladur, ministre de l'Économie et des Finances dans le premier gouvernement de cohabitation, Yvon Gattaz aura l'occasion de le vérifier. Il y avait certes une ligne de front entre les deux camps, et celle-ci passait par les nationalisations. Mais Mitterrand aura beau jeu de faire remarquer à ses interlocuteurs patronaux que, jusqu'à son avènement, les plus importantes nationalisations avaient été opérées par le général de Gaulle à la Libération.

Le pacte avec le parti communiste

On a vu en lisant les entretiens qu'à aucun moment Mitterrand ne trouve, pour défendre l'étatisation d'un bon tiers de l'économie française, aucun autre argument que politique. Pas une seule fois il ne reprend à son compte les savants raisonnements élaborés à l'époque par les caciques de son propre parti, pour ne rien dire du catéchisme étrange enseigné par l'allié communiste : les nationalisations seraient le fer de lance d'une politique industrielle agressive, « à la japonaise », tout en permettant de créer des milliers d'emplois. Malgré tout l'aplomb dont on l'a vu capable, Mitterrand ne peut tenir longtemps cette argumentation. Tout simplement parce qu'il n'y croit pas et qu'il sait bien que l'on sait qu'il n'y croit pas. La décision la plus spectaculaire du règne a pour lui une explication beaucoup plus prosaïque : il fallait nationaliser à tour de bras parce que cela avait été promis. Et cela avait été promis parce c'était la condition *sine qua non* du pacte conclu avec le parti communiste — pacte indispensable à la conquête du pouvoir par les socialistes et à sa propre accession au trône restauré par de Gaulle. Ainsi l'économie française a-t-elle été bouleversée de fond en comble, avec des séquelles que l'on peut constater encore aujourd'hui, simplement pour permettre à l'alternance de jouer.

Très vite cependant, Mitterrand s'aperçoit que quelque chose ne va pas, que les économistes de son bord lui racontent tout et n'importe quoi, qu'il y a des décisions économiques et financières à prendre tous les jours pour lesquels le fameux Programme commun n'est d'aucun secours. Très vite aussi, comme cela apparaît dans les entretiens, il est fatigué des gaffes de Mauroy, et pense à Fabius, son «poulain», pour le remplacer — pourtant il devra attendre encore deux ans avant d'installer à Matignon «le plus jeune Premier ministre [qu'il a] donné à la France».

Très vite, il lui faut sortir de l'abîme où son esquif risque de s'engloutir corps et biens.

L'homme à la rose est au-dessus de tout soupçon

Alors, il voit arriver un homme nouveau à la tête du CNPF. Nouveau dans tous les sens du terme, d'après ce qu'on lui rapporte. Une espèce de «poussin noir». Un homme comme lui issu d'une humble province. Pourquoi ne pas tenter de nouer un dialogue avec cet homme-là, qui est lui-même tout à fait disposé à parler ? Devant les yeux ébaubis du peuple de gauche, du peuple tout court, le chef de la coalition socialo-communiste va recevoir le «patron des patrons» à sept reprises pendant la seule année 1982, dont six en tête à tête. Ce qu'un Giscard ou un Pompidou n'auraient pu se permettre, sauf à se faire traiter de valets du grand capital par la presse bien pensante, lui le fait. Le chef de l'Union de la gauche, le vainqueur de la droite, l'homme à la rose, le visiteur du Panthéon est au-dessus de tout soupçon. Comme gages de sa sincérité, n'a-t-il pas installé quatre communistes dans son gouvernement ?

De ces sept entretiens de 1982 et des sept qui ont suivi, il ressort clairement que François Mitterrand ne put s'empêcher d'éprouver de la sympathie pour Yvon Gattaz. Mais évidemment au niveau où il se situait, il ne pouvait être question que d'intérêt — celui de l'État, certes, mais aussi celui de François Mitterrand lui-même.

Le président de la République a reçu le président du CNPF aussi longtemps que cela lui était utile, ou que cela ne lui était pas nuisible. Au risque de vexer celui qui détenait le portefeuille en titre de l'Économie et des Finances. Jacques Delors en a pris ombrage, on l'a vu. Il en déduisit qu'il n'avait pas la confiance de Mitterrand. En cela, il ne se trompait pas. Son nom même apparaît fort peu au long des entretiens élyséens du président du CNPF. Contrairement à d'autres ministres, il n'a droit à aucun éloge de la part du chef de l'État.

Lequel a profité de l'autre ?

Mitterrand ou Gattaz, lequel des deux a profité le plus de l'autre ? telle est la question que l'on ne peut manquer de poser en conclusion de cet ouvrage.

Pour Mitterrand, l'avantage tiré de ces tête-à-tête était évident. Il lui fallait trouver un moyen de sortir l'économie de l'ornière où s'était embourbé le char de l'État avec son conducteur, et ce contact direct avec le « patron des patrons » l'y aidait. Il pouvait lui parler sans témoin et donc sans fard. Il en tirait des informations capitales sur l'état d'esprit des chefs d'entreprise, des informations qui, sinon, ne seraient jamais remontées jusqu'à lui. Ainsi était-il averti des demandes les plus pressantes des milieux d'affaires. Dans les premiers mois, ce sont des cas d'urgence qui peuvent être ainsi réglés, notamment les occupations d'usine avec voies de fait — une ambiance prérévolutionnaire qu'il est difficile de se remémorer aujourd'hui. Bien évidemment, les mêmes questions reviennent indéfiniment, notamment en matière de fiscalité. Et l'on peut s'étonner qu'un chef d'État trouve le temps de discuter du taux de TVA ou des dispositions de l'IGF. Mais n'oublions pas que nous sommes en France !

Quant à Yvon Gattaz, il ne fait guère de doute qu'un accès direct et fréquent au chef de l'État, non seulement lui offrait la possibilité de faire avancer quelques dossiers et prêcher la bonne parole, mais encore lui donnait un poids et une autorité considérables au sein même de son organisation ainsi que sur la scène médiatique. Ses relations suivies avec le diable socialo-communiste, qui s'était installé tel un usurpateur à l'Élysée, avaient pour ceux de ses pairs qui ne s'inclinaient pas devant le verdict des urnes un caractère étrange, extraordinaire, inouï, presque extravagant. Évidemment, ceux-là soupçonnaient le président du CNPF de ne pas avoir une assez longue cuillère pour prendre ne serait-ce qu'un petit déjeuner avec ce démon. Mais le désarroi était tel dans les milieux d'affaires qu'on était prêt à tolérer cette folie.

L'audace fut bien vite récompensée, comme le révèlent les entretiens. Dès le 16 avril 1982 — beaucoup plus tôt que le notent la plupart des observateurs de cette époque — le tournant est pris. Il y aura des remords, des reculs, des promesses non tenues, des finasseries de toutes sortes, mais il n'en reste pas moins que l'on peut dater la fin de l'aventure socialiste de cette journée mémorable où Mauroy, sur ordre de Mitterrand, nous le savons maintenant, annonce d'entrée de jeu au CNPF, sans même négocier, tout à la fois l'arrêt de l'abaissement de la durée légale du travail et la stabilisation des charges sociales.

Le syndrome Allende

Ensuite, il faudra gérer ce tournant. De par la Constitution de la Ve République — doit-on s'en féliciter ? —, les hommes du Programme commun seront conduits à tenter de réparer les dégâts qu'ils ont eux-mêmes commis. Ils devront faire leur propre ménage ! Un chemin d'autant plus pénible et hasardeux que le vent politique tourne. Dès les élections municipales de mars 1983, la gauche sait qu'elle n'est plus majoritaire, et la droite pressent qu'elle peut remporter les législatives de 1986. Une telle perspective redonne du tonus à ceux qui sont partisans d'un affrontement avec le pouvoir. Ne pourrait-on pas accélérer le processus de reconquête, rapprocher les échéances électorales ?

Yvon Gattaz ne mange pas de ce pain-là. Il continue ses visites à l'Élysée, reposant indéfiniment des problèmes aussi prosaïques que l'impôt sur les grandes fortunes, la taxe professionnelle, les charges sociales, la retraite à 60 ans, au risque de lasser son hôte, grappillant de temps à autre des « je verrai », ou bien « voyez Untel », des engagements, parfois des décisions. L'important, on l'aura compris, est que le contact soit maintenu et qu'on ne retombe pas dans le fossé d'où l'on vient juste de sortir. Mais cette politique est de moins en moins admise par certains radicaux — une minorité agissante qui cherche, non sans maladresse, sinon à destituer le président du CNPF, du moins à l'empêcher de renouveler son mandat en 1986. Gattaz serait trop compromis avec les socialistes pour rester à ce poste une fois la droite revenue au pouvoir. Derrière ces prétextes se cachent bien sûr des ambitions personnelles. Bref, la « carte Mitterrand », qui était un formidable atout dans le jeu gattazien, pourrait devenir un handicap, du moins aux yeux de cette minorité d'activistes. Certains vont même jusqu'à le supplier de ne plus rien obtenir de l'Élysée ou de Matignon !

La grève des camionneurs qui paralyse la France en février 1984 est l'occasion pour les jusqu'auboutistes d'espérer une accélération de l'Histoire. L'un et l'autre camp a en mémoire le rôle des gros bras de la route dans le destin sanglant du président chilien Salvador Allende. Yvon Gattaz, non seulement n'est pas partisan de la politique du pire, mais encore sort-il de son rôle de président du CNPF pour jouer celui du médiateur dans le conflit. Le succès quasi miraculeux qu'il obtient — les barrages routiers sont levés au moment du retour des vacances d'hiver — aggrave son cas. N'a-t-il pas sauvé la mise de Mitterrand à un moment où il n'était pas impossible qu'on puisse abattre l'usurpateur ? Cela, me semble-t-il, ne lui sera pas pardonné. Sur le moment, le chef de l'État n'a pas conscience de l'éminent service qui vient de lui être rendu. Il paraît sûr de son fait et de sa force, prêt à en découdre. « Les vingt-neuf sorties de Paris sont protégées », affirme-t-il bizarrement comme s'il se préparait à subir un siège. Finalement, le combat n'aura pas lieu...

Le sale travail dont les ministres ne veulent pas

À partir de cette date, il semble que le langage que le président de la République tient devant son interlocuteur se soit durci. Il menace de prison les chefs d'entreprise qui s'aventureraient à faire la grève de l'impôt. Il est préparé à l'épreuve de force avec les syndicats qui s'obstineraient à demander des avantages injustifiés. Il s'apprête à se séparer des communistes lors du prochain remaniement ministériel. Et il a encore besoin de Gattaz : aidez-nous à tenir les salaires ! Ah ! si les militants communistes, et même leurs camarades socialistes, avaient pu entendre cette supplique de leur président au patron des patrons ! « On sait bien comment commence la collaboration de classes, mais on ne sait pas comment elle finit », auraient-ils pu se dire. Le fait est que le président du CNPF va à la rencontre des souhaits du chef de l'État en prêchant ouvertement la modération salariale. Il fait le sale travail à la place de ministres qui n'osent pas encourir la colère du peuple de gauche. De même joue-t-il auprès de l'hôte élyséen le rôle ingrat du donneur de leçons d'économie que les « amis patrons » du chef de l'État se refusent à tenir. Ces personnages de haute ou de basse volée se prétendent de gauche, voire socialistes ; ils flattent plutôt le goût de Mitterrand pour le volontarisme étatique.

La recherche de l'incognito

À deux reprises en 1984, le président de la République insiste auprès de son interlocuteur pour qu'ils se rencontrent désormais *incognito*. À ce moment-là, à mon avis, la balance des forces entre les deux hommes a penché. Mitterrand a plus besoin de Gattaz que Gattaz de lui. Mais il ne veut pas que ça se sache. Bientôt, les communistes se retirant du gouvernement, il n'aura plus la caution de non-collaboration de classe qu'ils lui apportaient. Quant au président du CNPF, il refuse de prendre le risque de ces rencontres dans l'ombre. Avec raison : il n'en tirerait aucun bénéfice si elles restaient cachées, et beaucoup d'inconvénients si elles étaient découvertes, éventualité la plus probable et qui pourrait même être provoquée en cas de besoin par son interlocuteur. En comparaison, l'un des principaux bénéfices des rencontres au grand jour avec le chef de l'État est justement de pouvoir s'exprimer et exprimer les revendications patronales sur le perron même de l'Élysée devant une presse à chaque fois ameutée et surexcitée.

Ce 4 juin 1984, Yvon Gattaz a-t-il franchi la ligne blanche ? Il est vrai que ses propos sont plus offensifs que d'habitude. Mais, comme on l'a observé, le vent politique a tourné, et le président du CNPF est bien obligé de tenir compte des impatiences croissantes de ses mandants. Mitterrand comprend que, sinon lui, du moins le perron de son « Château » a été instrumentalisé par l' « ennemi de classe ». Il rompra. Mais cela ne l'empêchera pas de chercher à revoir son hôte une fois celui-ci redevenu simple citoyen — et pour lui poser, chose à peine croyable, la question de sa propre réélection.

Un autre mérite de ces entretiens est d'éclairer l'une des pages les plus mystérieuses de l'histoire du premier septennat. Oui, encore en mars 1983, Mitterrand était tenté de sortir le franc du système monétaire européen, comme le lui conseillaient ces fameux « amis patrons » qui voyaient d'abord leur intérêt dans la dévaluation qu'aurait provoquée une telle sortie, mais aussi Bérégovoy, qui, à l'époque, était loin d'être convaincu des vertus d'un franc fort, et d'autres encore, partisans de l' « autre politique ». Après tout, Giscard avait osé sortir de ce système monétaire européen qu'il avait lui-même mis en place. Il aurait fallu ne jamais y entrer, se lamente Mitterrand devant Gattaz. Mais le chef de l'État n'a pas les hommes pour mener une telle politique. Dûment chapitré par ses conseillers, Mauroy s'y refuse obstinément. Fabius, le « fils préféré », un moment tenté par l'aventure, change de camp.

En fait, Mitterrand est désormais prisonnier des choix qu'il a lui-même imposés. Un an après le tournant d'avril 1982, il n'était pas possible de modifier le cap. Reste à faire de nécessité vertu. Ce sera la « politique de rigueur ». Elle sera poursuivie jusqu'à la fin. Ce qui emporte surtout sa décision après des mois de tergiversations, c'est qu'il lui faut une idéologie qu'il puisse substituer au socialisme sans se renier. Ainsi l'ambition européenne viendra-t-elle remplacer implicitement comme grand projet du règne l'idée de rupture avec le capitalisme, sans que Mitterrand ne cesse de prétendre jusqu'à son dernier souffle qu'il est fidèle au socialisme. Mais alors, il n'est plus possible d'échapper aux disciplines monétaires et budgétaires du système européen. Et il faudra même bientôt restaurer l'indépendance de la Banque de France, et ensuite abandonner la souveraineté monétaire. Le chemin de l'Union européenne est pavé de reniements socialistes recouverts de bons sentiments, même si les roses qui le bordent ne sont pas toutes fanées.

L'avidité de bande

À considérer maintenant d'un seul coup d'œil les cinq années de ce que l'on pourrait appeler la cohabitation Mitterrand-Gattaz, on est frappé d'abord par l'archaïsme du débat économique de l'époque. Que des dirigeants politiques d'un peuple qui se dit le plus intelligent de la planète en soient encore à vanter les mérites de la nationalisation de pans entiers de l'économie paraît aujourd'hui à peine croyable. Écoutant ces discours, on se croirait revenu non pas vingt, mais au moins cinquante ans en arrière, ou encore au temps du Front populaire dont le fantôme muet hante les esprits de la mitterranderie. Le bilan n'a pas été fait d'un séisme économique, social, financier dont les conséquences se font encore sentir aujourd'hui, notamment dans la banque, déjà fort atteinte à la Libération, et cette fois encore durement traumatisée. L'énorme accroissement de la dette publique, dont nous payons aujourd'hui lourdement le service dans nos impôts, vient en partie des folles dépenses que l'État mitterrandien a faites d'abord pour nationaliser à 100 %, et ensuite pour faire vivre les entreprises qu'il avait prises sous sa coupe. On comptera ici seulement pour mémoire les promotions inattendues aux plus hauts postes dans ces entreprises de personnages qui avaient pour principale qualité de s'être muni à temps de leur carte du parti socialiste. *Aucune* des nominations proposées à plusieurs reprises par le CNPF, comme c'était son rôle, n'a été retenue, on l'a remarqué au long de ces pages. C'est dire l'avidité de bande de certains des hommes et des femmes qui ont pris le pouvoir en 1981, avidité sans précédent qui a durablement transformé les mœurs de la République française, la droite à son retour essayant d'en faire autant. Les contemporains du premier septennat de Mitterrand ne se doutent pas encore de l'ampleur de la corruption qui gangrène une fonction publique que, disait-on, le monde nous enviait. Mais on comprend maintenant qu'elle est déjà à l'œuvre.

L'archaïsme de l'économie selon François Mitterrand s'exprime également à travers des mesures qu'aujourd'hui heureusement on n'oserait plus prendre, telles que le contrôle des prix, des salaires, et même l'instauration d'un carnet de change — des mesures que les gouvernants de l'époque sont obligés d'adopter pour combattre l'inflation qu'ils ont eux-mêmes déclenchée, pour stabiliser une économie qu'ils ont eux-mêmes déséquilibrée. De ce point de vue, la politique mitterrandienne est dans la continuité d'un État français qui n'a pas encore compris qu'il n'est plus en phase avec son époque.

Piétinement d'impuissance

Pour le reste, le sentiment dominant est celui d'un piétinement qui confine à l'impuissance. La plupart des problèmes posés par Yvon Gattaz devant François Mitterrand ne sont toujours pas résolus vingt ans après : l'impôt sur la fortune, la taxe professionnelle, les difficultés de la Sécurité sociale, les retraites, le poids exorbitant des prélèvements obligatoires, les rigidités du droit du travail, la succession des entreprises. Le débat actuel sur les 35 heures reprend *ad nauseam* les arguments éculés qui ont servi pour promouvoir les 39 heures il y a un quart de siècle... On s'en voudrait de reprendre ici la liste fastidieuse des obstacles que l'État français oppose à une croissance économique qui pourrait être beaucoup plus rapide et pourvoyeuse de beaucoup plus d'emplois.

Toutefois, il y a un point particulièrement marquant sur lequel je voudrais insister, c'est l'échec de l'accord sur la flexibilité en décembre 1984. Il semble bien aujourd'hui qu'une grande occasion ait été alors manquée de prendre des mesures vraiment efficaces pour l'emploi. En fait, tout s'est ligué contre l'accord en question. Il n'y avait plus, depuis juin 1984, de contact entre Yvon Gattaz et le chef de l'État, contact qui avait pu dans le passé inciter parfois François Mitterrand à peser sur la politique gouvernementale. Le nouveau Premier ministre, Laurent Fabius, était sans doute trop jeune, trop inexpérimenté pour avoir de l'autorité sur les partenaires sociaux. Pierre Bérégovoy, ministre des Affaires sociales, s'était défaussé de la question en renvoyant le CNPF à une négociation avec les syndicats. Et il aurait fallu un miracle pour que cette négociation aboutît à un résultat positif. Les communistes étaient sortis du gouvernement, et du coup la CGT avait retrouvé sa liberté de manœuvre. L'échéance politique de 1986 occupait déjà beaucoup les esprits, biaisait les attitudes, incitait à l'attentisme. Le CNPF connaissait des dissensions dont la presse avait pu faire état. En cours de route, sa commission sociale avait abandonné le cœur du dispositif que cherchait à mettre en place Yvon Gattaz par le truchement des fameux «emplois nouveaux à contraintes allégées», à savoir la suspension de l'autorisation administrative de licenciement. Cette concession de la commission sociale qui visait à attirer les bonnes grâces syndicales fut en fait considérée comme un aveu de faiblesse aussi bien sur le plan doctrinal que sur le plan tactique. La seule consolation que pouvait tirer le CNPF de l'échec de la mauvaise comédie qu'il avait contribué à mettre en scène, c'est que le terme de «flexibilité» — encore tabou quelques semaines auparavant — faisait maintenant partie du vocabulaire courant. Au moins au niveau des mots, l'avenir n'était pas compromis. Mais que de temps perdu !

Le cœur blessé, l'âme à jamais humiliée

Il faut bien voir en effet quel a été le prix final de l'illusion mitterrandienne : des centaines de milliers de chômeurs, dont la plupart aujourd'hui encore n'ont pas retrouvé d'emploi ou bien sont partis à la retraite le cœur blessé, l'âme à jamais humiliée. Peut-être certains d'entre ceux qui avaient voté pour l'homme à la rose se souviennent-ils de la promesse qu'il avait faite à la fin de la campagne présidentielle du printemps 1981, lors d'un fameux face-à-face télévisé, stupéfiant son rival par tant de culot : s'il était élu, il créerait, c'était juré, un million d'emplois. Au faîte de sa gloire, une manière de slogan a couvert les murs jusqu'au moindre village : «Génération Mitterrand» ; elle n'avait pas encore pris conscience qu'elle avait été conduite à un sous-emploi massif.

L'ombre de Machiavel a plané sur ce livre dès ses premières

pages, mais pour finir c'est un autre auteur italien qui me vient à l'esprit pour expliquer plus complètement le Sphinx qui a régné à l'Élysée pendant quatorze ans. Cet auteur est Giovanni Botero, le premier théoricien de la «raison d'État». Il nous fait comprendre que même si la fortune du Prince dépend de celle de ses sujets, l'économie ne peut suffire à assurer la conservation de son pouvoir. En effet, de deux choses l'une : ou bien l'économie fonctionne convenablement, et il n'est pas sûr que l'on en crédite le gouvernement, ou bien elle entre en crise, et ceux qui sont en difficulté pourront toujours s'étonner que l'autorité ne vienne pas à leur secours. Dans les deux cas, le lien politique entre gouvernants et gouvernés est menacé. C'est pourquoi Botero conseille au Prince de tirer un aussi grand profit politique que possible des moments de crise en veillant toujours à renforcer le lien de dépendance de ses sujets. Ainsi la condition sociale des gouvernés sera-t-elle saisie comme le résultat direct d'une reconnaissance des gouvernants. Ainsi sera rétribuée l'obéissance [1].

Ce que Botero ne dit pas, ce qu'il n'ose même pas imaginer, c'est que le Prince pourrait être lui-même à l'origine des crises économiques ou financières qui lui sont tellement utiles pour conquérir, affermir ou conserver son pouvoir. Ainsi la spirale étatique peut-elle se former, se dérouler, et prospérer, trouvant en elle-même les propres ressources de sa vertigineuse croissance.

Machiavel et Botero ont inauguré par leurs écrits un processus qui allait s'emparer de l'Europe. Il n'est pas impossible que le crépuscule des États ait commencé en cette fin de siècle, que Mitterrand en fût le héraut, et que la comédie à la fois drôle et sinistre qu'il a jouée avec un talent qu'on ne lui dispute pas ne soit même plus concevable à l'aube du nouveau millénaire.

Philippe SIMONNOT

---

1. Giovanni Botero (1540-1617), *Della ragione di stato*, Venise, 1589. Trad. de Gabriel Chappuys : *Raison et gouvernement d'Estat*, en dix livres du Seigneur Giovanni Botero, Paris, Chez Guillaume Chaudière, 1599.

Index

A

Abouchard, Jacques : 251.

Achille, Jean-Claude : 278.

Alexandre, Philippe : 181.

Allende, Salvador : 223, 226n, 306.

Amouroux, Henri : 10.

Aron, Raymond : 34.

Assad, Afez el- : 255.

Attali, Jacques : 16, 72, 96, 97, 126, 210, 238, 244, 246.

Audran, général : 280.

Auroux, Jean : 31, 43, 70n, 82, 89, 100, 104-106, 114, 123, 134, 151, 152, 202.

Avril, Paul : 108n.

B

Baecque, Christian de : 108n (109).

Balladur, Édouard : 282-284, 302.

Balzac, Honoré de : 149.

Bardinet, Dominique : 148.

Barnaud, Jean : 108n.

Barre, Raymond : 56, 61, 63n, 166.

Bayle : 184.

Bellon, Pierre : 33, 49n, 66, 108n.

Bérard, Marie-Hélène : 280, 282.

Bérégovoy, Pierre : 16, 25, 49, 72, 83, 97, 114, 124, 125n, 130, 150, 168, 173, 182, 186, 187, 202, 203,

217, 232, 242, 246, 250, 261, 263, 266, 267, 269, 270, 271n, 282, 299, 309, 311.
Bergeron, André : 26, 32, 42, 83, 84, 86, 87, 152, 262, 263, 281, 285.
Bernasconi, René : 40.
Beullac, Christian : 248n.
Bianco, Jean-Louis : 210, 238, 246.
Blanc, Louis : 77.
Bletton, Jean : 143.
Bloch, Claude : 109n.
Blum, Léon : 52, 302.
Boix-Vives, Laurent : 108n.
Bonneau, Alain : 143.
Botero, Giovanni : 313.
Boublil, Alain : 168.
Boulin, Philippe : 109n.
Boursier, Émile : 40, 49n, 71, 92, 103, 123n.
Boutet : 244n.
Bouvard, Philippe : 101.
Bouygues, Francis : 109n.
Brana, Guy : 40, 49n, 58, 60-62, 65, 66, 68, 81, 103, 104, 115n, 123n, 124n, 125n, 126, 129n, 147, 196, 245, 250, 264, 274, 280.
Brénuchot, Pierre : 236.
Brunhes, Bernard : 64n, 103n, 124n.
Buyer, Paul de : 109n.

C

Calvet, Jacques : 183n, 190, 212.
Careil : 103n.
Cartier, Jacques : 79.
Ceyrac, François : 17, 37-39, 42, 93, 155, 162, 257.
Charles VII : 177
Charles X : 77.
Chautemps, Camille : 52.
Chavanes, Georges : 109n.
Chazal, Claire : 253.
Chenevier, Jean : 17.
Chevalier, Alain : 108n.
Chevènement, Jean-Pierre : 18, 60, 114, 126, 159, 246-248.
Cheysson, Claude : 246, 251, 256.
Chirac, Jacques : 26, 57n, 230, 268, 269, 273, 274, 277, 278, 280, 281, 283, 284, 293.
Chotard, Yvon : 40, 41, 49n, 60, 68, 69, 103, 105, 124n, 129n, 209, 250, 256, 257, 277, 278, 279, 288.
Clément, Hubert : 144, 190.
Clément, Philippe : 64n, 66, 108n.
Clerc : 244n.
Colbert : 269.
Collas, Michel : 108n.
Collomb, Francis : 239n.

Copin, Noël : 160, 163.
Costa de Beauregard : 63n.
Cresson, Édith : 180.

D

Dadian, Roger : 108n (109).
Dahan, Michel : 62n.
Dalle, François : 17, 109n, 195.
Danon, Jacques : 44n, 49n, 65, 66, 68.
Dassault, Serge : 33.
Decoster, Édouard : 108n (109).
Deflassieux : 195.
Delaune, Jean-Yves : 212n.
Delors, Jacques : 21, 24, 61, 89, 90, 94-98, 100, 103, 108, 109, 111, 114, 122, 123, 125, 126, 130, 147, 148, 161, 164, 167-170, 173, 182, 183, 196, 198, 203, 205, 222, 226, 228, 232, 237n, 261, 304.
Delort, Jean-Jacques : 108n (109).
Delpech, Jean-Laurent : 108n.
Dermagne, Jacques : 49n, 108n.
Descours, Jean-Louis : 108n.
Deuil, Gérard : 80n, 92, 140, 204, 212.
Devars, Roger : 108n (109).
Devay, Jean : 224.
Deverloy, Christian : 109n.
Douillard, Claude : 108n.
Drancourt, Michel : 30n.
Dreyfus, Pierre : 62, 63, 82, 91, 103, 108, 114, 159.
Dubrule, Paul : 108n.
Dufoix, Georgina : 191, 246.
Dumas, Roland : 256.
Dupré, Bernard : 109n.

E

Etchegaray, archevêque : 220.

F

Fabius, Laurent : 16, 27, 55n, 82, 89, 103, 104, 118, 120, 125n, 153, 160, 162-165, 168, 169, 173, 186, 189, 191-194, 222, 228, 231-233, 245-248, 250, 251, 261-263, 267, 270, 273, 274, 303, 309, 311.
Fauroux, Roger : 159.
Fauvart, Raymond : 108n, 109n.
Favier, Pierre : 159n, 181n, 182n, 205n.
Fiterman, Charles : 114, 171, 225, 226.
Fourier, Charles : 76.
Fourmentin, Jean : 109n.

Friedman, Jacques : 280, 282.

G

Gaulle, général Charles de : 52, 105, 298, 302, 303.

Gélinier, Octave : 30n.

Giscard d'Estaing, Valéry : 37, 40, 41, 56, 57n, 99, 153, 166, 174, 268, 299, 303, 309.

Glavany, Jean : 45.

Gomez, Alain : 253.

Gorbatchev, Mikhaïl : 224n.

Gouled, Hassan : 196.

Grandclément, Daniel : 160.

Guiberteau, chanoine : 242n.

Guillaume, Henri : 64n, 91.

H

Halley, Paul-Louis : 108n (109).

Hannart, Maurice : 108n (109).

Hannebelle, Dominique : 108n (109).

Hassan, Éric : 108.

Heath : 183n.

Hérissey, Paul-Arnaud : 143.

Hernu, Charles : 273.

Huvelin, Paul : 17, 39, 203.

J

Jaruzelski, Wojciech : 274.

Jaurès, Jean : 141, 148.

Jouven, Claude : 129n.

K

Kadhafi, Muammar al- : 198, 255.

Kaspar, Jean : 232, 256.

Koch, Roland : 49n, 68.

Kohl, Helmut : 183, 249.

Krasucki, Henri : 32, 111, 166.

L

La Laurencie, Jean-Patrice de : 125n.

Lacoste, amiral : 273.

Lagayette, Philippe : 24, 103, 228.

Laignel, André : 138-140.

Lajoinie, André : 107.

Lallement, Jacques : 108n.

Lalumière, Catherine : 114.

Lamy, Pascal : 125n, 148n.

Lattugoni, Élise : 143.

Lavergne, Jean : 148n.

Le Chatelier, Jean : 108n (109).

Le Floch-Prigent, Loïc : 62n, 103n, 159, 265, 266.

Le Garrec, Jean : 99, 100, 114, 147, 148, 232.
Le Pen, Jean-Marie : 223.
Le Pors, Anicet : 217.
Lebègue, Daniel : 91, 103n, 124n.
Lecerf, Olivier : 109n.
Legris, Pierre : 108n.
Lénine, Vladimir Illitch Oulianov, dit : 298.
Lepatre, Francis : 125n.
Leroy, Roland : 107, 263.
Leroy-Jay, Patrice : 63.
Lesher, Richard : 221.
Lévi-Strauss, Claude : 177.
Lincoln, Abraham : 148.
Lion, Robert : 64n, 91, 93, 103n.
Louis-Philippe : 77.
Lustiger, cardinal Jean-Marie : 220, 231.

M

Machiavel, Nicolas : 299, 300n, 312, 313.
Magdalenat, Philippe : 108n (109).
Maillet : 244n.
Maire, Edmond : 32, 166, 232.
Mandel, Marcel : 108n (109).
Mandil, Claude : 64n.
Marcelin, abbé : 61.
Marchais, Georges : 171, 182, 287.
Marchelli, Paul : 262.
Marin, Louis : 57.
Martin, Claude-Noël : 109n.
Martin-Roland, Michel : 159n, 181n, 182n, 205n.
Matsukata : 89.
Maurel, Bernard : 108n (109).
Mauroy, Pierre : 18, 28, 40, 43, 44, 63-70, 91-94, 96, 98, 103, 104, 106, 110-112, 115, 123-125, 136, 140, 166-170, 173, 176, 186, 187, 189, 197, 218, 226n, 229, 232, 245, 299, 303, 305, 309.
Maury-Laribière, Michel : 40, 49n, 53n, 61, 68, 108n (109), 144, 250, 280.
Mayoux : 195.
Ménigon, Nathalie : 280n.
Menu, Jean : 80.
Meutey, Pierre : 278.
Meyer : 176.
Mitterrand, Danielle : 34.
Monod, Jean : 109n.
Montagnon, Jean : 67n, 108n.
Montbel, Pierre de : 108n (109).
Mourgues, Michel de : 49n, 103n, 186.
Mulliez : 244n.

N

Neidinger, Jean : 103n, 124n, 171, 172.

P

Parayre : 190.
Pasqua, Charles : 276.
Pasquet : 244n.
Pébereau, Michel : 195.
Pelat, Roger-Patrice : 54n.
Pelletier, Robert : 62n, 103n, 124n, 125n, 129n, 148n.
Périgot, François : 288.
Pétain, Philippe : 80n.
Peyrelevade, Jean : 103n, 254.
Pinay, Antoine : 57, 298.
Pineau-Valencienne, Didier : 108n (109), 144, 233, 34.
Plassard, Jacques : 30n, 109n.
Plescoff : 195.
Poincaré, Raymond : 557, 298.
Polignac, prince de : 76.
Pompidou, Georges : 183n, 303.
Proudhon, Pierre Joseph : 77.

Q

Questiaux, Nicole : 100, 104, 105, 110, 111, 114, 119.

R

Ralite, Jack : 111, 170, 178, 186, 190, 212, 232.
Rateau : 225.
Reagan, Ronald : 181, 182, 207, 271n.
Revault, Albert : 108n (109).
Riboud, Antoine : 171, 173, 191n, 195, 206.
Riboud, Jean : 125, 168, 171, 173, 195, 204, 206, 207, 264.
Rigout : 114, 218.
Robatel, Michel : 108n.
Rocard, Michel : 166, 269.
Rosenfeld, Jean-Michel : 170.
Rousselet, André : 125, 168.
Rousselin-Legrand, Bernard : 184.
Roux, Ambroise : 40, 180, 185.
Royer, Jean : 108n.
Royer, Jean : 160.

S

Saint-Geours : 103n.
Saint-Simon, Claude Henri de Rouvroy, comte de : 76.

Salzmann, Charles : 125, 168.

Sarraute, Claude : 165.

Savary, Alain : 114, 178.

Schermann, Sabine : 144.

Schmidt, Helmut : 65, 95.

Schultz, George : 182.

Schweitzer, Louis : 103n.

Séguin, Philippe : 280, 282, 283.

Séjournet, Albert : 49n.

Servan-Schreiber, Jean-Jacques : 125n, 168.

T

Thatcher, Margaret : 183, 222, 271n.

Touraine, Alain : 32.

Tournier, Michel : 177.

Trichet, Jean-Claude : 262, 266.

V

Valbon, Georges : 180.

Valla, Jacques : 108n (109), 109n.

Vasseur, Michel : 226.

Viannet, Louis : 256, 257.

Vignon, Jérôme : 148n.

Vilgrain, Jean-Louis : 108n (109), 203.

Villiers, Georges : 17.

Vilnet, archevêque : 220

Virieu, François-Henri de : 223.

Voiron, Maurice : 224, 226.

Z

Zagladine, Vadim : 224n.

TABLE DES MATIÈRES

Avertissement 7

Préface : Sauver les meubles 9

« Travaillez moins, dépensez plus et empruntez la différence », 10. — *Le Sphinx*, 12. — *La bataille*, 17. — *La cohabitation économique*, 19. — *Le fil de l'écheveau*, 21. — *Coalition contre l'inflation*, 24. — *La flexibilité oxygène*, 25. — *La politique s'en mêle*, 26. — *Les acquis du premier septennat*, 28. — *Une divine surprise : la réhabilitation de l'entreprise*, 30. — *Le tabou syndical écorné*, 31. — *Un mandat présidentiel bénéfique pour l'entreprise*, 34.

1981 : Un poussin noir à la tête du CNPF 35

1982 : L'année des sept rencontres 47

Mitterrand : « Il faut que vous admettiez au CNPF que la lutte des classes existe », 49. — *Le socialisme français en marche*, 62. — *Mitterrand : « Si nous étions au XVIe siècle, vous pourriez être Jacques Cartier alors que je serais le roi de France »*, 72. — *Mitterrand : « Bergeron m'a demandé d'intervenir auprès de vous pour que vous fassiez preuve de plus de souplesse »*, 83. — *Heures de plus en plus* *chaudes à Matignon*, 91. — *Mitterrand : « Je demanderai à Mauroy une pause totale dans les augmentations de charges des entreprises pendant vingt-deux mois »*, 96. — *L'arraché du 16 avril*, 103. — *La deuxième dévaluation du franc remet en cause certaines promesses du 16 avril*, 107. — *Mitterrand : « On ne suit pas mes instructions ! On me raconte des histoires ! »*, 116. — *Un combat toujours recommencé*, 121. — *Mitterrand : « Je reçois beaucoup de messages me demandant d'être plus sévère avec les patrons »*, 131. — *L'exceptionnel rassemblement de Villepinte*, 136. — *Mitterrand : « Constatez que cette année nous n'avons rien fait pour amoindrir l'influence du CNPF »*, 150.

1983 : L'année des comptes 157

Mitterrand : « Dans la bergerie de Latché, tout l'équipement était d'origine étrangère », 172. — *Mitterrand : « Les 39 heures ont été une erreur, je le reconnais »*, 188. — *Mitterrand : « Aidez-nous à tenir les salaires »*, 197.

1984 : L'année de l'écartèlement 213

Mitterrand : « Nous sommes obligés de freiner les licenciements », 215. — *Mitterrand : « J'ai la force pour moi »*, 223. — *Mitterrand : « Ceux qui ne paieront pas leur taxe iront en prison »*, 235.

1985-1986 : L'Élysée ne répond plus 259

13 mai 1987 : Le dernier entretien 289

Mitterrand : « Je prévois un krach avant la fin de l'année », 291.

Postface : Le prix de l'illusion 297

De la lutte des classes à la collaboration de classes, 298. — *Il lui suffit de faire peur*, 299. — *L'économie selon Mitterrand*, 300. — *Le pacte avec le parti communiste*, 302. — *L'homme à la rose est au-dessus de tout soupçon*, 303. — *Lequel a profité de l'autre ?*, 304. — *Le syndrome Allende*, 305. — *Le sale travail dont les ministres ne veulent pas*, 307. — *La recherche de l'incognito*, 308. — *L'avidité de bande*, 309. — *Piétinement d'impuissance*, 311. — *Le cœur blessé, l'âme à jamais humiliée*, 312.

Index 315

Impression réalisée sur CAMERON par
BRODARD ET TAUPIN
La Flèche

pour le compte des Éditions Fayard
en septembre 1999

Imprimé en France
Dépôt légal : septembre 1999
N° d'édition : 7891 – N° d'impression : 6555W
ISBN : 2-213-60276-X
35-57-0476-01/8